集人文社科之思　刊专业学术之声

集 刊 名：都市社会工作研究
主办单位：上海大学社会学院社会工作系
主　编：范明林 杨　锃 陈　佳

Vol.17 RESEARCH ON URBAN SOCIAL WORK

第17辑

集刊序列号：PIJ-2016-184
集刊主页：www.jikan.com.cn/ 都市社会工作研究
集刊投约稿平台：www.iedol.cn

RESEARCH ON URBAN SOCIAL WORK   Vol.17

中文社会科学引文索引（CSSCI）来源集刊
AMI（集刊）入库集刊
中国学术期刊网络出版总库（CNKI）收录
集刊全文数据库（www.jikan.com.cn）收录

范明林　杨　锃　陈　佳／主编

都市社会工作研究

上海大学社会学院社会工作系主办

第17辑

社会科学文献出版社
SOCIAL SCIENCES ACADEMIC PRESS (CHINA)

目　　录

现代化视域下中国社会工作的历史转型：
一项公共性视角的考察*

童　敏　周　燚**

摘　要　随着中国式现代化道路的推进和基层治理的深化，社区多元差异生活的公共性建设成为基层治理实践创新迫切需要解决的难题，但是社会工作对此鲜有讨论。因此，有必要在现代化视域下考察公共性内涵的演变，以便为中国基层治理社会工作找到专业发展的历史和社会基础。通过回顾西方公共性内涵的现代演变轨迹发现，在主客二元对立的主体理性向主体间的批判理性转化过程中，西方公共性内涵也从注重公私对立的群体公共性向强调多元协同的个体公共性转变，这一转变在我国社区基层治理实践中也有所呈现，表明我国基层治理正在朝多元协同的个体公共性方向发展，它需要中国社会工作实现公共性的转型，创建以个别化为基础、以公共性为核心的"中

---

　　* 本文为国家社会科学基金重点项目"中国式现代化与社会工作自主知识体系建构研究"（23ASH002）的阶段性成果。

　** 童敏，厦门大学社会工作系教授、博士生导师，主要研究方向为社会工作专业化与本土化、精神健康社会工作、健康照顾社会工作等；周燚，厦门大学社会学系博士研究生，主要研究方向为健康社会工作、社会工作专业化等。

国社会工作学派", 推进中国式现代化道路的发展。

关键词　公共性　基层治理　社会工作　中国式现代化

一　问题提出

党的二十大报告提出"以中国式现代化全面推进中华民族伟大复兴"。无疑, 加强基层治理体系和治理能力现代化建设有了重要内涵, 它是实现国家治理体系和治理能力现代化的基础工程, 也是全面推进中华民族伟大复兴的重要举措 (唐文玉, 2023)。值得注意的是, 我国基层治理现代化的学理探究已经从最初的"国家—社会"关系理论框架下的分析 (张康之, 2018; 王湘军、康芳, 2022), 逐渐转向以多元协同为主要内容、注重基层治理"公共性"的考察 (杨仁忠、张诗博, 2021; 罗敏, 2020), 特别是在"整合式共治"基层治理模式的推动下, 公共性逐渐成了众多学者讨论的热点 (杨开峰等, 2020)。有学者认为, 公共性是促成当代"社会团结"的重要机制 (李友梅等, 2012), 它与当地社会发展有着紧密共生互促的内在关系 (陈艾, 2023)。尤其是在基层治理实践中, 社区公共性是基层社会内在秩序与社区治理的基础和保障 (李蔚, 2015), 它被视为我国社会发展的内驱力 (张志旻等, 2010)。

近年来, 在国家相继出台的多个文件中明确指出, 要加强基层治理中的"五社联动", 其中, 作为"五社联动"中一支重要专业力量的社会工作, 在我国基层治理体系和治理能力现代化进程中发挥着越来越重要的作用。但是, 由于基层治理中公共性内涵的模糊不清, 加上中国社会工作长期以来关注自身实践的社会性, 基层治理实践中公共性建设的必要性被忽视 (郑广怀等, 2021; 程玲、肖桂春, 2022)。而公共性研究的缺失必然导致中国社会工作的专业发展无法与我国基层治理体系和治理能力现代化建设紧密衔接起来。因此, 有必要从公共性视角审视社会工作在中国式现代化视域下的专业发展要求, 以便明确中国社会工作的专业定位和历史责任, 创建能够融入中国式现代化道路发展的"中国社会工作学派"。

二　西方公共性内涵的历史转向

西方学者有关公共性内涵的讨论由来已久，但是从现代化视域下来审视，这种普通民众的公共性与西方启蒙运动有着密切的联系，它是人的理性唤醒的过程，必然也随着人们对理性内涵的不同理解生产出对公共性内涵的不同解释。

（一）公共性内涵的哲学转向：从主体理性到批判理性

实际上，西方社会对于个人的理性内涵的理解经历了从注重个人自主的理性向关注人际经验反思的理性转变的过程，其依据的哲学基础是完全不同的，前者建基于科学实证主义之上，假设主客二元对立；后者相信社会建构主义的逻辑，强调多元主体之间的对话。

1. 主客二元对立的主体理性

西方17世纪出现的启蒙运动拉开了现代性的序幕，它在笛卡尔主客二元对立的"我思故我在"基础上将个人自我界定为一种理性的实体存在（张静，2017）。以康德为首的德国古典哲学家则进一步将人的这种理性提到至高无上的位置，他们强调这种理性的呈现在公共领域应该是自由的（康德，2006）。黑格尔则抛弃了康德这种将思维与存在对立起来的二元论哲学，坚持"绝对精神"和"绝对理性"（《马克思恩格斯全集》第二卷，1972）。摩西·门德尔松也对康德的二元论哲学进行了批判，认为理性的重点恰恰在于个人对理性的自主使用，强调这是一种主体理性（Allison，2012）。显然，在17世纪的西方，人的主体理性开始出现，这种主体理性依赖个人自我的自主、自律，是整个人类社会的绝对立法者。

从18世纪初到20世纪中期，个人自由主义渐渐占据了西方社会的主流，人们逐渐意识到，理性的个人在追求自身利益时需要实现公共利益的最大化（Han et al.，2019）。虽然这种理性是从个人利益出发的，但是其最终目的是保障某一类或者某一些群体的利益。于是，有组织和表达能力的人就开始受到人们的关注（Dewey，2012）。实际上，伴随着这种利益最大化的期望，立法和奖励机制也开始出现（Bentham，1791/1994）。到了 20 世纪 60 年代，西方社会的两极分化变得越来越严重（杨赟、高力克，2018）。人们由于对自由主义政策的失望，再加上政府管理中出现的诸多问题，开展探寻社群主义（吉登斯，2002）。社群主义认为，自由主义原子化自我观对个体价值的过度强调，使他者被对象化和工具化，破坏了有意义的人际关系，造成了自我与他者的分离（尹金萍，2022）。过度追求自由和平等必然导致人们走向自我毁灭（江怡，1998）。为此，社群主义追求集体的存在以及集体利益中的共性（桑内特，2014）。

简而言之，在很长一段现代性的历史发展进程中，西方社会一直追求"原子式"的生活，即便是在所谓的"共同体"的社会建设中，这种社会也不过是"原子式"个人的一种被动、机械的"聚合"（冯建军，2020）。它假设，每个人都有追求自己利益的自由（邢荣，2010）。显然，这种社会的建立依据主客二元对立的主体理性，它导致人与社会情境相互脱节，最终人们只剩下追求个体利益这种单一的行动逻辑（郭树勇、于阳，2021）。

2. 主体间的批判理性

主客二元对立的主体理性把科学抬到至高无上的地位，导致普通大众的个人理性被严重低估，人们的自由也由此成为一种伪自由（常新，2023）。人变成了没有主体选择能力的人，他们只是机器运行的部件和工具，没有了自我，这种唯我独尊的主体理性的权威性因此受到人们的质疑（雅斯贝尔斯，1997）。从 20 世纪 60 年代后期开始，女权主义运动、环保运动等层出不穷，社会研究的命题和范式也随之发生悄然改变（周翔、程晓璇，2016）。"权力话语批判"以及后维特根斯坦的语言哲学和心理学理论开始兴起（王敏，2011）。随着哲学和语言学的转向，西方社会对于主体理性内涵的讨论也在不断增多（庞学铨，2016）。

以胡塞尔为代表的学者逐渐将研究视野转向日常生活世界，认为个人理性只有通过经验这种自下而上的方式才能得到（胡塞尔，1988）。它无法借助规则的内化、书籍的阅读以及理论的学习这种自上而下的方式获得（伽达默尔，1988）。因此，在日常生活世界里，人们不仅需要发挥自我的理性，而且需要找到一种能够将我与他人一同显现出来的存在方式（海德格尔，1996）。从这一时期开始，注重对工具理性批判以及对社会现实反思的批判理性受到社会的普遍关注，其认为不仅需要建立日常生活的批判理性（Lefebvre，1991），而且需要关注日常生活微观层面的变化，使个人的日常生活变成"为他们的存在"（舍勒，2011）；西方新马克思主义的开创者卢卡奇（1997）在批判工具理性的基础上提出将主客体统一起来的总体性原则。第一代法兰克福学派将对工具理性的批判拓展到社会文化领域，强调关注人的自由和解放（张静，2017）。语言哲学大师维特根斯坦（2008）则结合生活世界的哲学，强调语言是一种可理解的公共活动。这样，人的理性的形成离不开人与人之间的对话和沟通，是一种"去中心化"的交往理性，它关注主体间的互动和依赖语言理解所达成的共识（哈贝马斯，1999）。

总之，哲学和语言学对日常生活世界的关注，导致主客二元对立的主体哲学向主体间性哲学转变，这促使批判理性逐渐成为社会的主流（吕勇，2009）。尤其是在当前全球化条件下，社会的许多公共领域吸收了各种各样的声音，"一种文化，一种公共领域"的现象已经不复存在（Bohman，1998）。

（二）公共性内涵的逻辑转向：从群体公共性到个体公共性

随着公共性内涵的哲学基础从主客二元对立的主体理性向主体间的批判理性的转变，公共性内涵的逻辑也在发生改变，从之前注重公私对立的群体公共性逐渐转向关注多元协同的个体公共性。这样，公共性具有了个体与个体之间建立相互协同的共享关系的内涵。

1. 关注公私对立的群体公共性

早在 17 世纪，由于主客二元对立的主体理性的哲学基础发展尚未完全成熟，公共性的内涵较为简单，主要是基于公私对立的二分法抽象出来的一种人际关系的特定模式（Bobbio，1980/1989）。它假设，每个人在社会政治领域都主要通过公共领域中的公共性来维护自己的利益（Splichal，2022）。此时的公共性内涵与公共领域、公共生活、公共产品、公共规则等直接相关。

从 18 世纪初期到 20 世纪中期，在以主体理性为核心的个人自由主义思想的影响下，公共性的内涵呈现以下三个方面的特征。第一，强调私人以外的公共事务。此时的民众超越了个人及其家庭私人生活的局限，开始在社会生活中关注公共事务（哈贝马斯，1999）。第二，强调公众意见的集合。这是一种公众共识的体现（Moulton，2009）。它以公众为基础（Kant，1977），并且要求采用同一种观点去考察大众，以保证对同一件事情具有相同的看法（托克维尔，2004）。第三，关注合法意见的表达。这是影响公共空间的公共性的关键因素（Low & Smith，2013；DeMagalhães，2010）。值得注意的是，20 世纪中后期的社群主义针对建立在个人自由主义基础上的群体公共性的内涵提出了疑问。首先，社群主义认为公共性是建立在共同体基础上的（Etzioni，1996），它追求集体存在和集体利益中的共性（桑内特，2014）；其次，这种社群主义的公共性是有限合法的，需要遵循分配正义的原则（MacIntyre，1998；Walzer，2007）。除此之外，与个人自由主义的公共性相比，社群主义的公共性更重视共同体的情感道德建设，关注公众道德情感的培育（佩迪特，2006），它追求共同体的"最高善"（MacIntyre，1998）。

尽管个人自由主义和社群主义从不同立场出发讨论公共性的内涵，但是这些讨论都围绕个体的利益如何被代表，是一种群体公共性，它始终没有突破主客二元对立的哲学基础以及公私对立的伦理价值。

2. 关注多元协同的个体公共性

与群体公共性内涵界定不同，20 世纪中后期，西方社会开始追求个体公共性——一种从主体间性哲学基础出发界定公共性内涵的方式。在这一时期，以个人责任优先的"第三条道路"的多元社会福利思想开始出现（艾哈德，1995）。福利主体逐渐趋于多元化，发展出包含国家、市场、社区和民间社会在内的四个主要部门（王卓、常进锋，2022；Rose，1986）。其中，家庭保障和社区互助是核心（彭华民、黄叶青，2006），志愿组织是社区服务的重要供给者（Wolfenden，1978），公众的福利责任在家庭、社区、国家中重新获得平衡（Dean，2015），甚至回归到个人责任（Kwekkeboom，2010；Kisby，2010；Goodley & Runswick-Cole，2015；Grootegoed & Van Dijk，2012；Richter & Andresen，2012）。在国家层面，受多元文化主义的影响，人们对"日常多元文化主义"（Wise & Velayutham，2009）和"日常城市"（Amin，2002）越来越感兴趣，逐渐注重"平凡"（banal）日常生活情境中的差异以及日常生活的互动协商（Colombo，2015）。在主体间性哲学基础的影响下，不少学者认为西方社会需要"一种更广泛、更多面的公共生活维度的概念"（Stewart & Hartmann，2020）。

这种关注日常生活多元的个体公共性呈现三个层面的核心特征。第一，始终关注每个人的多元差异。它将公共性视为一种复数概念，作为一种共有而不是共同的世界。公共性把不同的个人聚在一起，又防止彼此之间相互竞争，因此，人与人之间既能够相互吸引，也能够相互区分（阿伦特，1999）。当然，这种注重多元差异的公共性是经验性的，它依赖于人与人之间共有的经验（Mateus，2011b）。公共性也具有情感性，它与人们的非正式生活有关，并为人们正式的交流和制度安排提供持续动力。不仅如此，对日常生活的关注也让公共性带有非制度性，它依靠人与人之间的共享，先于政治制度的规范（Touraine，1977）。第二，始终关注话语情感沟通。它不受国家、政治权力关系甚至大众媒体的影响（Mateus，2022），而受话语（言语和非言语、声音或语言、视觉和多形态）的影响，是所有社会成员都能感知到的（Mateus，2011a），能够有效提升人们的凝聚力和社会价值的一致性（Malin，2001）。第三，多元差异和话语本身就包含道德情感的要求，它让公共性具有了多元表达的特点。由于在社会交往中发生的公共性不一定是理性的，有时甚至可能是一个突变的过程，因而这些公共的意见并不是每个人意见的简单集合，而是个人在公共场合的多元表达（Mateus，2022）。

主体间的批判理性突破了主客二元对立的思维逻辑，提出了个体公共性的概念，关注个人在日常生活公共场合中的多元表达，最终帮助人们实现从群体公共性向个体公共性的转变。这一转变在社会工作实践中也有所体现。

三 西方社会工作中的公共性讨论

西方专业社会工作从萌芽到诞生再到成熟，始终根植于西方现实社会的土壤中。可以说，西方专业社会工作正是在回应西方现实社会问题、化解现实社会矛盾过程中逐渐发展壮大的（徐向文，2015）。到了 20 世纪 90 年代之后，随着公共性内涵的讨论逐渐延伸到社区的多元生活，社会工作也开始关注公共性，并且把日常生活作为社会工作的基本实践场所，多元化和场景化也由此成为这一阶段社会工作专业实践的突出特征（童敏、周燚，2020）。

（一）多元化与差异性

进入 20 世纪 90 年代之后，由于受后现代主义思潮的影响，女性主义开始与后现代主义相结合，主张从一种双向或者多向的角度理解社会工作专业实践中遭遇的人际关系，认为社会工作者只有认识到每个服务对象各自具有的多样化的独特需求，才能承认人与人之间存在差异性，才能秉持女性主义所推崇的尊重彼此差异的差异视角（Sands & Nuccio，1992）。在差异性的探索中，个人主体不再被视为一种本质的属性，而是作为不断变动的现象，与特定的场景和权力关系紧密关联在一起，是一种 "过程中的主体"（subject in process）（Marshall，1994；童敏、吴宝红，2022）。这一时期的社会工作开始呼吁尊重他人的生活经验，关注人与人之间存在的差异性，主张放弃普遍、一致的标准化解释，推崇一种能够包容不同人群生活经验的多元化的社会工作专业实践（Orme，2002a，2009）。社会工作者始终需要重视包容性，尊重社会种族和文化的多样性，关注个人、家庭、群体和社区之间的差异（IFSW，2018）。这样，多元化和差异性就成为这一阶段社会工作理论建构的核心要素（Dominelli，2002），无论社会工作教育还是社会工作实践都开始重视跨文化（cross-cultural）服务能力的培养，并且强调通过赋权（empowerment）人们才能够在多元化的差异生活中找到公正公平（焦若水、高怀阳，2024）。

当然，在社会工作专业实践中出现的差异并不总是消极的，也并不总是意味着不平等，它实际上要求社会工作者将人们的身份和性别都纳入专业考察范围内（Swigonski & Raheim，2011）。在专业实践中社会工作者不是关注人与人之间存在的差异这一现象或者对存在差异的个人进行干预（Olcoń et al.，2020），而是关注由这种差异带来的社会歧视（Siltanen & Doucet，2008）以及由种族主义等因素带来的结构性压迫（Viruell-Fuentes et al.，2012），学会批判性地分析服务对象个人呈现的经验内容，以确定哪些方面对他们来说是最为重要的以及他们自身对于这些差异的看法（Hollinsworth，2012）。

（二）场景化与实践智慧

正是因为在日常现实生活中遇到多元挑战，人们开始质疑追求普遍、一致的社会层面的宏大叙事（Esping-Andersen，1996）。相应地，社会工作专业实践的关注焦点也开始转向人们日常生活中的在地实践（Healy，1998）。进入 21 世纪之后，由于受到社会批判理论的影响，澳大利亚社会工作学者简·福克（Jan Fook）直接提出场景实践的概念，认为社会工作是一种在现实场景中开展的并且需要对行动进行反思的实践，它不仅需要关注人们的具体行动及其反思过程，而且需要注重人们知识的在地性以及具体形成过程（Fook，2002）。这种场景实践知识深受场景的影响，并且依据人们在场景中的不同位置而呈现不同的要求，具有个别化和差异性的特征（Fook，2016）。另一位澳大利亚社会工作学者凯伦·黑莉（Karen Healy）也发现，人们采用了这种抽离具体场景的实证主义理论逻辑，使得理论与实践之间永远存在无法弥合的鸿沟。为此，黑莉提出场景实践的概念（Healy，2000）。由于受后现代主义思潮影响，第三波女性主义也提出了场景化知识的概念，认为无论知识的生产过程还是生产出来的知识都具有场景性（Haraway，2008）。这意味着，人们只有借助反身性审视自己所处的位置，才能了解自己知识的局限（Hiemstra & Billo，2017），察觉到场景中存在的现实差异（McDowell，1992）。

这种关注日常生活场景的社会工作实践，既需要专业技能的运用，也需要对人性和道德有深入的理解（Whan，1986）。对此，社会工作者需要结合之前的实践经验，在实际生活场景中通过现场的经验学习将理论与实践联系起来，并且把它转化为当前的有效干预行为（Klein & Bloom，1995）。这涉及在地知识的生产和转换（O'Sullivan，2005），需要社会工作者直接从实践中获得知识，它是一种实践智慧（Samson，2015）。这种实践智慧具有直觉（intuitive）、默会（tacit）与自发性（spontaneous）等特征（Cheung，2016），不仅强调具身化的体验，注重不同主体之间的交流，而且关注人的反思能力（Maclean，2012），是社会工作者在实践中所具有的价值观、知识、见解和技能等各方面能力的综合（Goldstein，1990）。实践智慧的引入调和了社会工作实践与理论之间长期以来存在的二元对立（张超，2023），让社会工作者在理性、情感与行动之间找到相互平衡点（郦平，2022）。

这一时期的社会工作专业实践强调采用一种融入场景并且跟随场景一起改变的人与环境"双赢"策略（Orme，2009）和"自下而上"的实践知识生产方式（Long et al.，2006）。它相信，社会工作的实践知识生产并不是为了"知识"而发展知识，而是通过实践智慧将理论知识与实践相结合，关注现实服务中的反思和德性，从而促进实际服务的改善（Goodkind et al.，2021），能够有效应对实践中的差异性，最终达到善的生活（张超，2023）。因此，社会工作专业实践并不是仅仅关注情境中人与环境两个方面之间的相互作用，而是需要社会工作者在整个场景中工作（work with the whole context）（Gray & Fook，2004），包含多元主体之间公共性的达成（Kemp & Brandwein，2010）。

（三）德性与关怀伦理

在充满差异性的在地实践中，每个人自身拥有的独特经验和社会位置都受到重视（Walker，1989）。个人不再被视为抽象独立的个体，而是在相互依存中存在（王海洋，2016）。这样，人们的行动不仅呈现自身拥有的具体经验和社会位置，而且同时展现人与人之间的关怀，它是一种充满关怀的道德实践（Ruddick，1995；Tronto，1993；Sevenhuijsen，1998），能够促进人际交往双方甚至多方的相互包容和相互协同（Held，2006）。值得注意的是，这种由女性主义发展而来的关怀伦理根本改变了社会工作专业实践的观察视角，它以人与人之间的差异性为前提，除了注重人际交往的场景性和动态性之外，还关注这种微观实践的公正性，称之为人际的正义实践（Orme，2002b）。

显然，女性主义推崇的关怀伦理是以"关系本体论"为前提的（Selma，2000）。它假设人具有责任伦理，相互依存不仅是人们的一种实际诉求，而且是人类生存的深层现实，人只有关怀他人，才能承认人人平等的道德价值，站在"双赢"的立场上考虑自己的行动选择，回应特定环境中差异性的现实要求（Tronto，1993）。也就是说，这种强调关怀伦理的社会工作专业实践并不是简单的即时反应，而是综合了理性和感性要求的道德行动（Keller & Kittay，2017）。其目的是将人际关系网络中的个体联结起来以谋取共同的福利（Sander-Staudt，2018），实现人的真正价值（Tronto，1993）。显然，关怀伦理将道德规范的普遍性和原则性与生活场景的多样性和特殊性紧密结合在一起，它使具体的生活情境成为人们道德判断与行为的现实基础，推动关怀伦理深入人们的日常生活中（Noddings，1984）。

值得注意的是，尽管西方社会工作在 20 世纪 90 年代之后开始关注人们的多元化和差异性的日常生活，注重社会工作实践的场景性，强调社会工作的实践智慧、德性和关怀伦理，但是并没有直接针对个体的公共性展开深入讨论。因而，无论实践还是理论，西方社会工作一直忽视对公共性的讨论。

四　我国基层治理中的公共性探索

面对从传统到现代的转变过程，诸多学者有意或无意地把现代与传统相互割裂开来，并且坚持越"西方"就越"现代"的观点。显然，中国式基层治理现代化植根于中国的社会历史的土壤中，必然需要遵循中国基层治理历史演进的逻辑和路径（唐文玉，2023）。与此相关联的是，我国基层治理中的公共性概念也随着现代化的推进受到越来越多的关注。

通过梳理中国基层治理的文献讨论就会发现，我国基层治理主要有三种类型，每种类型的基层治理诉求都不同程度地吸纳了公共性的内涵。第一种侧重乡土社会的基层治理。这类基层治理关注乡土文化传统的影响，它是我国未来乡村振兴的基础（陈松友、卢亮亮，2020）。这种乡土社会的基层治理是以血缘、亲缘、地缘为纽带建立起来的生活联结体，始终遵循"双轨政治""简约治理""经纪统治"等规则，主要依赖乡土社会自身的秩序生产能力进行治理（董磊明、郭俊霞，2017）。第二种强调行政力量主导的基层治理。这类基层治理关注基层政权的巩固，要求国家和政府在基层社会变革中始终处于主导地位（王湘军、康芳，2022）。在清晰梳理西方国家治理理论基础上，有学者提出"社会治理"的概念，倡导国家通过公共权威的树立来实现公共利益最大化，最终达到和谐善治的目的（俞可平，2014）。第三种注重整合共治的基层治理。随着我国社会治理主体从传统的单一权威领导转变为现在的党政部门、社会团体、基层自治组织以及公众等多元力量，整合共治的基层治理逐渐成为主流（杨开峰等，2020）。这种基层治理以居民的自发活动为核心，关注在地各类组织之间的协同（郑南、丹边宣彦，2013）。它让公众在"整合共治"过程中能够由原来被动服从的角色转向积极主动的行动者角色（包大为、杨晓彤，2022）；同时，促进国家力量与社会力量之间的协同，实现彼此相互赋能（王湘军、康芳，2022）。

尽管这三种基层治理的逻辑和路径各不相同，包含的公共性内涵也各有侧重，但这些基层治理都是通过调动民众的自治力量来维护基层社会秩序的（曹军锋，2020）。例如，乡土社会的基层治理就要求这些少数的乡绅、宗族代表和地方半正式官员作为"中间层"带头参与村居的公共事务，并且以村规民约、宗族家规为主要内容的公共规则维护大多数人的利益，此时的公共性内涵体现为个人利益的集合。这种以国家行政力量为主导的基层治理促使国家充当社会的缔造者、监管者和庇护者，它将个人纳入法治化的国家政权建设中，在以家庭为基础的众多小共同体生活之上建构一种政治性的大共同体生活（杨君，2023）。而近年来新出现的整合共治的基层治理在利益日趋多元化的社区催生了一种注重多元参与、相互协同的新的公共性（郑南、丹边宣彦，2013）。这样，以往以行政力量为主导的公共性逐渐转向以多元参与、相互协同为主要特点的新的公共性（陈刚华、晏琴，2021）。因此，公共性也就更多地呈现在微观层面的社区基层治理中，表现为基层社会的内在秩序（李蔚，2015）。实际上，基层社会的治理共同体建设需要通过表达、协商、议事等方式来增强个体的主体性和公共性（郁建兴，2019）。

通过上述回顾不难发现，我国基层治理的公共性内涵与西方公共性概念的发展历程类似，都是逐渐从关注个人的利益转向强调日常生活中每个居民的多元参与，带有"既为自己打算又为他人而活"的利他个体主义观念（杨君，2020）。由于我国仍处在快速现代化发展的阶段，不仅不同的基层治理中出现的公共性概念各有侧重，而且公共性的核心概念内涵依然模糊不清。在实际工作中，居民如何参与、"个体自治"与"国家共治"如何相互衔接、个体利益与共同体利益如何相互协调等，都是急迫需要解决的难题（包大为、杨晓彤，2022）。

五　现代化视域下中国社会工作的公共性转向

通过回顾西方社会的现代化进程可以发现，西方社会的公共性内涵经历了两个完全不同的发展阶段。第一个阶段是群体公共性，它以主客二元对立的主体理性为核心，注重公私对立；第二个阶段是个体公共性，它以主体间的批判理性为重点，强调多元协同。尽管西方社会工作的发展注意到了专业服务背后的公共性内涵转变的一些要求，如 20 世纪 90 年代之后西方社会工作开始关注专业服务的多元化、差异性、场景化以及德性实践的要求等，但没有从公共性角度审视社会工作的专业发展要求，导致社会工作的专业服务越来越趋向于碎片化、松散化和神秘化。显然，西方专业社会工作之所以出现这样的发展趋势，是因为 20 世纪 90 年代之后，它开始逐渐走向社区，关注人们在社区中的日常生活。这样，帮助人们建立多元差异生活之间的社会联结,即个体公共性,就成为人们适应日益多元化的社区日常生活的关键。

实际上,当社会治理的任务下沉到基层社区,中国社会工作也开始将自己的关注焦点投向社区,成为我国基层治理实践创新的一支重要专业力量。这样,协助人们处理在社区日常生活中面临的多元差异生活,建立多元差异生活之间的社会联结,就成为中国社会工作专业实践必须面对的核心任务(杨威威等,2022)。尤其近年来,在"五社联动"和乡镇(街道)社工站的推动下,中国社会工作专业实践越来越关注社区生活中的普通人群,甚至能人和乡贤,帮助他们建立社区多元差异生活之间人与人协同改变的社会联结,由此逐渐取代社区弱势人群的困难帮扶,这成为中国社会工作专业实践的核心目标(童敏、周晓彤,2022)。显然,随着我国基层治理实践创新的不断深入,中国社会工作专业实践中个体公共性的诉求变得越来越突出,它推动中国社会工作逐渐从关注弱势人群的帮扶转向在社区多元诉求基础上达成人与人之间的"差异共识"(胡象明、齐磊,2020),探索一种自下而上、多元协同的专业实践路径(徐向文,2015)。

基于现代化的视角,人们为了适应工业化和城市化发展的要求,就要从农村迁移到城市寻找更佳的就业和教育机会,其中无法适应的弱势人群就成为社会工作的服务对象。此时的社会工作只关注如何帮助弱势人群更好地适应社会环境,消除人们那些适应不良的行为,它采取的是一种环境适应的逻辑。这种环境适应的逻辑一方面能够帮助人们改善自身的生活状况,提升自身的环境适应能力;另一方面却在不断增强人们的流动性,损害人与人之间的情感联系,导致人与人之间的关系变得更为冷淡和陌生。这样,一旦人们解决了基本温饱问题,就必然开始关注多元差异生活及人与人之间关系的重建,特别是当人们从单位人转向社会人、开始注重在社区中的多元化生活时,就必然涉及日常多元差异生活中人与人之间的社会联结(刘星,2023)。显然,此时的社会联结不是指人的社会性,而是指个体公共性,它需要人与人之间保持协同改变,以便人们能够在多元差异生活中与周围他人建立一种信任合作关系,避免彼此对抗和相互疏离。

　　尽管从表面上看中国社会工作成为我国基层治理实践创新的一支重要专业力量是社会性的诉求，但是实际上它反映的是我国现代化进程的转变。经过四十多年的改革开放，我国已经基本解决了温饱问题，进入全面建设社会主义现代化国家的新发展阶段。显然，此时的中国社会工作面对的是如何协助人们应对社区日趋多元化的差异生活，增强这种多元差异生活中人与人之间的社会联结，帮助人们建立一种人与人协同改变的新型社区关系，以便能够提升我国基层治理的有效性。显然，这是一种个体公共性的诉求，它除了需要人与人之间保持社会联结之外，还需要人们尊重彼此的多元差异生活，找到一起协同改变的方式。这意味着，中国社会工作需要向公共性转型，否则，中国社会工作的专业发展将无法承担起我国基层治理实践创新的历史重任。

六　总结

　　通过对西方公共性内涵演变过程的回顾可以发现，西方公共性内涵经历了两个不同的发展阶段，即群体公共性和个体公共性。前者是西方注重个人主体理性阶段的产物，它相信人是独立、自由的，强调公私相互对立、彼此相互排斥；后者是西方关注人际批判理性的结论，它假设人无法离开他人生活，认为公私并非对立的，并且强调人与人之间需要尊重彼此的差异，学会协同改变。尽管西方专业社会工作的发展也受现代化进程的影响，注意到了现代化转型的要求，但没有站在公共性立场重新审视社会工作的专业发展要求，导致西方专业社会工作的发展越来越趋向碎片化、松散化。

　　随着我国社会治理任务的下沉以及基层治理诉求的增加，中国社会工作已经逐渐获得党和国家的认可，成为我国基层治理实践创新不可或缺的一支重要专业力量。在社区现实生活场景中协助居民应对日益多元化的差异生活就成为中国社会工作的首要任务，它需要中国社会工作者放弃对社会性的追求，转向对个体公共性的探索，承担起推动我国基层治理体系和治理能力现代化的重任，让中国社会工作能够真正融入中国式现代化道路的发展，创建"中国社会工作学派"。

参考文献

艾哈德，1995，《大众的福利》，丁安新译，武汉：武汉大学出版社。

安东尼·吉登斯，2002，《第三条道路及其批评》，孙相东译，北京：中共中央党校出版社。

包大为、杨晓彤，2022，《社会治理共同体的公共性价值理念与实践指向》，《教学与研究》第 1 期。

曹军锋，2020，《乡村振兴与村落共同体重建》，《甘肃社会科学》第 1 期。

常新，2023，《理性的"盛宴"与自由的"救赎"——启蒙的现代政治关怀》，《人文杂志》第 4 期。

陈艾，2023，《社会治理共同体建设：一个理论分析框架》，《江汉论坛》第 12 期。

陈刚华、晏琴，2021，《新公共性的重构：协商对话视阈下的城市社区公共纠葛治理研究》，《湖北民族大学学报》（哲学社会科学版）第 3 期。

陈松友、卢亮亮，2020，《自治、法治与德治：中国乡村治理体系的内在逻辑与实践指向》，《行政论坛》第 1 期。

程玲、肖桂春，2022，《中国社会工作"社会性"研究的核心论述与反思》，《社会工作》第 3 期。

董磊明、郭俊霞，2017，《乡土社会中的面子观与乡村治理》，《中国社会科学》第 8 期。

菲利普·佩迪特，2006，《共和主义：一种关于自由与政府的理论》，刘训练译，南京：江苏人民出版社。

冯建军，2020，《人"如何"生活在一起：历史发展的逻辑》，《华南师范大学学报》（社会科学版）第 5 期。

伽达默尔，1988，《赞美理论——伽达默尔选集》，夏镇平译，上海：上海三联书店。

郭树勇、于阳，2021，《全球秩序观的理性转向与"新理性"——人类命运共同体的理性基础》，《世界经济与政治》第 4 期。

哈贝马斯，1999，《公共领域的结构转型》，王晓珏等译，上海：学林出版社。

海德格尔，1996，《形而上学导论》，熊伟、王庆节译，北京：商务印书馆。

汉娜·阿伦特，1999，《人的条件》，竺乾威译，上海：上海人民出版社。

胡塞尔，1988，《欧洲科学危机和超验现象学》，张庆熊译，上海：上海译文出版社。

胡象明、齐磊，2020，《迈向整合：政治文化的公共性再造与创生逻辑》，《湖南师范大学社会科学学报》第 2 期。

江怡主编，1998，《走向新世纪的西方哲学》，北京：中国社会科学出版社。

焦若水、高怀阳，2024，《揽镜自鉴：多元文化社会工作的理论争辩与本土反思》，《广西民族大学学报》（哲学社会科学版）第 1 期。

卡尔·雅斯贝斯，1997，《时代的精神状况》，王德峰译，上海：上海译文出版社。

康德，2006，《康德书信百封》，李秋零编译，上海：上海人民出版社。

李蔚，2015，《何谓公共性，社区公共性何以可能?》，《河南师范大学学报》（哲学社会科学版）第 4 期。

李友梅、肖瑛、黄晓春，2012，《当代中国社会建设的公共性困境及其超越》，《中国社会科学》第 4 期。

理查德·桑内特，2014，《公共人的衰落》，李继宏译，上海：上海译文出版社。

郦平，2022，《实践智慧与伦理学的命运——基于实践智慧发展嬗变的考源》，《中州学刊》第 10 期。

刘星，2023，《新中国成立以来基层治理的"人民性"探索：历史视野与现代化面向》，《学习与实践》第 7 期。

卢卡奇，1997，《理性的毁灭》，王玖兴等译，济南：山东人民出版社。

吕勇，2009，《重构法律正当性的理性基础——从康德实践理性到哈贝马斯交往理性转向的法哲学意义》，《大连大学学报》第 4 期。

罗敏，2020，《要素协同、情感联结与基层治理现代化》，《求实》第 4 期。

《马克思恩格斯全集》（第二卷），1972，北京：人民出版社。

马克斯·舍勒，2011，《伦理学中的形式主义与质料的价值伦理学》，倪梁康译，北京：商务印书馆。

庞学铨，2016，《生活哲学：当代哲学的一种可能路向》，《哲学分析》第 6 期。

彭华民、黄叶青，2006，《福利多元主义：福利提供从国家到多元部门的转型》，《南开学报》第 6 期。

泰勒，2000，《可靠性伦理学》，载韩水法主编《社会正义是如何可能的——政治哲学在中国》，广州：广州出版社。

唐文玉，2023，《中国式基层治理现代化：历史生成与路向诠释——基于国家与社会关系演进的视角》，《社会科学战线》第 12 期。

童敏、吴宝红，2022，《从英雄主义到平民关怀：社会工作伦理的反思与重构》，《社会工作与管理》第 4 期。

童敏、周晓彤，2022，《基层治理与自我增能：中国特色社会工作道路的理论审视》，《华东理工大学学报》（社会科学版）第 5 期。

童敏、周燚，2020，《理情还是情理：社会工作理论的"中国框架"及其哲学依据》，《社会科学文摘》第 8 期。

托克维尔，2004，《论美国的民主》（上卷），董果良译，北京：商务印书馆。

王海洋，2016，《社会工作"关怀伦理"意涵与实践——以珠三角工伤群体社区工作为例》，《湖南社会科学》第 3 期。

王敏，2011，《多元文化主义差异政治思想：内在逻辑、论争与回应》，《民族研究》第 1 期。

王湘军、康芳，2022，《和合共生：基层治理现代化的中国之道》，《中国行政管理》第 7 期。

王卓、常进锋，2022，《福利多元主义视角下第三次分配的现实困境与治理路径》，《中州学刊》第 9 期。

维特根斯坦，2008，《维特根斯坦笔记》，许志强译，上海：复旦大学出版社。

邢荣，2010，《从市民社会到公共领域——西方现代性的自我悖反与自我救赎》，《北京工业大学学报》（社会科学版）第 1 期。

徐向文，2015，《西方专业社会工作合法化路径及其对我国的启示》，《甘肃社会科学》第 4 期。

杨君，2020，《个体化的社会想象：乌尔里希·贝克思想中的生活、政治与道德》，北京：社会科学文献出版社。

杨君，2023，《个体化的限度——公共性与团结性的社会整合路径探索》，《浙江学刊》第 6 期。

杨开峰等，2020，《中国之治》，北京：中国人民大学出版社。

杨仁忠、张诗博，2021，《社会治理共同体的公共性意蕴及其重要意义》，《河南师范大学学报》（哲学社会科学版）第 1 期。

杨威威、郭圣莉、魏雷东，2022，《演进、变迁及动力：社会工作参与基层治理的制度创新历程分析》，《甘肃行政学院学报》第 5 期。

杨赟、高力克，2018，《社群主义对自由主义的三大批判》，《浙江社会科学》第 3 期。

尹金萍，2022，《查尔斯·泰勒社群主义构成性自我观的意义阐释与实践运用》，《国外社会科学前沿》第 6 期。

俞可平，2014，《论国家治理现代化》，北京：社会科学文献出版社。

郁建兴，2019，《社会治理共同体及其建设路径》，《公共管理评论》第 3 期。

张超，2023，《从思维到行动：社会工作实践智慧的生成机制》，《华东理工大学学报》（社会科学版）第 5 期。

张静，2017，《理性范式的转换与社会治理的建构》，博士学位论文，中央民族大学。

张康之，2018，《论公共性的生成及其发展走向》，《青海社会科学》第 3 期。

张志旻、赵世奎、任之光等，2010，《共同体的界定、内涵及其生成——共同体研究综述》，《科学学与科学技术管理》第 10 期。

郑广怀、孟祥哲、刘杰，2021，《回归社会性：社会工作参与新冠肺炎疫情应对的关键议题》，《社会工作与管理》第 2 期。

郑南、丹边宣彦，2013，《日本社会建设新思维：地域社会的新公共性建设——以丰田市团体活动为例》，《东北亚论坛》第 5 期。

周翔、程晓璇，2016，《"反公众"何以为"反"————一种多元视角下的公共领域思考》，《武汉大学学报》（人文科学版）第 5 期。

Allison，H. E. 2012. *Essays on Kant*. Oxford：Oxford University Press.

Amin，A. 2002. "Ethnicity and the Multicultural City：Living with Diversity." *Environment and Planning A* 34 （6）：959-980.

Bentham，J. 1791/1994. "Of Publicity." *Public Culture* 6 （3）：581-595.

Bobbio，N. 1980/1989. *Democracy and Dictatorship*. Cambridge：Polity.

Bohman，J. 1998. "The Globalization of the Public Sphere：Cosmopolitan Publicity and the Problem of Cultural Pluralism." *Philosophy & Social Criticism* 24 （2-3）：199-216.

Brent，M. 2001. "Communication with Feeling：Emotion，Publicness，and Embodiment." *Quarterly Journal of Speech* 87 （2）：216-230.

Cheung，Johnson Chun-Sing. 2016. "Practice Wisdom in Social Work：An Uncommon Sense in the Intersubjective Encounter." *European Journal of Social Work* 20 （5）：619-629.

Colombo，E. 2015. "Multiculturalisms：An Overview of Multicultural Debates in Western Societies." *Current Sociology* 63 （6）：800-824.

Dean，H. 2015. *Social Rights and Human Welfare*. London：Routledge.

DeMagalhães，C. 2010. "Public Space and the Contracting-out of Publicness：A Framework for Analysis. " *Journal of Urban Design* 15 （4）: 559-574.

Dewey, J. 2012. *The Public and Its Problem*. University Park, PA: The Pennsylvania State University Press.

Dominelli, L. 2002. *Feminist Social Work Theory and Practice*. Basingstoke: Palgrave.

Drechsler, K. , Hessenauer, S. , & Jaber-Wilson, L. 2020. " Engage in Diversity and Difference in Practice Competency: Exploring the Explicit Curriculum and Outcome Measures of Graduate Social Work Programs. " *Journal of Social Work Education* 56 （2）: 341-353.

Esping-Andersen, G. 1996. " After the Golden Age? Welfare State Dilemmas in a Global Economy. " In G. Esping-Andersen （ed.）, *Welfare Sates in Transitions: National Adaptations in Global Economies* （p. 1）. London: Sage.

Etzioni, A. 1996. *The New Golden Rule: Community and Morality in a Democratic Society*. New York: Basic Books.

Fook, J. 2002. *Social Work: Critical Theory and Practice*. London: Sage.

Fook, J. 2016. *Social Work: A Critical Approach to Practice*. London: Sage.

Goldstein, H. 1990. " The Knowledge Base of Social Work Practice: Theory, Wisdom, Analogue, or Art?" *Families in Society: The Journal of Contemporary Human Services* 71 （1）: 32-43.

Goodkind, S. , Kim, M. E. , Zelnick, J. R. et al. 2021. " Critical Feminisms: Principles and Practices for Feminist Inquiry in Social Work. " *Affilia* 36 （4）: 481-487.

Goodley, D. & Runswick-Cole, K. 2015. " Big Society? Disabled People with the Label of Learning Disabilities and the Queer（y）ing of Civil Society. " *Scandinavian Journal of Disability Research* 17 （1）: 1-13.

Gray, M. & Fook, J. 2004. " The Quest for a Universal Social Work: Some Issues and Implications. " *Social Work Education* 23 （5）: 625-644.

Grootegoed, E. & Dijk, D. V. 2012. " The Return of the Family? Welfare State Retrenchment and Client Autonomy in Long-Term Care. " *Journal of Social Policy* 41 （4）: 677-694.

Han, S. , Kim, J. W. , & Kwon, Y. 2019. " Contemporary Spatial Publicness: Its New Cha-racteristics and Democratic Possibilities. " *Sustainability* 11 （17）: 4729.

Haraway, D. 2008. *When Species Meet*. Minneapolis: University of Minnesota Press.

Healy, K. 1998. " Participation and Child Protection: The Importance of Context. " *The*

British Journal of Social Work 28（6）：897−914.

Healy，K. 2000. *Social Work Practice*：*Contemporary Perspectives on Change*. London：Sage.

Held，V. 2006. *The Ethics of Care*：*Personal*，*Political and Global* . New York：Oxford University Press.

Hiemstra，N. & Billo，E. 2017. "Introduction to Focus Section：Feminist Research and Knowledge Production in Geography. " *Professional Geographer* 69（2）：284−290.

Hollinsworth，D. 2012. "Forget Cultural Competence：Ask for an Autobiography. " *Social Work Education* 32（8）：1−13.

International Federation of Social Workers（IFSW）. 2018. *Statement of Ethical Principle*s. Retrieved from https：//www. ifsw. org/global-social-work-statement-of-ethical-principles.

Kant，I. 1977. "Zum ewigen Frieden：Ein philosophischer Entwurf. " In Weischedel，W.（ed.），*Werke in Zwölf Bänden Band XI 1997*（pp. 195−251）. Frankfurtam Main：Suhrkamp Verlag.

Keller，J. & Kittay，E. F. 2017. "Feminist Ethics of Care. " In A. Garry. ，S. J. Khader，& A. Ston（eds. ），*The Routledge Companion to Feminist Philosophy*（pp. 540−555）. New York：Routledge.

Kemp，S. P. & Brandwein，R. 2010. "Feminisms and Social Work in the United States—An Intertwined History. " *Affilia* 25（4）：341−364.

Kisby，B. 2010. "The Big Society：Power to the People?" *The Political Quarterly* 81（4）：484−491.

Klein，W. C. & Bloom，M. 1995. "Practice Wisdom. " *Social Work* 40（6）：799−807.

Kwekkeboom，M. 2010. *The Responsibility of the People Themselves*：*The（Re）Distribution of Care and Support Tasks between Government and Citizens and the Significance of This for Professional Assistance*. Amsterdam：HvA Publications.

Lefebvre，H. 1991. *Critique of Everyday Life*（Vol I. ）. Translated by John Moore. New York：Verso.

Long，D. D. ，Tice，C. J. ，& Morrison，J. D. 2006. *Macro Social Work Practice*：*A Strengths Perspective*. Belmont，CA：Thomson Higher Education.

Low，S. & Smith，N. 2013. *The Politics of Public Space*. New York：Routledge.

MacIntyre，A. 1998. "Politics，Philosophy and the Common Good. " In K. Knight（ed. ），

The MacIntyre Reader（pp. 239–240）. Indiana： University of Notre Dame Press.

Maclean, S. 2012. *The Social Work Pocket Guide to： Reflective Practice.* Canada： deSitter Publications.

Malin, B. 2001. "Communication with Feeling： Emotion, Publicness, and Embodiment." *Quarterly Journal of Speech* 87（2）： 216–230.

Marshall, B. 1994. *Engendering Modernity： Feminism, Social Theory and Social Change.* Boston： Northeastern University Press.

Mateus, S. 2011a. "The Principle of Publicity： A Socio-anthropological Perspective." In J. C. Correia & R. Maya（eds.）, *Public Sphere Reconsidered： Theories and Practices* （pp. 153–166）. Covilhã： Labcom Books.

Mateus, S. 2011b. "The Public as Social Experience." *Revista Comunicacāo e Sociedade* 19： 275–286.

Mateus, S. 2022. "Publicness Beyond the Public Sphere." *Mediapolis-Revista de Comunicação, Jornalismo e Espaço Público* 14： 113–136.

McDowell, L. 1992. "Doing Gender： Feminism, Feminists and Research Methods in Human Geography." *Transactions of the Institute of British Geographers* 17（4）： 399–416.

Moulton, S. 2009. "Putting Together the Publicness Puzzle： A Framework for Realized Publicness." *Public Administration Review* 69（5）： 889–900.

Noddings, N. 1984. *Caring.* Berkeley： University of California Press.

Olcoń, K., Gilbert, D. J., & Pulliam, R. M. 2020. "Teaching about Racial and Ethnic Diversity in Social Work Education： A Systematic Review." *Journal of Social Work Education* 56（2）： 215–237.

Orme, J. 2002a. "Feminist Social Work." In R. Adams, L. Dominelli, & M. Payne （eds.）, *Social Work： Themes, Issues and Critical Debates*（2nd ed., pp. 218–226）. Basingstoke： Palgrave Macmillann.

Orme, J. 2002b. "Social Work, Gender, Care and Justice." *British Journal of Social Work* 32（6）： 799–814.

Orme, J. 2009. "Feminist Social Work." In M. Gray & S. A. Webb（eds.）, *Social Work Theories and Methods*（pp. 65–75）. London： Sage.

O'Sullivan, T. 2005. "Some Theoretical Propositions on the Nature of Practice Wisdom." *Journal of Social Work* 5（2）： 221–242.

Richter, M. & Andresen, S. 2012. "Places of Good Childhood? Growing up in the Tension of Familial and Public Liability." *Zeitschrift Fur Soziologie Der Erziehung Und Sozialisation* 32 (3): 250-265.

Rose, R. 1986. "Common Goals but Different Roles: The State's Contribution to the Welfare Mix." In R. Rose & R. Shiratori (eds.), *The Welfare State East and West* (pp. 13-39). Oxford: Oxford University Press.

Ruddick, S. 1995. *Maternal Thinking: Towards a Politics of Peace.* Boston: Beacon Press.

Samson, P. L. 2015. "Practice Wisdom: The Art and Science of Social Work." *Journal of Social Work Practice* 29 (2): 119-131.

Sander-Staudt, M. 2018. "Care Ethics: A Different Voice for Communication and Media Ethics." In P. L. Plaisance (ed.), *Communication and Media Ethics* (pp. 191-214). Berlin: De Gruyter Mouton.

Sands, R. G. & Nuccio, K. 1992. "Postmodern Feminist Theory and Social Work." *Social Work* 37 (6): 489-494.

Sevenhuijsen, S. 1998. *Citizenship and the Ethics of Care: Feminist Considerations on Justice, Morality and Politics.* London: Routledge.

Sevenhuijsen, S. 2000. "Caring in the Third Way: The Relation Between Obligation, Responsibility and Care in Third Way Discourse." *Critical Social Policy* 20 (1): 5-37.

Siltanen, J. & Doucet, A. 2008. *Gender Relations in Canada: Intersectionality and Beyond.* Oxford: Oxford University Press.

Splichal, S. 2022. "The Public Sphere in the Twilight Zone of Publicness." *European Journal of Communication* 37 (2): 198-215.

Stewart, E. & Hartmann, D. 2020. "The New Structural Transformation of the Public Sphere." *Sociological Theory* 38 (2): 170-191.

Swigonski, M. E. & Raheim, S. 2011. "Feminist Contributions to Understanding Women's Lives and the Social Environment." *Affilia* 26 (1): 10-21.

Touraine, A. 1977. *The Self-Production of Society.* Chicago: University of Chicago Press.

Tronto, J. C. 1993. *Moral Boundaries: A Political Argument for an Ethic of Care.* New York · London: Routledge.

Viruell-Fuentes, E. A., Miranda, P. Y., & Abdulrahim, S. 2012. "More Than Culture: Structural Racism, Intersectionality Theory, and Immigrant Health." *Social Science &*

Medicine 75 (12): 2099-2106.

Walker, M. U. 1989. "Moral Understandings: Alternative 'Epistemology' for a Feminist Ethics." *Hypatia* 4 (2): 15-28.

Walzer, M. 2007. "Justice Here and Now." In D. Miller (ed.), *Thinking Politically: Essays in Political Theory* (pp. 137-147). New Haven: Yale University Press.

Whan, M. 1986. "On the Nature of Practice." *The British Journal of Social Work* 16 (2): 243-250.

Wise, A. & Velayutham, S. 2009. *Everyday Multiculturalism*. Basingstoke: Palgrave Macmillan.

Wolfenden, J. 1978. *The Future of Voluntary Organizations*. London: Croom Helm.

青年社区矫正对象的时间体验、生成逻辑及社工介入[*]

王海擎　张　昱[**]

　　摘　要　时间之于人是体验性、情感性的，青年社区矫正对象的时间体验是其情感和态度的映射。基于对不同矫正期限、不同矫正阶段的青年社区矫正对象访谈发现，青年社区矫正对象生成了时间交叠、时间循环、时间变速、时间裂缝等不同体验，反映了该群体对社区矫正时间秩序适应不良的困境。为此，青年社区矫正对象采取了消极应付、被动适应和积极调整三种时间行动策略以应对时间秩序的变化。惯习滞后、自我隔离与情绪涌现是青年社区矫正对象生成消极时间叙事的重要因素。社会工作者可以通过调整时间认知偏差与改善个体时间结构、强化社会支持与拓展关系时间、明晰人生规划与实现"社会时

---

　　[*]　本文为上海市哲学社会科学青年项目"高质量发展背景下我国社区矫正社会工作的本土化研究"（2022ESH006）、教育部人文社会科学青年基金项目"高质量发展下社区矫正社会工作的整合性服务体系构建研究"（23YJC840028）的阶段性成果。

　　[**]　王海擎，华东理工大学社会与公共管理学院博士研究生，主要研究方向为司法社会工作；张昱，华东理工大学社会与公共管理学院教授、博士生导师，主要研究方向为社会工作理论、司法社会工作。

钟"的再嵌入等途径协助矫正对象提升时间掌控力,促进青年社区矫正对象社会融入和回归社会。

关键词 青年社区矫正对象 时间体验 社区矫正社会工作

一 问题的提出及文献回顾

自 2003 年开展社区矫正试点工作以来,社区矫正在预防和减少重新犯罪、促进罪犯改造和社会融入等方面发挥重要作用。我国社区矫正对象数量众多,截至 2022 年,全国累计接收社区矫正对象 649.9 万人,累计解除 586.9 万人,现有社区矫正对象 62.9 万人。[①] 其中,相当一部分社区矫正对象正值青年[②],处于社会角色转型的关键阶段,需要将大量时间与精力投入升学深造、职业发展及结婚生子等重要人生事务中。然而,犯罪及其矫正作为一种应急性生命事件干扰了他们的社会角色和日常活动,中断了他们原有的生活轨道,导致其偏离社会标准时间,阻碍其人生进程顺利推进(张小虎,2022)。相较于其他社区矫正对象,青年社区矫正对象回归社会过程中遭遇的困境更为明显,例如,缺乏生活保障与谋生手段、受教育场域中被排斥、社会联结弱化甚至断裂以及不彻底社会化(郑永君,2016)。鉴于此,针对青年社区矫正对象在社区矫正过程中所面临的挑战及其个人体验的研究显得尤为重要。

青年社区矫正对象在回归社会过程中遭遇的困境不仅影响该群体生命历程的整体发展,对其日常时间秩序也造成了极大冲击,进而改变他们的时间体验。时间体验是行动者自我审视的重要主题,反映了个体如何理解自身的生存状态(王昕,2019)。社区矫正对象的时间体验隐含着

---

① 中华人民共和国最高人民检察院:《〈中国法治建设年度报告(2022)〉要点》,https://www.spp.gov.cn/zdgz/202308/t20230827_626254.shtml,最后访问日期:2024 年 3 月 14 日。

② 本文提及的青年参照中共中央、国务院发布的《中长期青年发展规划(2016—2025 年)》中的规定,指 14~35 周岁群体。

个体深层次需求和认罪态度，与其矫正效果息息相关。如果社区矫正对象能够珍惜时间、有效利用时间进行自我改造和提升，通常能取得更好的矫正效果。反之，如果他们对时间持消极态度，如感到无聊、空虚或对未来缺乏信心，则可能加大其社会融入的难度，甚至增加重新犯罪的风险。因此，本研究从时间社会学的角度出发，重点探究青年社区矫正对象的时间体验、应对行动及其成因。

（一）"量"的时间与社区矫正

时间表现为"量"的时间和"质"的时间两种形式（什托姆普卡，2011）。"量"的时间是被钟表度量的均匀分离的时间，是人为规定下衡量活动事件进程的外在框架，用于协调个体行动以构建社会行动秩序（柏格森，2018）。既有研究聚焦社区矫正中"量"的时间对社区矫正效果的影响，大致分为三条路径。一是将"量"的时间作为衡量变化的间隔长度，关注客观物理时间意义上量刑期限长短对社区矫正效果的影响。例如，短刑期社区矫正对象更可能存在悔罪意识不强、法律意识淡薄等问题，监督管理和教育帮扶的难度更大（潘浪，2021）。二是将"量"的时间作为呈现事件发生序列的背景，关注不同时间节点的社区矫正对象的发展变化，如研究处于原生期、矫正期、成长期等不同阶段社区矫正对象的复原力发展过程及特征（费梅苹、张晓灿，2020）。三是将"量"的时间作为矫正的手段，强调严格的时间纪律对社区矫正对象的规训。通过打卡报到、公益劳动等部分强制性时间安排，社区矫正将罪犯的时间进行结构化分解和序列化使用，从而发挥微观权力的控制作用（储琰，2016）。

上述研究展现了客观物理时间与社区矫正之间的关系，但忽略了社区矫正对象主观时间体验对于矫正效果的影响，这种从实在论出发的观点"窄化"了时间研究。时间是体验性、情感性的，物理意义上相同的时间因主体的感受差异而被调节，造成客观实在与主观体验不一致的情况（李斌、汤秋芬，2018）。青年社区矫正对象有不同的时间感知水平和感知深度，导致其在矫正期间形成不同的时间体验，影响青年矫正对象未来时间构想与个体行为表达。因此，研究更应关注青年社区矫正对象"质"的时间。

（二）"质"的时间与社区矫正对象体验

"质"的时间是个体通过直觉体验到的时间，强调个体的主观感受。吉登斯（2016）批判在西方文化观念影响下，"量"的时间忽视了时间与行动者、时间与社会结构之间丰富的互动形式和意义。郑作彧（2018）指出，时间并不是脱离日常生活的纯粹抽象概念，而是一个由社会制度与行动实践构成的经验性的社会事实。还有学者认为，现代社会中的时间意涵包括资源、秩序和情境三重维度，其中，时间的情境化意义赋予更多地考虑了行动者主体性和自反性在时间体验中的核心地位（文军、陈蕾，2019）。关于时间体验的研究主要集中于特殊群体因身份带来的体验，如癌症患者（Rasmussen & Elverdam，2007）、博士生（林焕翔，2022）、失业人员（Nielsen et al.，2021）、囚犯（Sekulak et al.，2022）等群体。还有研究对新冠疫情（Velasco et al.，2022）、战争（Holman & Silver，1998）等重大社会事件进程中的时间体验展开讨论。目前，暂未发现针对社区矫正对象时间体验的相关研究。社区矫正期限本身代表着矫正身份的倒计时，随着矫正时间的不断缩减，矫正心态会发生变化并产生不同的时间体验。社区矫正对象的时间体验反映了其身心状态和情感态度，其中暗含着社区矫正对象更深层次的个体需要和认罪态度，这影响其矫正行为表现和重新犯罪风险，与矫正效果息息相关。因此，社区矫正对象时间体验研究需要引起重视。

综上所述，现有文献从"量"的时间和"质"的时间双重维度对社区矫正与时间之间的关系做出讨论，并着重强调时间体验对于理解多元群体的重要性。这为本研究进一步探索青年社区矫正对象的时间体验提供了借鉴。时间体验是个体生活实践中生成的感受，反映了实践者日常生活样态和行动选择。然而，已有研究对青年社区矫正对象的时间体验关注尚显不足。首先，既往研究倾向于从他者的视角对该群体进行考察，且往往伴随着一定的理论预设，少有研究以社区矫正对象的话语为起点展开分析，忽视了社区矫正对象自身的感受和体验的主观话语表达，尤其是时间体验的相关研究更为稀缺。其次，个别研究虽然深入社区矫正对象的生活现场进行分析，呈现了该群体在不同层面的社会支持与排斥情况，但在关注青年这一特定年龄段的社区矫正对象时略显不足，这一群体时间体验的独特性与复杂性尚待进一步挖掘与理解。因此，本研究以"时间"为切入点，聚焦于青年社区矫正对象社区矫正过程中的主观体验与应对行动，探索其背后的原因及介入策略，推动青年社区矫正对象的"社区矫正时钟"更好地嵌入个体"社会时钟"，帮助其顺利回归社会。

二　研究方法

本研究采用质性研究方法，通过访谈法收集资料，并运用时间日志法辅助访谈的顺利进行。研究涉及的质性材料包括对 16 位青年社区矫正对象的深度访谈。考虑到社区矫正对象在矫正过程中时间体验及其变化是一个动态的过程，访谈对象选择了不同矫正期限、不同矫正阶段的青年社区矫正对象，尽可能还原该群体时间体验的本真面貌，访谈对象基本信息如表 1 所示。

表 1　访谈对象基本信息

单位：岁，月

访谈对象	性别	年龄	文化程度	犯罪类型	矫正期限
YX	女	27	中专	诈骗罪	48
CR	男	25	中专	非法吸收公众存款罪	36
JD	男	29	大专	寻衅滋事罪	6
HT	男	35	大专	侵犯公民个人信息罪	36
LY	男	29	硕士	寻衅滋事罪	12
FR	男	32	硕士	虚开增值税发票罪	48
WG	男	18	中专	盗窃罪	6
LP	男	23	本科	出售出入境证件罪	12
BQ	女	33	本科	非法吸收公众存款罪	18

续表

访谈对象	性别	年龄	文化程度	犯罪类型	矫正期限
PC	男	28	本科	交通肇事罪	30
ZD	男	31	大专	开设赌场罪	12
WT	男	34	大专	职务侵占罪	36
TZ	男	24	初中	非法经营罪	18
WZ	男	29	中专	故意伤害罪	36
GY	女	35	初中	开设赌场罪	42
QD	男	30	本科	妨害公务罪	6

在访谈开始前一周,研究者委托社区矫正工作人员通过时间日志法了解受访者日常时间分配(Gershuny, 2011),重点记录与矫正活动相关的时间安排。在访谈过程中,研究者结合时间日志访问受访者自参与矫正以来的时间节奏变化、矫正时间与个人时间安排、个体的时间感受以及如何应对时间结构的改变。上述时间日志及访谈均在受访者知情同意的情况下自愿进行,研究对受访者个人信息保密并做匿名处理。在对研究资料进行分析时,笔者在资料整理的基础上,识别和摘录出与研究问题相关的重要的和有意义的陈述,并利用 NVivo 12.0 进行编码、分类、整合。为了确保结果的准确性,在访谈资料编码完成后将编码结果返回给受访者进行求证,以确保捕获受访者的真实体验。

三 青年社区矫正对象的时间体验

青年社区矫正对象完成入矫宣告后正式开始社区矫正,"社区矫正时钟"与个体"社会时钟"共同作用于青年社区矫正对象的时间秩序重构。研究从时间交叠、时间循环、时间变速、时间裂缝四个方面展现青年社区矫正对象社区矫正过程中的时间体验。

(一) 时间交叠:被重塑的个体时间表

社区矫正指在社区内对社区矫正对象进行监管与帮教,因此社区矫正对象的时间受到矫正制度和社区生活双重制约，既要遵循原本的生活节奏，又要将矫正活动合理纳入日常时间安排。社区矫正制度约束下形成矫正时间表和系统化的时间规则，即制度时间，这对社区矫正对象具有约束作用。《中华人民共和国社区矫正法》虽取消了"两个八小时"的硬性要求，但部分地区社区矫正工作中仍普遍沿用原标准，即每月参与教育学习时间和参与公益活动时间均不少于 8 小时。街道司法所作为社区矫正的实施机构，为了更好地开展工作，对社区矫正活动安排的时间有更加具体的规定，如社区矫正对象需要完成一日三次的线上打卡报到。

> 我每天睁眼第一件事就是打卡，还设置了闹钟提醒自己，不过一般没等闹钟响，我就已经打好卡了，形成习惯了。（TZ221121）
>
> 单位领导、家人、朋友都知道我每周有半天要报到的，一般是星期一，所以这个时间领导会给我批假，朋友也不会这个时间约我。（LY221010）
>
> 现在生活作息完全按照打卡时间来，能早睡早起了，因为早上必须在 9 点之前完成打卡，过了这个时间也睡不着，干脆就起床了。以前早上根本联系不到我的，整个上午都睡过去了。（YX221024）

严格的时间纪律是规训社区矫正对象的重要手段，它将社区矫正规定逐渐同步、内化和嵌入至日常生活，使社区矫正对象获得"嵌入性秩序"，增强社区矫正对象在矫意识。在制度的规定下，社区矫正对象的时间节奏、时间秩序被重构，制度时间与原有时间表交叠。时间制度由社区矫正情境逐渐蔓延到私人生活场域，矫正制度规范逐渐内化为一种习惯，由此来调配个体活动，完成对个体的监控。

（二）时间循环：循环向前的矫正生活

时间循环指时间重复再现形成固定循环，社区矫正包含循环往复的矫正周期，社区矫正对象在矫正周期的重复和再现过程中实现了个体的矫正。青年社区矫正对象常以"循环""轮回"等话语表达其时间体验，将整个矫正期解构为一个个"矫正节点"连缀而成的时间循环。"报到"构成该群体矫正时间体验的基础单位,线上打卡报到与线下街道司法所报到重复再现,以循环的方式构成了该群体每周的时间安排,每周报到循环再现组成"矫正制度月"。青年社区矫正对象在被预设的时间内,调整自己有限的时间精力,规划个体时间行为。

> 时间就是一周一周过下来的,每周日我就会想到第二天要去报到了,到月底就要按时交思想汇报,按照这个节奏循环几次,这个事情(社区矫正)就结束了。(WZ221017)

时间循环的周期性和重复性使青年社区矫正对象获得体验上的稳定性和同一性,促使该群体更加关注基于矫正循环时间的日常时间分配。不断循环的单位时间也体现着特有的矫正价值,青年社区矫正对象的行为随着时间循环不断被矫正,思想、行为、心理层面的问题逐渐得到解决。

> 每个月做个人总结时,我都会发现并记录自己积极的改变,一点点积累下来,我相信最后结束的时候,会是一个不一样的自己。(YX221024)

但是,当青年社区矫正对象陷入重复单调的时间循环中时,缺乏多样性的个体的时间表致使部分青年社区矫正对象产生烦躁的心情。他们认为每天一样的程序、每个月同样的矫正活动,对于矫正来说作用不大,引发个体无意义感。

> 每天都是一样的程序,都是一些形式化的东西,打卡也不能解决我现在遇到的困难,每天都是这样敷衍打卡,没什么用的。(PC221027)

（三）时间变速：矫正时间的加速与减速

进入社区矫正后，青年社区矫正对象的时间感知方向发生逆转。入矫前，时间以持续性累积的方式正向叠加计算；入矫后，时间便以反向递减的方式向"解除矫正"这一阶段性终点流动。因此，青年社区矫正对象倾向于将解除矫正作为该阶段的核心目标，据此规划其日常生活，并在此过程中不断调整与适应新的时间节奏。"时间过得既慢又快、既短又长"是青年社区矫正对象普遍反映的矛盾体验，体现了该群体在不同矫正阶段以及特殊事件发生时的差异性感受。

1. 不同矫正阶段的时间流逝速度变化

社区矫正的前三个月属于适应和身份转变的过渡阶段，即特殊的阈限阶段。其间，青年社区矫正对象需要面对生活节奏、就业问题、家庭关系等一系列转折和变化，这使得青年社区矫正对象难以平衡矫正活动与日常生活，出现时间焦虑感和紧张感，进而导致矫正对象感觉时间流逝速度异常缓慢。下述材料摘录自青年社区矫正对象的时间日志，他回顾了矫正前三个月遭遇的离婚、失业等变故及其带来的时间体验变化。

第一个月，案件刚结束身心疲惫，经常晚上出去酗酒喝个通宵，白天睡觉一般不出门，感觉自己和正常人有时差。第二个月，终日浑浑噩噩，与杜康为伴。工作不好找，为了生活在便利店当临时工。每天按照兼职时间生活，每天很漫长、很煎熬，内心又很着急，想着赶紧把这段时间度过去。第三个月，由于自己身体原因、情绪不稳定，兼职工作没了，又回到了原来的生活，一方面感觉自己在浪费人生，另一方面也不付出实际行动，日子就这么一天天混过去了。（JD221115）

社区矫正中期，青年社区矫正对象逐渐从以前的时间节奏中脱离出来，适应新的生活节奏，过渡到新的社会身份，感知到时间流逝速度逐渐趋于正常。随着矫正进入末期，青年社区矫正对象对"自由人"身份建构的期待愈加强烈，时间流逝速度感知也会发生变化。

> 回顾过去感觉时间过得还挺快的，虽然当时挺难熬的，但现在都过去了。（CR221110）

2. 关键事件影响下的时间变速

时间的社会意义源于它是社会互动背景下的产物，个体生命中的特殊事件或者社会重大事件会导致青年社区矫正对象体验到的时间节奏是不均匀的流动。当日常生活与社区矫正规定发生矛盾和冲突时，青年社区矫正对象在日常关系维系中变得更加困难，长久的社交回避使得日子更加"难熬"。

> 朋友约我去外市的时候是最难熬的，他们不知道我这个事情，我就找各种借口拒绝。时间久了，他们也很奇怪我这么爱玩的一个人为什么不出门了。这个时候我就想赶紧结束矫正恢复正常生活吧。（GY221023）

社会支持程度影响青年社区矫正对象时间流逝速度的主观感知，那些从家庭、社交网络获得更多支持的人，比那些感到被孤立、歧视的青年社区矫正对象更少关注线性时间的流动。对于前者，时间的线性维度与其他许多重要事情交织在一起，冲淡了对线性时间流动的体验。但对于后者，他们目前不愉快的生活状况有可能损害他们对未来的想象和能力，削弱青年社区矫正对象的未来发展信心。

> 好在我的家人对我还挺好的，没有大难临头各自飞。他们不离不弃，所以我也挨过来了，否则我觉得我都挨不过来的。我现在回家做奶爸，也有更多时间陪伴家人了，感觉三年也没有那么漫长了。（ZD221116）

新冠疫情、《中华人民共和国社区矫正法》颁布等社会重大事件影响青年社区矫正对象时间流逝速度体验。新冠疫情影响了社会进程，打乱了社区矫正的时间安排。在访谈过程中，有矫正对象提到"自己矫正的时间与疫情时间刚好重合。所以这一阶段的时间体验更多地受到疫情居家隔离的影响，矫正的影响反而变小"（HT221026）。另一位访谈对象则表示："我矫正前期是需要佩戴电子手环的，当时我更多地感受到社区矫正对于我自由的限制和监督，时间过得很慢。《社区矫正法》施行后，卸下电子手环后更像个'正常人'，日子过得更快了些。"（WT221017）

（四）时间裂缝：人生进程的中断与脱嵌

社区矫正打破了青年社区矫正对象原本人生计划时间，人生历程的统筹失调加剧矫正对象时间紧张感。尤其是对青年社区矫正对象来说，他们原本正处于变动性比较大的人生阶段，毕业、工作、婚姻等一系列人生重大事件因案件和社区矫正而被迫中断或推迟。在青年社区矫正对象的人生叙事中，对社区矫正这一阶段的叙事存在明显的夸大。

> 在整个生命历程中还占据蛮长时间的，加上前期（等待判决和社区矫正时间）要 5 年多。结束后 5 年也要注意一点，不然算作再犯，前前后后加起来 10 年了。我现在什么都做不了，要找工作的话也得两年以后了，就算我现在有这个心劲，也没这个条件去做。等矫正结束，我已经脱离行业好几年了，市场变化那么快，很难再跟上的。（HT221026）

当个体将自己的静止与他人看似进步的时间进行比较时，青年社区矫正对象会产生相对的时间停滞感并引发焦虑，这种时间体验被概括为"悬浮时间"（Griffiths，2014）。青年社区矫正对象产生强烈的被迫"停滞"感，即个体无法在不确定的时间中实现特定生活目标的感觉，陷入缓慢等待和无方向的停滞状态。在他看来，这个世界移动得很快，而他移动得很慢，他觉得自己是"暂时的局外人"。这种等待停滞时间限制了个体采取面向未来的行动的能力，削弱了个体规划生命历程进步的能力（Straughan et al.，2020）。

> 宣判那件事情已经过去将近一年了，但我感觉这像是好多年前发生的事情了。我觉得矫正时间（那一年）在我的脑海中占据了一个超大的位置。感觉这一年漫长得不可思议，回想起来，这一年好像比最近几年占据了我生命中更多的时间。本来打算这几年结婚的，现在不知道怎么规划未来，感觉自己始终没办法走出来。（LY221010）

四 青年社区矫正对象的时间行动

在"社区矫正时钟"与个体"社会时钟"的双重作用下，青年社区矫正对象的生活节奏发生显著变化，进而衍生出一系列复杂多样的时间体验。面对日常时间秩序的变化，青年社区矫正对象通过策略性地操控时间以度过这段特殊时期，具体而言，青年社区矫正对象采取消极应付、被动适应和积极调整三种时间行动策略。

（一）消极应付：敷衍完成与借口离开

调研发现，部分青年社区矫正对象在面对社区矫正措施时展现出了消极应付策略，他们对待社区矫正任务的态度敷衍，具体表现为不完成或仅象征性地完成每月的思想汇报及线上学习任务，尽可能地利用固定必需的矫正时段完成更多社区矫正要求。此外，个别青年社区矫正对象利用"缩短在场时间"的策略，通过频繁请假、故意迟到或提前离场等方式，有意识地压缩其参与矫正活动的时间，以此作为躲避接受社区矫正的手段。

> 尽量在司法所报到或者等待集中学习的时间完成更多的任务，

比如撰写每个月的思想汇报或是完成线上的法律法规学习答题。感觉这样做就可以压缩参与矫正活动的时间，不影响正常生活，把其他时间留给自己和家庭。（QD221023）

上述时间行动通常在社区矫正的初期阶段较为凸显，是青年社区矫正对象内心深处未完全接受矫正理念、尚未实现自我转变的直接体现。部分青年社区矫正对象仍然倾向于将自己的时间安排凌驾于既定的矫正秩序之上，而非主动适应并接受社区矫正制度安排。针对此类情况，社区矫正工作者应在加强监督管理的同时开展矫正教育，确保社区矫正对象遵守相关规定，维护社区矫正秩序。

（二）被动适应：适配时间与被迫融入

时间的"嵌入-分层-同步"理论认为，时间在个人、组织与社会的互动中发挥着分层的嵌入作用（Lewis & Weigert，1981）。时间嵌入过程中构成了不同向度的分层渗透与交叉重叠，故而达成协调与同步成为社会的期望——一种个体日常生活与现代社会秩序的同步性与同时感（练宏，2015）。青年社区矫正对象为了获取自身时间的秩序感，主动与"矫正时钟"进行交互，将日常生活事件嵌入社区矫正时间中，以打卡报到的时间构建时间参照体系，合理调整自己的生活节奏。

我现在的生活非常规律，晚上也不出去鬼混了，和以前朋友的联系也少了。现在找了份兼职工作，时间也蛮自由的，不报到的时间我就出来打工，每天到什么时间做什么事，工作之余完成一天三次定时打卡学习。没办法，先顺利度过这段日子再想以后的事情吧。（FR221103）

这种主动适应"社区矫正时钟"的时间行动逻辑是多数青年社区矫正对象下意识遵守的逻辑，但这种妥协并不是对自身犯罪行为进行深刻反思，更多出于对"顺利度过矫正期"的渴望（杨彩云，2016）。针对此类情况，社区矫正工作者需帮助其树立正确的矫正观念，促进其在思想与行为上的双重转变。

（三）积极调整：标记时间与有限自主

循环往复的矫正生活侵蚀了事件之间的时间界限，使人越来越难以标记时间的流逝。研究发现，即使在监狱这种高度管制的环境中，囚犯仍然会发挥自主性，采取相应的时间行动以修改和操纵时间或对时间的感觉（Carceral & Flaherty，2021）。部分青年社区矫正对象发挥主观能动性，个性化定制和操纵时间，在最大范围内争夺时间自主权。一是设置定时闹钟和倒计时来标记时间流逝。几乎所有社区矫正对象都会设置闹钟提醒自己完成一天三次的打卡，他们将打卡视作每日生活的一部分，还将线上打卡行为赋予"打卡升级挑战"等积极意涵。部分青年社区矫正对象会在手机上设定个人倒计时打卡，以此作为自我监督与激励的手段。还有青年社区矫正对象通过网络平台参与集体倒计时打卡活动，在记录各自矫正进度的同时还相互分享感悟、彼此鼓励，共同度过这段特殊的时光。

二是利用注意力转移来度过时间，个体注意力的转移会影响人的时间感知（凤四海、黄希庭，2004），有的青年社区矫正对象选择以备战专业资格考试的方式转移自己的注意力，尽可能地减少矫正活动对日常生活的冲击。"给自己找点事情做，不然从早到晚心里总想着矫正的事情。"（LP221110）还有的青年社区矫正对象利用有限的空间转移来标记时间流逝，通过"探索附近"的方式，在有限的空间范围内开展活动赋予时间特殊意义。

> 矫正后不能出差了，申请了工作调岗，在本地时间富裕了很多，那在可行的范围内，我也想尽可能地走出房门，去看看展览、逛逛公园，这些活动让我感觉时间是自己的。（BQ221116）

五 青年社区矫正对象时间叙事的生成逻辑

在社区矫正期间，绝大部分青年社区矫正对象展现出了良好的改造态度与自我提升意愿，主动调整个人的生活节奏，使之与"社区矫正时钟"保持同步。这促使他们形成了积极的时间叙事，即将社区矫正经历视为自我成长与能力提升的宝贵机会，增强了社区矫正效果。然而，仍有部分青年社区矫正对象陷入消极的时间叙事之中，呈现对社区矫正要求的敷衍了事、生活规律的紊乱以及对未来缺乏规划的状态。这种消极时间叙事不仅阻碍了其个人成长，也对社区矫正工作的成效构成了挑战。那么，该群体的差异性时间叙事是如何生成的呢？调研后发现，青年社区矫正对象的时间叙事是惯习滞后、自我隔离和情绪涌现三者共同作用的结果。

（一）惯习滞后：遭遇适应性危机

严格的时间纪律是社区矫正措施的关键要素之一，发挥着不可替代的作用。一方面，社区矫正机构通过分解和序列化社区矫正对象的日常时间安排，监督和控制社区矫正对象的日常活动，规范其日常作息习惯，进而培养其良好的行为规范。另一方面，社区矫正对象被要求参与公益劳动、接受思想教育及学习法律知识，这些活动使其参与不良社会活动的时间大大缩减，在提升其个人素质的同时，有效减少了其与社会不良群体接触的机会，降低其重新犯罪的风险。可见，严格的时间纪律在促使青年社区矫正对象的生活秩序发生积极变化、矫正不良生活模式等方面发挥了重大作用。然而，少数社区矫正对象仍停留于原有的不良生活方式和惯性思维模式，难以迅速调整自己的生活节奏以适应"社区矫正时钟"。这种惯习的滞后性严重阻碍了青年社区矫正对象适应矫正生活的进程，导致他们遭遇了适应性危机，进而形成了消极的时间体验和行动模式。消极的时间叙事反映出他们不良的改造态度与较低的自我提升意愿，还深刻影响了他们的日常生活质量和心理健康状况，同时也对社区矫正工作的顺利开展构成了挑战。因此，在社区矫正过程中，社区矫正工作者需要积极介入，协助这些对象纠正其原有的不良生活节奏和思维方式，引导他们更好地适应新的生活节奏和矫正要求。

（二） 自我隔离：脱离社会时间

过往的犯罪行为导致部分青年社区矫正对象面临失业、社会关系断裂以及歧视等问题，这使得部分矫正对象选择主动回避社会交往，逐渐从原有的社会网络中撤离，社会角色逐渐消解。个体的时间安排往往受到其社会角色及他人期待的影响，当青年社区矫正对象逐渐从社会关系中脱离时，意味着既定的社会时间规则以及依附于社会时间框架的社会角色与职责分配出现暂时失效，他们不再依照家庭或工作时间来安排个人时间，呈现个体时间与社会时间分离的状态。由此，青年社区矫正对象难以将自我嵌入客观化、结构化的社会时间之中，进而丧失自我在时间的谱系当中获得意义和合理性的可能（文军、陈蕾，2019），无法在社会节奏中获得认同感、信任感、安全感等情感联结（徐红曼，2015）。

随着青年社区矫正对象将自我时间从正式的组织时间与非正式的互动时间中抽离，他们的生活节奏逐渐紊乱，对于时间的感知变得模糊和混乱，难以集中精力去完成人生任务，个别矫正对象消极地认为，"除了等待，没有什么可做的"（GY221023）。青年社区矫正对象的"不动"与那些忙于工作、前方生活道路更清晰的同龄人的高度流动性形成鲜明对比，这加剧了该群体的时间焦虑感和自我否定，消极的时间叙事逐渐生成。

（三） 情绪涌现：扰乱时间感知

人对于时间的感知充满弹性，情绪是影响时间感知的重要因素之一。研究表明，情绪对时间感知的影响是复杂的，涉及注意力、内部时钟系统等多种因素（Droit-Volet & Meck，2007），社会情境的差异同样会影响个体对时间的主观判断（诺沃特尼，2011）。正如人们日常感受的那样：痛苦、煎熬的时候觉得度日如年，愉悦、快乐的时光似乎转瞬即逝。在社区矫正期间，青年社区矫正对象常因过往的犯罪行为而感到后悔和自责，其犯罪行为给社会和家庭带来的伤害导致他们长期陷入愧疚情绪之中。同时，青年社区矫正对象害怕自己的身份被他人知晓，在社会交往过程中普遍存在敏感、自卑甚至恐惧的情绪，故而部分青年社区矫正对象选择主动回避社会交往以避免身份暴露，这进一步加剧了他们的孤独感。此外，该群体普遍对未来抱有深切的忧虑，他们面临回归社会的压力与不确定性，对如何重建家庭关系、如何就业等现实问题感到焦虑。人的内部时钟系统负责调节人对时间的主观体验，上述焦虑、悔恨、自责等负面情绪冲击了青年社区矫正对象的内部时钟系统，导致他们对时间流逝速度、方向的感知与实际情况存在较大偏差，时间感知发生扭曲。此外，负面情绪还影响了该群体的时间管理能力和日常行为模式，使其难以制订并执行有效的时间管理计划。部分青年社区矫正对象长期沉浸在负面情绪之中无法自拔，逐渐形成消极的时间叙事。

六　结论与讨论

本研究以"时间"为切入点，探讨青年社区矫正对象经历时间秩序变动时的主观体验与应对行动，重在揭示该群体在社区矫正期间的生存状态与适应情况，为理解该群体回归社会过程提供了一种可能的视角。青年社区矫正对象经历了日常生活情境向特殊监管境遇的转变，面临个体"社会时钟"与"社区矫正时钟"的双重规制。这迫使他们必须对其原有的时间秩序做出调整，重新构建个人的时间管理策略。面对时间秩序变化，该群体生成了时间交叠、时间循环、时间变速以及时间裂缝的体验，反映了他们在时间管理上的无力感与自主性的缺失。这种对时间缺乏掌控的状态，阻碍了他们建立稳定的自我时间节奏，进而难以形成清晰而连贯的自我知觉与自我认同，这对于青年社区矫正对象的社会身份认知重构构成了挑战（吕榭、陈武元，2024）。青年社区矫正对象采取了消极应付、被动适应和积极调整的行动策略，反映了该群体面对社区矫正的不同态度与适应程度，进一步揭示了部分青年社区矫正对象在时间管理上的困境，即无法有效地通过合理安排时间秩序来重塑生活的界限，导致时间感知混乱，时间可控性削弱。这不仅加剧了他们的心理困境，也限制了其社会适应与自我成长的可能性。这些消极的时间叙事是青年社区矫正对象惯习滞后、自我隔离与情绪涌现三者交互作用的结果。

个体对时间的感知与体验，能够反映出个体对自身生存境遇的认知状况，与个体如何定义问题以及感知世界的方式密切相关（Hill & Moadab，1995）。社会工作者可以通过重建积极的时间感知，帮助服务对象改变人生叙事，创造意义和价值（陈心想、王杰，2021）。目前，社会工作者虽然能够意识到过去的时间中发生的事件对服务对象现存问题的影响，但仅将时间作为服务对象问题呈现的背景性存在，而忽略了时间体验对于人的意义和行动的指引作用。因此，在社会工作服务的过程中，挖掘服务对象不合理的时间体验并进行介入就显得尤为必要。为了促使矫正对象顺利度过社区矫正期，社会工作者可以通过帮助青年社区矫正对象改善个体时间结构，拓展关系时间，实现"社会时钟"的再嵌入的方式，使该群体减少消极的时间体验和不适应状态。

其一，调整时间认知偏差，改善个体时间结构。青年社区矫正对象的时间结构由社会交往、社区矫正、个体活动等多重要素共同塑造，片面认同并内化时间的社区矫正维度，容易导致矫正对象长期沉浸在懊悔、自责等情绪中，忽视其他时间维度赋予的可能性，进而难以发挥主体性去应对外部世界中的复杂问题（郑小雪，2023）；而轻视时间的社区矫正维度则容易产生在矫意识不足、悔罪态度较差等问题。为了应对上述问题，社会工作者可以开展认知调整小组，协助青年社区矫正对象调整时间认知偏离，缓解其带来的时间焦虑感，探索体验时间节奏多样化带来的未来可能性。此外，符合日常生活现实的个体时间表能够将一系列事件形成线性的排列顺序，塑造生活的秩序感（王杰等，2022）。社会工作者可以协助青年社区矫正对象主动标记时间、设置明确的时间目标、制定个体时间表，将未来的不确定性置于稳定的时间系统之中，消除青年社区矫正对象对未来时间的不确定感。

其二，强化社会支持，拓展关系时间。部分青年社区矫正对象担心身份暴露而主动选择回避社会交往，导致其关系时间不断压缩。而关系时间压缩反过来会导致该群体进一步自我封闭，不利于其社会融入和再社会化。面对这类社区矫正对象，社会工作者可以促进社区矫正对象与家人沟通。家庭是社区矫正对象社会支持网络中的重要资源（付立华、石文乐，2022），通过引导社区矫正对象与家庭成员间建立良好的沟通关系，鼓励家庭成员参与到社区矫正之中，发挥家庭成员的情感作用，推动社区矫正对象积极转变。此外，社会工作者可以协助社区矫正对象增加与社会的互动，引导社区矫正对象积极参与公益劳动和志愿活动，与社区工作人员、邻里以及其他志愿者积极互动，增加社区矫正对象的社会交往，进而有效拓展社区矫正对象的关系时间，推动该群体更好地实现社会融入和再社会化。

其三，明晰人生规划，实现"社会时钟"的再嵌入。青年社区矫正对象个体时间嵌入社会时间是微观的人生轨迹与宏观的社会制度发生勾连的具体路径（陈晨，2021）。青年需要承担实现个体社会化的多重任务，本身就面临较大的时间压力，双重时间体系的叠加使得青年社区矫正对象处理社会时间共时性的压力增大，引发青年社区矫正对象对时间的恐慌感和焦虑感。社会工作者可以通过开展时间结构调整适应小组、未来职业规划活动，协助青年社区矫正对象调整多重时间体系下的人生规划，以换取更多适应社区矫正工作的刚性制度化时间以及社会生活时间，使个体时间更好地嵌入"社区矫正时钟""社会时钟"之中。

参考文献

安东尼·吉登斯，2016，《社会的构成——结构化理论纲要》，李康、李猛译，北京：中国人民大学出版社。

彼得·什托姆普卡，2011，《社会变迁的社会学》，林聚任等译，北京：北京大学出版社。

陈晨，2021，《熬夜：青年的时间嵌入与脱嵌》，《中国青年研究》第 8 期。

陈心想、王杰，2021，《生命历程中的关键时刻与时间重构基于老年癌症患者及社会工作介入的研究》，《社会》第 2 期。

储琰，2016，《微观权力视角的刑释解教人员行动选择研究》，上海：华东理工大学出版社。

费梅苹、张晓灿，2020，《社区矫正对象的复原力发展过程探究》，《浙江工商大学学报》第 2 期。

凤四海、黄希庭，2004，《时间知觉理论和实验范型》，《心理科学》第 5 期。

付立华、石文乐，2022，《社会支持视阈下社区矫正中的家庭参与》，《东岳论丛》第 7 期。

赫尔嘉·诺沃特尼，2011，《时间：现代与后现代经验》，金梦兰、张网成译，北京：北京师范大学出版社。

亨利·柏格森，2018，《时间与自由意志》，冯怀信译，北京：北京时代华文书局。

李斌、汤秋芬，2018，《资源、秩序与体验：工作时间与工作满意度研究》，《湖南师范大学社会科学学报》第 6 期。

练宏，2015，《注意力分配——基于跨学科视角的理论述评》，《社会学研究》第 4 期。

林焕翔，2022，《博士生学术生活的时间体验与重构——基于一所化学实验室的质性研究》，《中国高教研究》第 6 期。

吕榭、陈武元，2024，《社会加速视域下大学生学习异化风险的现实表征、生成逻辑及应对》，《现代大学教育》第 5 期。

潘浪，2021，《社区矫正期限短期化趋势探讨》，《法制博览》第 15 期。

王杰、刘弋枫、郑悦，2022，《空间隔离与时间脱嵌：居家防疫期间个体时间表的失序与重构》，《福州大学学报》（哲学社会科学版）第 4 期。

王昕，2019，《时间维度下的"数字亲密"——基于青年群体互联网实践的质性研究》，《中国青年研究》第 10 期。

文军、陈蕾，2019，《资源、制度与情境：现代社会中时间意涵的理论流变》，《社会学评论》第 5 期。

徐红曼，2015，《社会时间：一种社会学的视角》，《北华大学学报》（社会科学版）第 1 期。

杨彩云，2016，《制度约束下社区服刑人员的"守法逻辑"及社会工作介入》，《华东理工大学学报》（社会科学版）第 4 期。

张小虎，2022，《生命历程犯罪学的关键性维度及本土化期待》，《社会科学》第 4 期。

郑小雪，2023，《时间的过度道德化——一个理解青年时间焦虑的视角》，《中国青年研究》第 2 期。

郑永君，2016，《青少年社区矫正对象的社会支持及其影响因素》，《青年探索》第

5 期。

郑作彧，2018，《社会的时间：形成、变迁与问题》，北京：社会科学文献出版社。

Carceral，K. C. & Flaherty M. G. 2021. *The Cage of Days：Time and Temporal Experience in Prison*. New York：Columbia University Press.

Droit-Volet，S. & Meck，W. H. 2007. "How Emotions Colour Our Perception of Time." *Trends in Cognitive Sciences* 11（12）：504-513.

Gershuny，J. 2011. "Time-Use Surveys and the Measurement of National Well-Being." *Report of Centre for Time Use Research*，Department of Sociology，University of Oxford. https：//www. timeuse. org/sites/ctur/files/public/ctur_ report/4486/timeusesurveysandwellbein_ tcm77-232153. pdf.

Griffiths，M. B. E. 2014. "Out of Time：The Temporal Uncertainties of Refused Asylum Seekers and Immigration Detainees." *Journal of Ethnic and Migration Studies* 40（12）：1991-2009.

Hill，O. W. & Moadab，M. H. 1995. "Spatial Information and Temporal Representation in Memory." *Perceptual and Motor Skills* 81（3）：1339-1343.

Holman，E. A. & Silver，R. C. 1998. "Getting 'Stuck' in the Past：Temporal Orientation and Coping with Trauma." *Journal of Personality and Social Psychology* 74（5）：1146-1163.

Lewis，J. D. & Weigert，A. J. 1981. "The Structures and Meanings of Social Time." *Social Forces*（2）：423-462.

Nielsen，L. O.，Danneris，S.，& Monrad，M. 2021. "Waiting and Temporal Control：The Temporal Experience of Long-term Unemployment." *Time & Society* 30（2）：176-197.

Rasmussen，D. M. & Elverdam，B. 2007. "Cancer Survivors' Experience of Time-time Disruption and Time Appropriation." *Journal of Advanced Nursing* 57（6）：614-622.

Sekulak，M.，Głomb，K.，Tucholska，K. et al. 2022. "Spatial Metaphors of Psychological Time：The Study of Imprisoned Men." *New Ideas in Psychology* 67：100963.

Straughan，E. R.，Bissell，D.，& Gorman-Murray，A. 2020. "The Politics of Stuckness：Waiting Lives in Mobile Worlds." *Environment and Planning C：Politics and Space* 38（4）：636-655.

Velasco，P. F.，Perroy，B.，Gurchani，U. et al. 2022. "Lost in Pandemic Time：A Phenomenological Analysis of Temporal Disorientation During the Covid-19 Crisis." *Phenomenology and the Cognitive Sciences* 22：1121-1144.

未成年人司法社会工作的生成过程研究

——基于上海未成年人司法社会工作的实践

王琼蕾　费梅苹*

摘　要　未成年人司法社会工作经由政府部门（含司法机关）、社会工作机构及社会工作者、社会工作高校、其他社会力量等多元实践主体之间的合作互动而生成与发展。而多元实践主体之间的合作互动何以能够促进未成年人司法社会工作生成呢？本研究整合"结构-行动"视角与"组织"这一理论维度，以上海未成年人司法社会工作实践为例，发现未成年人司法社会工作的生成过程在于：其一，"结构促动"，政府（含司法机关）通过立法支持与政策制度保障、预防和减少青少年违法犯罪工作体系建设、政府购买服务制度等进行政策推进；其二，"组织创新"，社会工作机构的规范运作与组织激励形成一种"组织创新"；其三，"行动回应"，青少年社会工作者、社会工作高校等实践主体依托社会工作服务实践与知识生产开展"校-社"协同行动。研究进一步发现，未成年人司法社会工作的生

---

*　王琼蕾，华东理工大学社会工作系博士研究生，主要研究方向为青少年司法社会工作；费梅苹（通讯作者），华东理工大学社会工作系教授、博士生导师，主要研究方向为司法社会工作。

成机制，即"推动-能动-联动"机制，具有引导性、自主性、协同性、共生性等特征及内涵。

关键词 未成年人司法社会工作　结构-行动　推动-能动-联动

一　研究背景与问题提出

未成年人司法社会工作涉及未成年人司法和社会工作两个领域，受到未成年人司法保护现状、相关法律及政策规定的影响。未成年人的脆弱性决定了其成长与发展会遭遇更多不确定性，面临各种各样的风险。2024 年 6 月 1 日，最高人民检察院发布的《未成年人检察工作白皮书（2023）》指出，2023 年，全国检察机关共批准逮捕未成年犯罪嫌疑人 26855 人，起诉未成年犯罪嫌疑人 38954 人，同比分别上升 73.7%、40.7%；共批准逮捕侵害未成年人犯罪 53286 人，提起公诉 67103 人，同比分别上升 35.3%、14.9%。[①] 在未成年人司法保护方面，政府（含司法机关）依法惩治和预防未成年人违法犯罪；同时以"零容忍"态度惩治侵害未成年人犯罪，维护未成年人合法权益，从而强化未成年人全面综合司法保护。《中华人民共和国未成年人保护法（2021）》［以下简称《未成年人保护法（2021）》］、《中华人民共和国预防未成年人犯罪法（2021）》［以下简称《预防未成年人犯罪法（2021）》］中多项条款涉及国家培育和发展相关社会组织、社会工作服务机构，鼓励、引导社会工作参与预防未成年人违法犯罪、维护未成年人合法权益，为未成年人司法社会工作提供立法支持、制度保障及政策框架。在实践层面，早在 1984 年，上海开启未成年人司法制度改革，以长宁区人民法院成立新中国首个少年法庭为标志。上海未成年人司法工作较早形成了公检法司

---

① 《最高检发布〈未成年人检察工作白皮书（2023）〉》，https：//www.spp.gov.cn//zdgz/202406/t20240601_656034.shtml，最后访问日期：2025 年 2 月 15 日。

"政法一条龙"跨部门合作与多部门参与的"社会一条龙"跨部门合作，而专业社会工作的发展使"社会一条龙"有了新的含义（钱晓峰，2015）。2003 年，上海市构建预防和减少犯罪工作体系，将社区青少年工作纳入体系建设之中，开启社区青少年社会工作。未成年人司法社会工作是社区青少年社会工作的重要组成部分，是未成年人司法与社会工作从理念、方法和专业服务三个层面整合而成（姚建龙，2007）。近年来，《上海市未成年人保护条例（2022）》《上海市预防未成年人犯罪条例（2022）》《未成年人司法社会工作服务规范（DB 31/T 1236—2020）》相继出台并实施，既体现社会工作参与预防和减少青少年违法犯罪工作体系建设的积极探索，也彰显未成年人司法社会工作 20 余年发展所取得的实践成果与宝贵经验。随着《未成年人保护法（2021）》《预防未成年人犯罪法（2021）》对未成年人司法社会工作提出新要求、新任务、新挑战，重新审视上海未成年人司法社会工作的发展过程与经验，对未成年人司法社会工作的"再实践"有着重要的启示意义。

关于未成年人司法社会工作发展的研究，学术界围绕未成年人司法与社会工作的整合展开讨论，认为二者在目标、理念、价值观、功能、制度、专业知识与方法、需求等层面有着天然的亲缘性与契合性，能够实现互动与整合（席小华，2009，2013；杨旭、何积华，2019；杨旭，2020）。在此基础上，学者进一步探讨社会工作介入少年司法场域的发展过程。以"嵌入"为视角的研究认为，社会工作介入少年司法场域，并非"单向嵌入"，而是双方互动的结果（席小华，2017）。从"嵌入"走向"合作"视角的研究认为，司法机关与政府部门、社会力量都是未成年人司法过程中的主体，共同致力于未成年人司法目的和价值的实现（史立梅、李金珂，2023）。无论是"嵌入论"还是"合作论"，均认为未成年人司法社会工作是未成年人司法与社会工作双向互动的结果，涉及司法机关、政府部门、社会工作、其他社会力量等多元实践主体的合作互动。而多元实践主体的合作互动何以能促进未成年人司法社会工作的生成呢？未成年人司法社会工作的生成机制是什么呢？吉登斯结构化理论中"结构-行动"视角有助于解释中国社会工作发展的逻辑（何雪松，2019），亦有助于解释未成年人司法社会工作发展的逻辑，因为该视角与本研究所关注的未成年人司法社会工作生成过程中多元实践主体与结构的互动这一现象具有契合性。然而，费恩（Fine，2012）指出，在备受关注的结构与行动架构中，需将研究视野重新聚焦到群体（组织）层面。① 因此，本研究将"组织"这一理论维度纳入"结构-行动"视角，结合上海实践，对未成年人司法社会工作实践过程中的相关主体，如何在结构的促动作用下，基于社会工作机构的规范和激励作用，促进未成年人司法社会工作的生成开展实证性分析。

二　理论基础与分析框架

（一）"结构-行动"视角：一种互构性分析框架

"结构-行动"视角源于英国社会学家安东尼·吉登斯（Anthony Giddens）于 20 世纪 70 年代提出的结构化理论，其实现了社会结构的制约性与个体行动的能动性的统一，突破了长期以来社会科学为弥合结构与行动之间二元对立所进行的"结构-行动"范式整合。根据吉登斯的解读，结构是社会系统中的时空"束集"在一起的那些结构化特性，是转换的规则和资源（吉登斯，2016：15~16），结构中必须有行动者参与。"结构-行动"视角提出结构与行动的相互生成和相互建构的关系，实现了从"单向决定论"到"双向互构论"、二元对立到双向整合的演化（李伟，2016），对于本文回答研究问题具有重要的意义，未成年人司法社会工作的生成也涉及多元实践主体的行动与社会结构的互构。

在"结构-行动"视角基础上，查尔斯·蒂利（Charles Tilly）提出

① 在费恩的研究中，群体和组织有如下两种关系：其一，组织是不同小群体的集合；其二，组织是群体的类型之一。这两个观点可以表明，组织和群体的术语可以交替使用，组织可以看作更为正式的大群体。

更为中观的"过程-机制"分析方法（参见谢岳、戴康，2018）。蒂利在《抗争的动态》一书中将抗争视为一个动态过程，是不同动态机制和过程之间长期互动的产物（李钧鹏，2014）。学术界对社会机制的观点尚有争论，认为社会机制与因果律相对立，是具有时序性与不同层次的一种因果解释手段（李钧鹏，2011，2012），或者说是一组可以被解释的具有固定互动规律的因果关系（赵鼎新，2020）。机制的类型与层次也较为丰富，蒂利在研究抗争政治中，在宏观层面从外部影响、个人与群体的感知、社会关系三个层次提出环境机制、认知机制和关系机制（李钧鹏，2011），在微观层面提出经纪机制、扩散机制、协同行动机制，三种机制分别将结构、行动、结构与行动的互动整合起来，在共同作用的基础上解释社会变迁的过程与结果（谢岳、戴康，2018）。未成年人司法社会工作的生成过程是多元实践主体利用规则和资源开展社会工作行动的互动过程，为什么这一互动过程能够发生且可持续？"过程-机制"分析方法既强调结构与行动及其互动关系，也从互动过程的角度，揭示促成未成年人司法社会工作相关结构与多元实践主体互动关系维持的因果机制。

（二）"组织"："结构-行动"视角的补充性理论维度

费恩（Fine，2012）强调，行动与结构的联结需要依托于以互动为基础的群体。奥尔森也指出，集体只有在有效监控和管理成员参与的团体中，行动才是可能的（约阿斯、克诺伯，2021：146）。群体充当了使制度设计成为现实或推动社会改革的手段，它创造了一个空间，在那里，行动者可以对结构进行回应（Harrington & Fine，2000）。"结构-行动"视角主要针对个体化行动，还需要增加对"组织"的解释维度。组织属于创造共享意义的空间，通过制定组织规范并激励行动者参与，以此推动行动者实现制度要求（Fine，2012）。具体到社会工作领域，在实现制度要求中，组织规范的作用在于，它可以促进社会工作者服务流程标准化和成果高效化（苏海贵，2024），也可以通过规范社会工作者的行动，切实满足服务对象的现实需求（李卫海、王金虎，2021）。激励的作用在于，它可以增进社会工作者的稳定性和职业化（何雪松，2023；徐姗姗，2023），也可以提升社会工作者行动的参与度、对话和投入度（文军、方淑敏，2022；魏玺昊，2024）。在组织规范与激励作用的基础上，社会工作机构能够发挥中介作用，联结结构与行动。上海未成年人司法社会工作机构从注册到组织设置都在政府的主导下展开，既联结政府，也联结相关社会工作领域的其他社会力量，共同为服务对象开展服务，从而成为联结政府、其他社会力量、服务对象的桥梁，发展成为既有直接社会工作实践，又有社会联结作用的枢纽型社会组织（张昱、费梅苹，2024）。

（三）"结构-组织-行动"：一个整合性分析框架

本研究将"组织"这一理论维度纳入"结构-行动"视角，构建"结构-组织-行动"分析框架。"结构"是由制度结构、动员结构、文化结构（黄辉祥、刘骁，2021）等构成的社会结构因素（规则和资源）。制度结构由法律及政策等构成，动员结构由政府支持体系比如预防犯罪工作体系、政府购买服务制度等构成，文化结构由价值理念和伦理道德等构成，比如对违法犯罪情节较轻的社区青少年开展社会观护的柔性治理理念与人文关怀措施。"组织"主要是以社会工作机构为代表的枢纽型社会组织。"行动/行动者"由青少年社会工作者、社会工作高校、其他社会力量等实践主体形成"校-社"协同行动。由此，本研究认为"未成年人司法社会工作的生成"指的是为了实现预防未成年人违法犯罪与维护未成年人合法权益的目标，社会工作获得参与未成年人司法的结构性机会（规则和资源）。在社会工作机构的规范和激励作用下，青少年社会工作者、社会工作高校、其他社会力量等实践主体，在合作互动的基础上，可以利用制度结构、动员结构以及文化结构中的结构性机会（规则和资源），开展协同行动，促进未成年人司法社会工作的生成及发展。为进一步探寻未成年人司法社会工作为何能够生成，"过程-机制"分析方法给予本研究启发。在引入"组织"维度后，机制分析将揭示促成未成年人司法社会工作相关结构、社会工作机构以及多元实践主体互动关系维持的因果机制，这也是未成年人司法社会工作的生成机制。本研究的分析框架如图 1 所示。

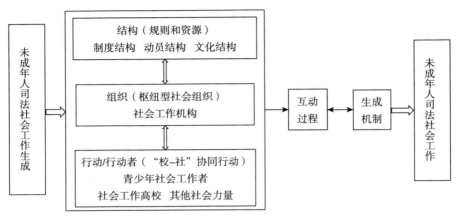

图 1　"未成年人司法社会工作生成"分析框架

三　研究方法与研究过程

基于上述研究的理论视角和研究思路，2019～2022 年，研究者多次参与上海未成年人司法社会工作的研究项目。在参与项目的同时，研究者对见证上海未成年人司法社会工作 20 余年发展历程的亲历者，比如资深社会工作者、服务对象、各区政府部门工作人员及区社工站站长等开展了半结构式访谈，并召开座谈会。同时，研究者也收集了上海未成年人司法社会工作发展的相关文本资料，包括国际、国家及上海地方层面未成年人保护法律及政策文件，上海预防和减少青少年违法犯罪工作体系、制度及机制建设的历史文献资料，以及上海青少年司法社会工作服务案例资料等。在对访谈资料和文献资料进行转录、整理和编码的基础上，研究者运用"结构"分类、"内容"分类、"理论"分类（马克斯威尔，2007：74～75）完成阅读访谈资料并进行归类，运用联结策略（马克斯威尔，2007：75～76）进一步分析资料，在不同分类和主题之间寻找联结关系。

四　未成年人司法社会工作生成的过程呈现

（一）结构层面：政府（含司法机关）构建预防和减少青少年违法犯罪工作体系

在预防青少年违法犯罪工作中，传统的由政府包办、重严管轻服务的工作方法已然不适应社会发展和青少年发展的需要。如何从源头上做好预防工作，上海市委政法委经过充分调研，提出了预防和减少社区青少年违法犯罪的综治工作新模式（江宪法，2006），引入社会工作，构建由政府部门、社会组织、社会志愿者共同参与的多元化青少年社会教育服务体系。"政府主导推动"促进了未成年人司法社会工作的萌芽，同时释放各种结构性机会（规则和资源）。具体而言，制度结构层面，法律及政策规定为未成年人司法社会工作提供立法基础与政策保障。动员结构层面，政府购买服务为未成年人司法社会工作的完善配置资源。文化结构层面，社会观护为未成年人司法社会工作孕育柔性治理理念与奠定服务基础。

1. 制度结构层面：未成年人司法社会工作的立法保障与政策制定

2003 年，为从源头上做好社区青少年工作，上海市构建预防和减少青少年违法犯罪工作体系。2004 年，上海市 Y 社区青少年事务中心（以下简称"Y 机构"）注册成立，社区青少年社会工作正式全面开启。迄今为止，上海市人民政府、共青团上海市委员会、青少年保护委员会、市公安局、市人民检察院、市高级人民法院、市青少年服务和权益保护办公室（以下简称"市服务保护办"）、市委政法委预防青少年违法犯罪专项组、市司法局、市财政局、市教育委员会等职能部门相继出台相关通知、意见、协议、规定等政策文件，推动实现司法机关与社会工作机构的协作，引导社会工作机构及社会工作者参与青少年违法犯罪预防与权益维护工作。

一方面，修订与实施地方性法规，为推进和指导未成年人司法社会工作提供立法支持。《上海市未成年人保护条例（2022）》将"政府保护"与"司法保护"合并为一章，鼓励和支持社会工作者参与国家机关的未成年人保护工作。《上海市预防未成年人犯罪条例（2022）》依据"分级预防、早期干预、科学矫治、综合治理"理念，形成对预防犯罪的教育、对不良行为的干预、对严重不良行为的矫治、对重新犯罪的预防四方面的内容。此外，增设第二章"预防支持体系"，是对上海未成年人司法保护工作公检法司"司法一条龙"跨部门与多部门参与的"社会一条龙"跨部门"上海经验"的总结。"预防支持体系"提出培育社会工作机构，明确社会工作服务内容和服务对象、资金支持、场地配备、组织支持、网络平台支持等内容。

另一方面，上海市印发一系列政策文件①，引导社会工作机构及社会工作者参与预防和减少青少年违法犯罪工作体系建设，具有更强的实践指导意义。政策涵盖未成年人考察教育制度、合适成年人参与刑事诉讼、涉罪未成年人帮教与维权工作、民事和行政案件社会观护机制、未成年人司法社会服务（支持）体系等方方面面，内容涉及未成年人司法社会工作的工作范围、服务内容、服务群体、人力支持、岗位设置、经费支持等。

2. 动员结构层面：启动预防犯罪工作体系并推进政府购买服务

在总体思路的指导下，上海市构建预防和减少青少年违法犯罪工作体系分为试点、全面推广、深化发展（王雅琼、虞浔，2010）三个阶段。其中，政府主导推进的政府购买服务制度是上海预防和减少青少年违法犯罪工作体系建设的创新举措，其深层内涵为：一是通过政府购买服务明确了政府与社会工作机构之间的契约关系，政府是出资方，社会工作机构是服务提供方；二是确定政府购买服务的具体内容，从而明确双方的责任，也是服务评估的重要依据；三是政府购买服务过程中市场的存

---

① 《关于对违法犯罪情节较轻的未成年人实行考察教育制度的意见》（沪综治办〔2005〕2 号）、《关于合适成年人参与刑事诉讼的规定》（沪检发〔2010〕121 号）、《涉罪未成年人帮教与维权工作合作备忘录》（沪检未检发〔2013〕9 号）、《上海法院审理未成年人民事、行政案件开展社会观护工作的实施意见》、《关于进一步加强涉未成年人案件社会支持的实施办法（试行）》等。

在带来社会组织的竞争关系，有利于社会组织保持自我增值；四是对具有可操作性的、科学的评估体系提出了要求；五是能够提高公共财政支出的效益。总而言之，政府购买服务制度的推进为未成年人司法社会工作获得配置性资源提供制度保障与供给平台。

研究者在调研过程中了解到，在服务初始阶段，青少年社会工作是按照社会工作者与青少年的配比来支付社工费用的，并没有单独的服务费用。在与未成年人保护职能部门合作之初，社会工作者为社区青少年提供专业服务，在合作上是纯粹的、在服务费用上是义务的。随着社会工作实践日益深入且规范化，政府及未成年人保护职能部门与社会工作机构会签了合作协议，服务经费问题也被专门考虑进协议之中。这从侧面说明政府购买服务制度在逐步完善。

> 当时纯粹是因为合作嘛，但是后来 2011 年，因为市级层面统一签约了以后，我觉得这点就比较好，他们有考虑到一个（服务）费用的问题了。然后就是因为有文件的下发嘛，所以现在就是已经开始有一定的服务费用了。（P 区社会工作者）

在具体的项目服务中，比如联（驻）校社会工作，由社会工作者提供免费服务过渡到争取零星的活动费用。政府购买服务制度既起到覆盖项目的兜底支持作用，也促使社会工作者进一步开拓专业资源。

> 我们去年有一个很大的突破，就是学校掏钱购买我们的服务。我们原来都是免费服务嘛，就是一直是由我们的社工将服务免费送进学校，我们的经费支持来源于我们的项目，我们申请的一些项目是有覆盖到学校的。那么，我们去年有两所学校，他们自己想做的就是学校的这个活动，他们金额不多都是几千块，但也是一个零的突破吧，也算是学校的认可。我觉得其实也是一个蛮好的开端，至少让他们看到我们不都是免费的服务，我们的服务其实也是有价值的。（A 区社会工作站站长）

在服务过程中,社会工作者进一步转换思路,依托政府购买服务制度带来的合作关系,与街(镇)团工委、居(村)委会、平安办等职能部门能够保持频繁接触与交往。这为社会工作者将专业服务与街(镇)工作结合起来,从而为有效整合服务资源提供平台。

> 那么就像这样的搞个活动的方案,街(镇)认为这个活动它认可,或者是我们结合街(镇)要做的工作,从中获得一定的资源。比如说,街(镇)要搞"6·26 禁毒宣传"等主题活动,街(镇)搞这种活动会有一定的经费的,它有口子出。那么,我们怎么把这种它可以出经费的活动跟我们的需要结合起来,这就是我们获得活动经费或者说服务经费的重要来源之一。(D 区社会工作者)

3. 文化结构层面:社会工作参与社会观护拥有深厚的历史积淀与人文基础

上海市构建预防和减少青少年违法犯罪工作体系既是为回应社会快速发展与变迁过程中社区青少年出现的新情况、新问题,是在充分调研的基础上做出的符合社会发展、青少年成长需要的一项工作决议,也源于上海社会观护制度在其历史发展基础上孕育出对高危青少年群体的柔性关怀与人文文化。

社会观护制度是未成年人司法制度改革过程中司法行政系统联合未成年人保护职能部门所推进的旨在"教育、感化、挽救"未成年人,将轻微违法犯罪未成年人放置在社区中进行教育矫正的一项制度安排。作为未成年人司法制度改革的肇始之地,上海最先开启社会观护工作。1993 年,长宁区人民检察院结合工作实际,借鉴国外先进经验,依托区关工委、社会爱心人士等力量,对涉罪未成年人帮教工作进行探索,形成了观护员制度,并于 1995 年与区社会福利院建立了全市第一个特殊青少年教育考察基地。随后,虹口区青少年教育阳光基地等观护基地相继建立,观护工作开始萌芽。历经十年的探索,2003 年开始引进社会工作参与轻微涉罪未成年人的考察教育。2015 年，建立市级层面的社会观护体系。历时约 40 年（1984 年至今），使这项基础性工作确立为制度化、系统化的工作体系。

> 1993 年的时候，其实在长宁最早的时候就已经建立观护制度，就是利用一些志愿者，包括一些团干部、妇联干部等来参与到我们司法工作当中。那么 2003 年，我们建立第一个观护点，当时是借助于社工，所以真正社工力量进来参与到我们的司法工作、诉讼过程当中，应该说是在 2003 年我们建立第一个观护点的时候。那么 2004 年呢，我们就建立了观护体系，涉罪未成年人观护体系。然后 2015 年，上海市建立了市级的观护体系。[《未成年人司法社会工作服务规范（DB 31/T 1236—2020）》调研资料]

社会工作逐渐成为社会观护的主力军。青少年社会工作者运用社会观护制度的资源与优势，为"失学、失业、失管"社区青少年提供社会支持服务，使青少年有"回头路"可走。

> 一路走过来，你怎么说啊，你原来就一路陪着他们过来。一个个案绝对不会只有一年两年的，一个个案一定是一个长期的过程，是陪伴的过程。反正我也挺感谢这个制度的启示，因为看了太多（未成年人）就是一个后悔。因为后悔，（未成年人）就是说想要回头的嘛，有这个制度让他们回的，当然也有不肯回头的。（T 区社会工作者）

（二）组织层面：社会工作机构的规范运作与组织激励

为回应上海市预防和减少青少年违法犯罪工作体系建设要求，提升青少年社会工作者的职业化和专业化水平，彰显服务成效，Y 机构从规范运作与组织激励两方面着力。

1. 社会工作机构的管理优化与规范运作

Y 机构与市服务保护办签订《政府（青少年事务）服务采购合同》，以项目化购买的方式，承担政府委托的青少年事务管理有关职能，并依据合同接受市服务保护办的指导、监督和评估。目前，Y 机构有 11 个派出工作站，负责上海市 11 个行政区域的青少年教育、服务和管理工作。

在机构管理方面，Y 机构制定灵活且多元的考核管理制度，出台《青少年事务社会工作者考核办法（试行）》《工作站管理人员绩效管理办法（2020 版）》《工作站评估管理办法（2020 版）》等相应的管理制度，对一线社工、管理人员及工作站分别依据相应的考核管理制度进行人事管理与绩效考核。在项目管理方面，Y 机构成立青少年事务社会工作专家督导委员会、青少年事务社会工作伦理委员会、青少年社会工作研究院等专业协助机制，明确委托、转介、评估服务运作机制，在服务人群、服务方式、服务路径等方面不断进行新的调整与发展，且形成了"试点嵌入—推动发文—全面落地"的机制特色。同时，基于上海市委政法委、团市委在全市下发的《关于在本市推进社区青少年管理信息系统建设的意见》，Y 机构同步出台《中心信息化管理手册》《中心信息系统使用规定》等要求，以规范促发展，极大地推动了机构工作专业化、精细化发展。

这些制度及机制的建立有利于提升 Y 机构的管理能力，保障未成年人司法社会工作有序且规范开展。在 20 余年的发展历程中，这些制度及机制在动态修改过程中持续完善，保障了项目管理和机构管理的不断优化，也持续性维持了未成年人司法社会工作的规范化运作。

2. 社会工作机构的稳定、激励与动力增强

为了提升青少年社会工作者的投入度和积极性，Y 机构采取两方面的运作策略，一是通过维持机构的稳定性，提升青少年社会工作者提供规范化服务的投入度；二是设置激励细则，提升青少年社会工作者提供规范化服务的积极性。

为了维持机构的稳定性，Y 机构十分重视组织建设，对内增强机构的凝聚力，通过价值引领和组织文化建设，比如推进学习型组织建设，

从而强化社会工作者对机构的归属感与认同感，降低离职率；对外提高公众对机构的认可度，从机构使命、专业服务、机构宣传等方面不断完善组织自我增值。同时，在政府部门的协调下，Y 机构积极展开与企业、基金会、志愿者和共建单位、青联、青企协等社会力量的合作。这些举措能够进一步提升社会工作者的服务投入度。

随着社会经济的发展与服务的不断深入，青少年社会工作者的晋升及薪酬等有关事项也需要跟进。2003 年，根据《中共上海市委办公厅转发〈中共上海市委政法委员会关于构建预防和减少犯罪工作体系的意见〉的通知》（沪委办〔2003〕16 号），青少年事务社会工作者队伍成立之初，就规定了社会工作者的月薪及人均总费用。2009 年，关于青少年事务社会工作者职业晋阶制度和薪酬管理的实施细则发布，这是 Y 机构职业化推进的重要标志。随后，在 2014～2022 年接连发布的"体系建设社工薪酬标准"等文件中，社会工作者的人均总费用呈上升趋势。这有利于从物质和荣誉两个层面激励社会工作者，提升其开展未成年人司法社会工作的积极性。

上海的社会工作机构的培育和发展经历了政府运作到社会组织孵化，再到政社合作推动的渐进社会化过程（彭善民，2010）。"政府主导推动"促进社会工作机构的规范运作与组织激励，"社团自主运作"给予社会工作机构自主开展社工招聘、专业培训、业务指导、人事管理等工作的空间，政社合作致力于持续地开展社会组织发展与创新。同时，社会工作机构承接着政府层面规则和资源的运作，并激发了未成年人司法社会工作专业行动的产生，也保证着未成年人司法社会工作专业行动的规范性和有序性。

（三）行动层面：社会工作服务实践与知识生产耦合"校-社"协同

我国社会工作的发展需要政府、社会工作、社会各界等形成共识与合力（王思斌，2013）。政府部门（含司法机关）、社会工作机构及社会工作者、社会工作高校、其他社会力量等多元实践主体协同，"校-社"协同行动是上海预防和减少犯罪工作体系建设总体思路的直观表现。

1. "校–社"协同开展未成年人司法社会工作服务实践

在政府部门的支持下，Y 机构成立时就邀请社会工作高校的教师担任理事会成员，高校教师通过参与机构管理、开展专业督导、开展讲座培训及合作项目等形式指导与支持未成年人司法社会工作。Y 机构与社会工作高校有效实现资源整合，协同推进未成年人司法社会工作的专业化发展。

在社会工作者队伍组建初期，由政府部门牵头，社会工作高校及专业教师为 Y 机构及社会工作者开展各类专业培训，通过知识讲授、案例解读和讨论，为社会工作者开展实务打下了初步基础。因应专业服务的需要，各区社会工作站点开始自行聘请社会工作高校教师，对所在站点的社会工作者开展常态化的培训和专业知识学习，使社会工作者的知识储备不断与时俱进。而专业师资力量越来越壮大，这又能进一步提升社会工作者的专业能力。

> 我们刚上班的时候，L 大学的老师给我们做过三年的培训。我们那时候有个培训班，培训三年，现在还在 L 大学的这些老师全都给我们培训过。后来每个区县都会自己请老师，老师开始越来越多了，你像 D 大学、S 大学那时候有名气的老师都会（过来给我们培训）。从专业的老师这一块来说，专业力量确实比以前越来越多了。（P 区社会工作者）

在服务实践过程中，"校–社"协同为社会工作者顺利开展服务提供社会工作理论、方法等专业知识。社会工作者不再孤立地运用个案、小组、社区社会工作方法，而是更加积极地探索不同场域中最有效的服务方法和模式，以及应对新需求探索本土的咨询与干预工作方法。比如，在驻所社会工作服务过程中，起初社会工作者并不理解为监所青少年开展生命历程访谈的意义。社会工作高校教师通过督导与培训，使社会工作者逐渐理解围绕青少年的生命历程，能够从青少年的生命故事中完整梳理其成长脉络，进一步揭示其违法犯罪的成因、关键转折事件对其成长的影响，并在此基础上设计有针对性的服务方案。

> 比如我们在驻所做生命历程访谈，如果没有学社工的话，我们不知道做生命历程的访谈要干吗，就没有想过我们要去跟青少年谈他的成长历程。后面 L 大学的 F 老师给我们提出来，觉得我们在做这种类型对象的访谈时，要加生命历程。我们觉得有道理，为什么？因为我们要去探讨他，就要让他减少犯罪，我们要知道他为什么犯罪。为什么犯罪，他有很多原因，我们就跟他谈，而且就知道他成长是什么样的过程，哪些事件对他有影响，哪些事件是转折点，有哪些将来我们可以利用，从这一点上可以激发他好的东西吧。（P 区社会工作者）

在参与制度构建过程中，Y 机构及社会工作者、L 高校教师及学生团队积极探索与推动学校社会工作建设，助推学校社会工作在全市的全面发展，已有 11 个区 16 所"学校社会工作站"挂牌。

2. "校-社"协同开展未成年人司法社会工作知识生产

作为业务主管部门，市服务保护办十分重视对未成年人司法社会工作服务进行全方位的梳理与研究，鼓励社会工作机构及社会工作者通过青少年社工技能大赛、社工论坛、专项课题、编印书籍、服务案例梳理、成立研究院及举办学术会议等，开展未成年人司法社会工作实践研究。

2015 年，Y 机构与 L 高校教师及学生团队合作，开展驻所社会工作实务研究，总结社会工作进驻拘留所、看守所开展青少年社会工作服务的实践经验，并形成驻所社会工作服务指导手册。2019 年，在市服务保护办的支持下，Y 机构成立青少年社会工作研究院，整合高校社会工作、社会学、心理学、法学等专业的教师资源，通过课题立项、会议研讨、合作编撰书籍等形式，持续不断地开展未成年人司法社会工作理论与实践研究。比如，启动纪念 Y 机构成立 15 周年系列丛书的编撰工作；完成市服务保护办"未成年人司法社会工作服务规范研究"课题，出台该领域内全国首个省级地方标准《未成年人司法社会工作服务规范（DB 31/T

1236—2020）》，形成服务规范指导手册等。这些研究是未成年人司法社会工作 20 余年实践的知识生产成果，体现社会工作参与预防和减少青少年违法犯罪工作体系建设的成效，能够进一步指导未成年人司法社会工作实践。

五　结论与讨论

　　未成年人司法社会工作并非未成年人司法与社会工作的简单叠加，而是涉及未成年人司法与社会工作这两大要素背后真正起支配作用的本质要素，即政府（含司法机关）、社会工作机构及社会工作者、社会工作高校、其他社会力量等多元实践主体之间的关系演化逻辑。这正是未成年人司法社会工作生成的关键所在，即"结构促动""组织创新""行动回应"以及三者的整合。一是政府（含司法机关）通过立法及政策规定、政府购买服务制度、社会观护体系等完成"结构促动"。二是社会工作机构的规范运作和组织激励形成一种"组织创新"。三是青少年社会工作者、社会工作高校等实践主体依托社会工作服务实践与知识生产开展行动，"校-社"协同形成"行动回应"。基于以上研究发现，本文进一步认为，未成年人司法社会工作的生成是"推动-能动-联动"机制共同作用的过程和结果（见图 2）。

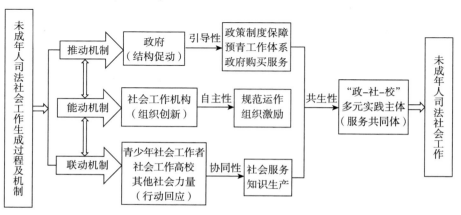

图 2　未成年人司法社会工作生成过程及机制

第一，推动机制。这体现为一种引导性，是未成年人司法社会工作应运而生的显著特征，涉及的主体为政府（含司法机关），所开展的工作主要是预防和减少青少年违法犯罪工作体系建设的政策推进。具体而言，在制度结构、动员结构、文化结构层面提供政策制度保障、构建预青工作体系、推进政府购买服务。推动机制源于社会治理体制改革过程中，政府职能与治理方式的自我转型，所涉及的是政府与社会组织关系的调适。在依附与自主之间，政府与社会工作机构还存在一种"结构性引导"（张雪、纪晓岚，2023）的关系。政府引领社会工作机构发展，为其生存提供制度保障与资源支持，为其稳定外部环境，也为其运营设定规则等。推动机制内含着中国特色。中西方均涉及政府、社会组织和实践主体合作参与治理的行动，但从制度演变逻辑来看，中国的政社合作起始于完善国家福利供给制度的需求，以期改革社会体制并创新社会治理机制，这不同于西方疏解国家福利高压的需求，也不同于西方改革官僚制政府和提升公共服务效能的行动目标（彭少峰，2017）。

第二，能动机制。这体现为一种自主性，是未成年人司法社会工作蓬勃发展的内生动力，涉及的主体为社会工作机构，所开展的工作主要是组织创新，从规范运作与组织激励等方面为深耕未成年人司法社会工作提供良好平台，发挥枢纽型社会组织的作用。一方面联结政府（含司法机关），把握结构性机会；另一方面联结社会工作者、社会工作高校、其他社会力量，为未成年人提供支持服务起到桥梁作用。在司法工作社会化情境下，以上海市 Y 机构为代表的司法社会工作组织参与司法治理更加需要融入社会治理环境，明确组织的核心领域，提升组织的专业能力和竞争力，以期实现其治理自主性（邓泉洋、汪鸿波，2020）。能动机制意味着组织是具有自主行动能力的，通过能动对结构进行再生产，既实现社会工作机构与政府的相互形塑，也让组织的自主性得以回归和彰显（张雪、纪晓岚，2023）。

第三，联动机制。这体现为一种协同性，是未成年人司法社会工作高质量发展的基本要求，涉及的主体为青少年社会工作者、社会工作高校、其他社会力量等实践主体，所开展的工作主要是基于社会工作服务实践与知识生产开展"校-社"协同行动。广义上而言，未成年人司法社会工作的联动机制涉及的主体是多元且丰富的。整合公共卫生、社会生态和恢复性司法模式的少年司法综合模式（IMJJ）就强调对青少年的支持，不仅来自少年司法系统，而且涉及教育、社会服务、医疗卫生、政府、社区规划、立法和其他众多的行动者（April et al.，2023）。作为跨学科团队的其中一员，社会工作有助于促进各种方法和科学领域如犯罪学、政治学、人类学及社会工作之间的对话（Bella，2022）。

第四，"推动-能动-联动"机制。这体现为一种共生性，是未成年人司法社会工作可持续发展的根本体现。政府（含司法机关）、社会工作机构及社会工作者、社会工作高校、其他社会力量等结成"政-社-校"多元实践主体，为推进未成年人司法社会工作发挥各自行业或领域的优势，分工负责、相互配合、协同推进。政府（含司法机关）创新社会政策、优化社会制度，社会工作机构及社会工作者深耕专业实践、传承专业文化，社会工作高校传播专业知识、进行知识生产。"政-社-校"合作实现了"政策推进—组织创新—知识建构"（何雪松，2021）的整合与统一，实现了构建未成年人司法社会工作服务共同体。吉登斯（2000：24）提出了专家系统这种脱域机制，是由技术成就和专业队伍所组成的体系，未成年人司法社会工作服务共同体正是这一体系的具象化，能够促成并解释行动者之所以能开展推动未成年人司法社会工作发展的共同行动。

本研究通过回答上海未成年人司法社会工作发展体现出何种脉络，探索性地总结和分析未成年人司法社会工作的生成过程及机制，能够从结构、组织、行动层面为未成年人司法社会工作的进一步发展提供启示。具体而言，在结构层面，稳定未成年人司法社会工作发展的制度结构、动员结构及文化结构，特别是制度结构层面的立法支持与政策制度保障。在组织层面，从组织内部自我管理及外部制度环境等方面，加强社会工作机构这种枢纽型社会组织的治理自主性建构。在行动层面，建立"司法一条龙"跨部门合作与"社会一条龙"跨部门合作及联动机制，实现教育、感化、挽救违法犯罪未成年人与维护未成年人合法权益的未成年人司法工作目标。

　　虽然本研究将"组织"概念纳入"结构-行动"视角，揭示社会工作组织参与未成年人司法的能动性与自主性，但是结构同时具有制约性与促动性，研究在结构促动部分阐述较多，尚未涉及如何应对结构制约因素进而推动未成年人司法社会工作发展，这值得后续研究进一步推进。

参考文献

安东尼·吉登斯，2000，《现代性的后果》，田禾译，南京：译林出版社。

安东尼·吉登斯，2016，《社会的构成：结构化理论纲要》，李康、李猛译，北京：中国人民大学出版社。

陈向明，2000，《质的研究方法与社会科学研究》，北京：教育科学出版社。

邓泉洋、汪鸿波，2020，《国家治理视角下社会组织的治理自主性建构——以上海司法社会工作组织为例》，《学习论坛》第 8 期。

何雪松，2019，《改革开放 40 年与中国社会工作的发展——"结构-行动"的视角》，《西北师大学报》（社会科学版）第 2 期。

何雪松，2021，《发展型社会服务共同体建构：上海青少年社会工作的模式创新》，《中国社会工作》第 24 期。

何雪松，2023，《体系化、体制化与数字化：社会工作高质量发展的三个主题》，《贵州社会科学》第 7 期。

黄辉祥、刘骁，2021，《论社会治理共同体的构建："结构"与"行动"的互动——基于"结构-行动"框架的分析》，《社会主义研究》第 6 期。

汉斯·约阿斯、沃尔夫冈·克诺伯，2021，《社会理论二十讲》，郑作彧译，上海：上海人民出版社。

江宪法，2006，《上海社区青少年工作与预防和减少犯罪工作体系建设》，《青少年犯罪问题》第 1 期。

李伟，2016，《从"单向决定论"到"双向互构论"：行动—结构的二元对立及整合》，《内蒙古社会科学》（汉文版）第 2 期。

李钧鹏，2011，《社会机制：社会科学研究的新理路》，《中南大学学报》（社会科学版）第 6 期。

李钧鹏，2012，《何谓社会机制?》，《科学技术哲学研究》第 1 期。

李钧鹏，2014，《蒂利的历史社会科学——从结构还原论到关系实在论》，《社会学研究》第 5 期。

李卫海、王金虎，2021，《新时代退役军人权益保障制度的完善思考》，《法学杂志》第 7 期。

马克斯威尔，2007，《质的研究设计：一种互动的取向》，朱光明译，重庆：重庆大学出版社。

彭善民，2010，《上海社会工作机构的生成轨迹与发展困境》，《社会科学》第 2 期。

彭少峰，2017，《政府购买服务制度的演变：中西比较及启示》，《湖南师范大学社会科学学报》第 4 期。

钱晓峰，2015，《少年司法跨部门合作"两条龙"工作体系的上海模式》，《预防青少年犯罪研究》第 3 期。

史立梅、李金珂，2023，《从嵌入式走向合作式：未成年人司法社会支持体系建设的路径思考》，《中国青年社会科学》第 5 期。

苏海贵，2024，《递进式嵌合：社会工作参与基层社会治理的逻辑理路与实践策略》，《理论导刊》第 1 期。

王思斌，2013，《走向承认：中国专业社会工作的发展方向》，《河北学刊》第 6 期。

王雅琼、虞浔，2010，《从"上海经验"看犯罪预防新路径的实践与探索》，《犯罪研究》第 1 期。

魏玺昊，2024，《有组织的学习：社会工作行动中知识生产的实践逻辑》，《社会建设》第 1 期。

文军、方淑敏，2022，《社会工作专业自主性困境及其行动策略——基于社区治理中互动场域视角的分析》，《学术界》第 12 期。

席小华，2009，《社会工作介入少年司法制度之探究》，《青少年犯罪问题》第 4 期。

席小华，2013，《社会工作介入少年司法的基础与现状——以〈刑事诉讼法〉修改为背景》，《预防青少年犯罪研究》第 1 期。

席小华，2017，《从隔离到契合：社会工作在少年司法场域的嵌入性发展——基于 B 市的一项实证研究》，北京：中国人民公安大学出版社。

谢岳、戴康，2018，《超越结构与行动范式》，《复旦学报》（社会科学版）第 3 期。

徐姗姗，2023，《乡村振兴战略背景下农村社会工作人才队伍建设的研究》，《农业经济》第 2 期。

杨旭，2020，《全球比较视野下少年司法与社会工作的互动》，《青少年犯罪问题》第

4 期。

杨旭、何积华，2019，《少年司法与社会工作的协同与整合》，《青少年犯罪问题》第
1 期。

姚建龙，2007，《少年司法与社会工作的整合——以少年法庭法官的"非审判事务"
为论证中心》，《法学杂志》第 6 期。

张雪、纪晓岚，2023，《结构性引导：民办社会工作组织与政府关系新释》，《北京社
会科学》第 10 期。

张昱、费梅苹，2024，《协同发展：上海预防与减少犯罪工作中的社会工作 20 年》，
《中国社会工作》第 3 期。

赵鼎新，2020，《论机制解释在社会学中的地位及其局限》，《社会学研究》第 2 期。

April, K., Schrader, S. W., Walker, T. E., Francis, R. M., Glynn, H., & Gordon,
D. M. 2023. "Conceptualizing Juvenile Justice Reform: Integrating the Public Health,
Social Ecological, and Restorative Justice Models." *Children and Youth Services Review*
148: 106887.

Bella, K. D. 2022. "About the What, How and Why of the Investigation on the Field of Ju-
venile Justice: The Backroom of the Research Process in Rosario, Argentina." *Pro-
spectiva* (33): 75-98.

Fine, G. 2012. "Group Culture and the Interaction Order: Local Sociology on the Meso-
Level." *The Annual Review of Sociology* 38 (1): 159-179.

Harrington, B. & Fine, G. 2000. "Opening the 'Black Box': Small Groups and Twenty-
First-Century Sociology." *Social Psychology Quarterly* 63 (4): 312-323.

表达性艺术治疗在禁毒社会工作中
"新本土化"的实践探索

——以 S 市 Z 禁毒社会组织艺术治疗"六动"应用模式为例 *

张芯桐　范明林**

摘　要　本研究聚焦中国禁毒社会工作领域中表达性艺术治疗的"新本土化"应用，旨在探讨如何在中国式现代化背景下，将起源于西方的艺术治疗方法与中国特定的文化、制度和禁毒社会需求相结合。基于 S 市 Z 禁毒社会组织的实践研究项目，本文通过访谈法与参与观察法，深入分析禁毒社工在表达性艺术治疗中的应用经验、动机、挑战及创新。研究发现，尽管表达性艺术治疗具有高度灵活性与可塑性，但其西方文化背景与中国传统价值观、社会制度之间存在潜在冲突，需要经过本土化转型与创新。最终，研究团队提出"六动"应用模式，即通过互动、触动、打动、感动、行动与变动六个阶段，构建

---

　*　本文受到北京大学-香港理工大学中国社会工作研究中心思善基金"思善社会工作实践研究-博士研究生专项资助计划"资助。

　**　张芯桐，上海大学社会学院博士研究生，主要研究方向为社会工作督导、社会工作教育等；范明林，上海大学社会学院教授、博士生导师，主要研究方向为社会工作理论与实务、城市贫困问题等。

出一条符合中国社会文化与需求的实践路径。本研究不仅对禁毒领域的社会工作实践具有重要指导意义，同时也为社会工作其他领域的"新本土化"发展提供了理论与实践的借鉴。

关键词 表达性艺术治疗 新本土化 禁毒社会工作

一 问题提出

中国式现代化强调既要吸收国际现代化的成功经验，又要立足本国国情，这是近年来我国社会工作"新本土化"概念的逻辑基础。"新本土化"是指在中国式现代化新发展阶段下，面对复杂多元的经济、社会和民生问题与需求，专业社会工作在初步本土化的基础上，进一步适应我国当前社会情境，灵活、综合地运用社会工作专业方法，吸收本土经验，有效应对基本民生问题，从而实现更为全面、系统、本质的本土化过程（高丽、崔方智，2024）。

社会工作本土化的早期逻辑是技术移植与价值内化共进，专业化与本土化互构，而"新本土化"更注重实践性（王思斌，2023）。具体而言，社会工作本土化不仅应在理论、方法、价值、伦理等方面进行调整，更应在实际情境中实现有效应用与创新。上述视角同样适用于我国禁毒领域的专业服务。社会工作者在长期的禁毒社会工作实践中发现，运用艺术媒介进行实务干预能更有效地促进服务对象积极参与、戒毒康复以及自我效能感提升。然而，传统的西方艺术治疗虽然在情感表达与心理压力缓解方面具有显著优势，但在实际应用于我国特定文化背景、社会结构与家庭关系中，社会工作在回应国家和社会对禁毒的具体需求时，往往捉襟见肘。为此，S市Z禁毒社会组织（以下简称"Z社"）开始运用不同形式和特色的表达性艺术治疗方法开展服务。依托该项目，本研究通过线下半结构式访谈和线上焦点小组访谈，以及部分服务过程的参与观察，尝试探讨如何将表达性艺术治疗与我国文化、制度以及

现代化的具体背景与需求相融合、如何探索出适合我国国情的禁毒社会
工作实践路径等核心问题。

二 根植于西方文化与知识体系的表达性艺术治疗

结合 Rogers（1993）、Bella 和 Serlin（2013）、Malchiodi（2020）等
学者的观点，表达性艺术治疗是一种极具人文主义色彩、结合艺术与心
理治疗的专业方法，是协助来访者通过各种艺术形式及创作宣泄情绪、
表达想法的方式。其核心是来访者将内心无法以言语表达的冲突，充分
利用创造性、娱乐性、象征性或隐喻性的艺术形式表现出来，借由创作
过程深入了解自身状态，释放与修复情绪，进而促进身心平衡。一般意
义上的表达性艺术治疗包含创造性艺术治疗（Serlin，2007），有时也被
统称为表达性及创造性艺术疗法（Bella & Serlin，2013），图 1 为表达性
艺术治疗的类型划分。

艺术的多样性与创造性、专业关系的动态性、各流派迥异的治疗理
念与操作方式、文化与社会背景的差异性都会影响治疗进程，然而，如
图 2 所示，表达性艺术治疗通常被整合在心理咨询或治疗的框架中（Mal-
chiodi，2005），因此许多治疗师遵循结构化的一般流程。

上述每一个阶段都有各自的操作内容，由此构成完整过程（见表 1）。

西方表达性艺术治疗具有以下鲜明的特色：第一，治疗理念强调潜
能激发、自由意志与自我实现，关注个人成长、意义追寻与自我超越；
第二，治疗视野强调不同领域间交叉和相互影响，反映西方文化中倡导
多元化和包容性的思维方式；第三，治疗重点是探索个体的内在世界与
心理体验，反映西方个人主义文化中对自我主导、自我体验与自我独立
性的推崇；第四，治疗过程鼓励通过艺术随心所欲地进行创造性表达，
这种重视自由探索的特点根植于西方文化中对自由主义的价值认同与追
求；第五，治疗方法高度依赖自我修复和自我实现的话语体系，其源于
新教伦理、启蒙运动与现代西方心理学的发展，常用于帮助服务对象分

享难以言说的情感与经历并逐步实现心理治愈；第六，在西方社会，艺术更是一种个人身份建构与社会身份认同的工具（Goldstein-Roca & Crisa-fulli，1994）。

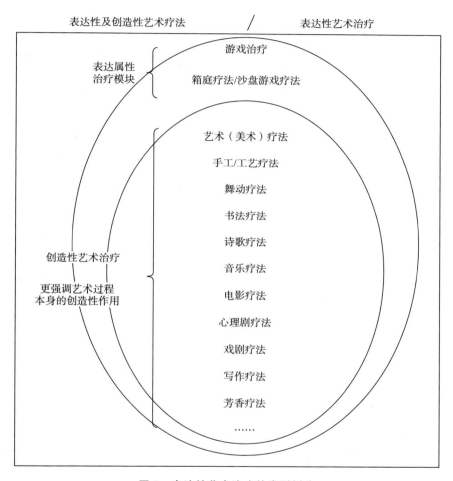

图 1 表达性艺术治疗的类型划分

资料来源：笔者综合 Rogers（1993）、Serlin（2007）、Bella 和 Serlin（2013）对表达性艺术治疗的定义与划分观点制作。

表 1　表达性艺术治疗一般流程各阶段操作内容

阶段	操作内容
评估	通过问卷、面谈、简单艺术表达（如绘画、雕塑、沙盘等）了解来访者的背景、现状、心理状态、表达方式、问题、需求以及期望，并探索其艺术背景、经验与兴趣，以便选择适当的艺术媒介
建立治疗关系	治疗师提供安全与高支持性的环境，通过积极倾听、共情与尊重来构建信任治疗关系，减轻来访者压力与焦虑，使其能够自由表达
制定目标与治疗方案	双方共同商讨总体与具体治疗目标，选择合适艺术媒介，并制订详细治疗计划
艺术创作与表达（核心环节）	治疗师鼓励并引导来访者通过艺术自由表达与创作，探索情感与内在冲突，随着艺术创作的深入，来访者逐渐产生更深层次的情感表达与宣泄，治疗师通过适当支持帮其妥善处理这些情绪
诠释与反思	双方通过对艺术作品中象征与隐喻的解读，挖掘艺术创作过程及作品内容与形式背后的情感、经历、意义、潜在心理冲突、情感状态与未表达的需求，并引导来访者将这些反思和洞察的内容与日常生活相联系
整合与应用	治疗师引导来访者将艺术治疗中的体验与洞察融入现实生活，通过持续艺术创作意识到自身的正向转变，感悟个人成长的可能性，如发现新的应对方式、更健康的行为模式、更积极的自我认知，并将习得的思维方式、情感处理、行为方式、应对机制应用于现实生活中，促进个人持续成长与生活质量改善
评估与反馈	治疗师定期回顾来访者的改变，评估疗效，并根据需要调整治疗计划、方法、形式、节奏或艺术媒介
终结	双方共同回顾整个治疗过程与艺术作品，总结治疗成果，探讨如何在治疗结束后使用艺术或其他资源进行自我支持，并处理好来访者对治疗结束的情感反应，帮助其顺利过渡到治疗后的生活，确保其持续自我成长与发展
评估与后续跟进	治疗结束后，治疗师还会评估治疗的有效性并安排后续跟进，以巩固治疗效果

资料来源：笔者综合 McNiff（1992）、Rogers（1993）、Malchiodi（2020）对表达性艺术治疗流程模式的观点制作。

　　在崇尚集体主义、推崇"家"文化、讲究差序格局的中国社会背景下，将表达性艺术治疗运用到禁毒社会工作领域，需要深切反思：表达性艺术治疗背后的个体主义、自由主义等价值和理念是否适用于中国的社会环境？它们可能会与中国的社会制度、文化情境等发生哪些冲突？社工迫切需要对其进行哪些"新本土化"的适应性改造以契合中国情境中的服务对象？

图2 表达性艺术治疗一般流程框架

资料来源：笔者综合 McNiff（1992）、Rogers（1993）、Malchiodi（2020）对表达性艺术治疗流程模式的观点制作。

三 表达性艺术治疗在禁毒社会工作中"新本土化"的实践路径

基于上述背景和思考，Z社尝试将表达性艺术治疗运用于禁毒社工的专业服务之中，探索如何改善服务成效，更探索如何因地制宜地在其中融入中国的元素，从而在禁毒社会工作领域中开辟表达性艺术治疗"新本土化"的可行路径。

（一）表达性艺术治疗在禁毒社会工作中"新本土化"转型的动因

1. 表达性艺术治疗与禁毒社会工作的契合点与矛盾点

鉴于以单一的面谈方法开展工作成效并不理想，禁毒社工初步观察发现许多服务对象有一些艺术爱好或特长，于是便尝试运用当地留存的艺术形式（如布艺、绳艺、农民画、剪纸等）作为媒介进行实务干预，尝试效果良好。在进一步探索中，社工发现表达性艺术治疗与禁毒社会工作有诸多契合点。第一，在助人实践上，二者同样重视环境对个人议题的影响，个人样貌是人与环境互动的结果，艺术创作可以呈现个人独特的样貌，同样也能窥见个人与环境间的互动关系，因此表达性艺术治疗能协助社工以不同的角度来收集资料、深入了解服务对象的样貌，关注其心理与社会适应过程。第二，在服务程序上，社会工作的工作程序大致为接案—收集资料与拟订计划—介入—评估成效—结案，表达性艺术治疗无论以何种艺术形式介入，都需先对服务对象有基本认识，随后进行介入工作、评估与调整。第三，在专业价值与技巧上，二者都强调以人为本的价值理念，关注个体独特性并尊重个体情感与表达，同时都持以接纳、真诚、同理、非批判的态度，强调通过激发服务对象的主体性达成改变。

然而，两者的结合实践也存在一些矛盾点。其一，表达性艺术治疗作为一种心理治疗技术，倾向于从个体内在出发，帮助来访者通过艺术表达探索内心深处的感受与冲突，这与社会工作追求的社会化目标相矛盾。在禁毒社会工作中，社工的职责不仅包括个体心理层面的调整，还要从社会层面进行干预，包括戒毒瘾、防复吸、重建家庭与社会关系、融入社区等，因此社工可能会困惑于如何在实践中平衡目标导向与过程导向的关系。其二，表达性艺术治疗非强制、自由探索与表达的核心特性可能与禁毒社工监管、教育等角色相冲突，因此社工可能也会对如何在实践中平衡监管职责与治疗角色间的关系感到焦虑。其三，禁毒社工如果没有接受过系统性的艺术治疗专业培训与技能训练，可能会缺乏对艺术创造性表达过程的理解，难以准确把握并深入解读服务对象在创作过程中的作品、情绪、行为等非语言信息。其四，禁毒社工可能更熟悉在禁毒康复领域有着较多应用案例与实证支持的传统治疗方法，如认知行为疗法等。而表达性艺术治疗作为一种更具创造性和开放性的方式，可能在短期内难以看到服务对象显著的行为改善，因此社工可能质疑这种疗法的干预效果，或受工作任务与指标的影响，难以在效率与效果间取得平衡。其五，服务对象在戒毒过程中易形成较强的被动接受指导的依赖性倾向，使得其在面对需要一定的自主性与参与度的艺术治疗方法时难以主动配合，可能会感到不适应与不安，限制实际应用效果。

2. 表达性艺术治疗与我国文化和价值观的潜在冲突

起源于西方的表达性艺术治疗的背后理念和价值取向，与我国文化中注重集体主义，强调个体与家庭、群体、社会之间和谐统一的理念存在一定的张力。而服务对象的家庭与社区往往对其有着强烈的行为改造期待，希望他们"变得更好"，而非希望其专注于表达内在的负面情感。

这种社会期待与表达性艺术治疗强调的自我接纳和真实表达之间也存在一定的冲突。基于中国文化传统，习惯了内敛含蓄的服务对象，往往难以迅速适应或尝试过于直接的情感宣泄，尤其涉及负面情感或不堪经历时，很多人倾向于隐忍或回避相关话题，在分享中也有所保留、修饰或美化，不敢在治疗中完全表达真实感受，从而影响治疗的深度与效果。

3. 表达性艺术治疗在我国社会治理语境/框架中的适应性挑战

研究发现，这方面的潜在冲突主要体现在下述两个方面。第一，禁毒社会工作的核心在于法律框架下的社会控制，而表达性艺术治疗强调非强制性、尊重个体情感觉察表达等理念，由此可能与禁毒社会工作中以行为改造等为主的传统模式产生矛盾。因此，两者结合的创新实践在实施过程中可能受到制度和政策的影响。第二，在我国的社会福利制度与精神健康体系中，心理治疗尚未被广泛接受。表达性艺术治疗作为一种新兴的心理干预方式，可能因为社会认知的局限性而难以被接受和推广。

无论在文化、社会环境还是制度层面，表达性艺术治疗背后都有一整套西方烙印，因此，对在地性的考察是我国社会工作专业实践逻辑不可或缺的核心要素（童敏、周晓彤，2022），表达性艺术治疗需要真正融入服务对象的具体生活场景与社会文化之中。唯有如此，才能避免"形式化"与"排异反应"，真正适应我国禁毒社会工作的实际需求和发挥良好效用，以实现"价值理念上的亲和"、"角色定位上的耦合"与"目标功能上的匹配"（张乐，2019）。基于上述考量，Z社在禁毒领域中展开表达性艺术治疗"新本土化"的专业探索旅程。

（二）表达性艺术治疗"新本土化"路径的实践逻辑

西方的表达性艺术治疗对于长期在地化开展禁毒社会工作服务而言具有助益性，但是治疗方法背后的价值观及那些具有西方色彩的实务原则，又需如何处理与改造？这是一线禁毒社工始终在不倦探索的问题。经过长期实践，实务工作者和研究者组成的团队最终在本土文化与社会环境充分融合与创新的基础上，逐步形成具有"新本土化"特色的禁毒

艺术治疗 "六动" 应用模式（见图3）。如图3所示的种子埋下—生根—发芽—成长—开花—结果的过程一般，表达性艺术治疗在禁毒社会工作中通过连贯的六个阶段形成一个螺旋强化的作用过程。

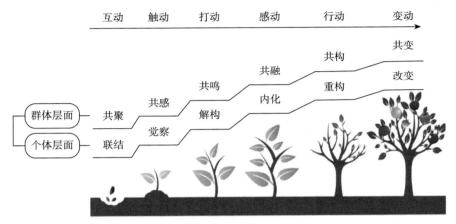

图 3　表达性艺术治疗在禁毒社会工作中的 "六动" 实践路径

1. 互动阶段：联结与共聚

在微观层面，这一阶段旨在促进个体与内在自我的联结。服务对象在艺术创作过程中通过艺术作品将情感、思想和经历等内容具象化，卸下防卫积极参与问题探讨，分享情绪与感受，由此，可更清晰直观地面对并理解内在自我，提升其对自身经验的接纳度与开放度，为进一步的觉察打下基础。

在中观层面，表达性艺术治疗将服务对象、家庭成员、社工、治疗师聚合在熟悉的社区环境中，共聚的过程是个体与小组、家庭、社区支持系统的互动，其情感联结是群体建立信任和安全感的基础，是群体治疗的起点。此刻，艺术媒介可以帮助服务对象回顾相似的经验与目标，凸显群体的理解度与接纳度，也可以帮助个体与家庭成员重新建立情感联系和支持，修复关系裂痕，增强康复动力，进而提升社区包容性，帮助其融入正常的社区生活。

总之，艺术可以作为专业关系建立和增进的良好 "触媒"，促进形成社工、治疗师与服务对象有来有往的双向输出，为第二阶段深层情感觉察与共感表达创造必要条件。

2. 触动阶段：觉察与共感

在此阶段社工有意图地选取与服务对象和治疗目标及议题相关的内容作为艺术媒介。服务对象人生的某些经历、遇到的重大事件和创伤，以及当时的行为态度、心理情绪状态、因应方式等一系列的过程都非常庞杂与抽象，并且很可能与其吸毒行为有关，因而可能成为戒毒与防复吸的突破口。这些庞杂、抽象的内容通过作品（外化和物化过程）慢慢反映出作者的真实情绪，使活动参与对象都能觉察、体验和感受，从而达到追根溯源、释放情绪的效果。一线禁毒社工尤其应关注和强化下列介入环节。

（1）引导组员探讨与分析艺术作品的隐喻、象征与意象，体验、代入某种角色或意境。

借由电影《我不是药神》使服务对象与片中人物和情境产生联结，服务对象其实非常有觉察的，观影是被代入的、沉浸的，在社工的引导下，（服务对象）也会对剧情、片中人物、画面、色调等进行讨论与分享，促进其感知并探索压抑的情绪、压力、当前的问题与困境等。（H区站督导）

（2）通过艺术创作促进服务对象对自身情感和经历的觉察，使用象征和隐喻等技术帮助表达难以言说的感受或经历。

有一次小组活动我们是请服务对象创作一幅表现战斗或旅程的画，用以象征其对抗成瘾的斗争和康复的旅程。（P区站社工）

（3）使用投射、倒映、故事化等技术引导服务对象从对艺术的探讨延伸到个人生活与家庭情况、问题、情感、价值观等层面上来，使其提升自我认知水平，觉察并肯定自身的真实情感与需求，这是其提升自我效能感和建立积极自我认同的关键前提。

　　Q 区站用茭白叶编织人生，胡胡编了三只小黄鸭，她将这三只鸭子环挂在家中显眼的位置。这三只小黄鸭形态各异，引发了组员们的不同解读。有人表示最前面的小黄鸭是个领导者，有人说后面两只小黄鸭在窃窃私语，而胡胡说这三只小黄鸭组成了幸福的一家。借助艺术作品，服务对象减弱了心理防御，将其潜意识、内心想法、情绪问题投射到作品中，进而与之进行深入探讨和解决。（对 Q 区站的参与观察）

　　由此可见，触动过程使个体原先被压抑或未被充分理解的多方面内容具象化，从而更易在随后的打动阶段通过共鸣、反思与解构得到重新诠释。

　　在中观层面，触动至少体现在两个方面。其一，在我国集体主义文化中，个体的情感表达和觉察往往与家庭和社区相关联。借助艺术作品，个体可能会对自己在家庭和社区中的角色定位有所觉察，开始反思过去行为与当前戒毒康复过程间的关系。其二，通过表达性艺术治疗的各种形式，群体成员间也能够共享彼此的情感体验。戒毒人群往往有强烈的负面情感或创伤，触动阶段通过群体共感可以减轻孤独感，激发成员间的相互理解、信任与支持，由此形成初步的社区支持网络。

　　A 区站运用心理剧角色扮演形式，请每个小组创排"我们的过去、现在与未来"，组员商讨扮演社区生活中的不同角色，如自己、家人、邻居、社工、警察等，展现三部曲（吸食毒品时、戒毒恢复时以及康复时），通过戏剧创排与表演的"共感"，成员们不仅能以更为深刻和直接的方式表达自己的内心世界，还能够通过扮演他人的角色感受到彼此的痛苦与希望，从而增强情感联系，也为他们的康复过程注入积极的能量与信心。（对 A 区站的参与观察）

3. 打动阶段：解构与共鸣

　　在微观层面，打动阶段基于解构主义在表达性艺术治疗中的应用

（Hogan & Coulter，2014），提供一个理解他人经历和重构个人认知框架的视角，强调个体经验的主观性与多样性。通过艺术表达与创造性活动，服务对象将自身经历和情感转化为艺术作品，这种转化过程为个体与其内在经历创造一定的心理距离，通过符号解析技术，帮其以更客观的视角重新审视自己曾如何构建认知和情感世界，促进内心的平和与和解。服务对象创造的形象能将抽象的经历外化与物化，折射人生的某些特殊经历，并将作品与自己的过往联结起来，由此产生打动自己的通道和力量。

> 我们在做美术鉴赏的时候，会分析画中具有代表性的特殊符号，比如蛇象征着诱惑，服务对象在看美杜莎诱惑水手的时候是站在一个第三人称的客观视角，同样，社工可以引导服务对象认识到自身对药物有渴望，想沉浸在药物带来的虚幻世界中，在现实生活中对外部的诱惑同样可能难以招架，有逃避现实的欲望，这也是人之常情。（Y区站社工）

在中观层面，社工与治疗师借由艺术媒介展开个人吐露环节，运用正常化技术，与组员一同讨论并分析产生共鸣和共情的内容，深化所有参与者间的情感共鸣、认知共情以及人际关系。群体的共鸣能够放大个体的感知和理解，增强集体认同感，并促进成员们对相似经历、旧有认知与情感、思维逻辑与行为模式、意义与存在、价值体系等方面的深层理解、反思、解构以及新的洞察，为感动阶段的内化与共融过程提供素材、契机与动力。

> 服务对象大海因在新交友圈中无人知晓其吸毒经历，警察临检使其倍感尴尬，担忧新朋友知晓后疏远他，故内心苦闷。其他组员纷纷产生共鸣并表示曾遇到类似情况，随后共同探讨，有组员提出，真朋友不会介意过去，若介意则非同道中人；亦有组员建议，临检无法避免，下次提前与社工及派出所联系，约定检测时间，以减少他人知晓。在充分讨论后，大海的心理困境得到缓解。（对J区站的

参与观察）

这种共鸣同时也是服务对象与亲朋好友的情感联结，通过艺术表达，亲人朋友可以更深刻地理解其内心挣扎，看到其正向改变，这有助于减少家庭关系中的对抗或隔阂，重新建立人际关系网络。

几个区站的社工都发现以前在开展绘画小组时，服务对象或多或少都有些畏难情绪，于是在项目中主要选择油画或国画等相对容易的，开始时社工鼓励服务对象通过临摹的方式大胆下笔，当有服务对象打退堂鼓时，社工澄清无须画得像，然后引导其结合自身的感受与想法，画出自己的作品。在一次次失败与重新尝试的过程中，服务对象重铸面对生活挑战的勇气，在图样选择与创作过程中加入自身的理解，最终呈现的画作也反映了其当下的心境与情境。服务对象会将每次的作品带回去给家人欣赏，满意的作品会裱起来挂在家中并拍照发布到社交平台上，收获诸多点赞与评论。他人的关注、认可与鼓励本身就是一种治愈，使服务对象体验到自豪感、价值感与自我效能感。很多服务对象在强制戒毒后逐渐淡出以往的交际圈，彼此生活的差距也越来越大，但现在服务对象因为艺术与曾经的朋友、同学、战友有了谈资，也勇于分享对艺术、对画作的理解时，其沟通表达能力也得到锻炼。很多活动成功邀请服务对象的家人和朋友来参与，也反映出他们的家庭关系和人际交往关系有所改善。（Y 区站社工）

4. 感动阶段：内化与共融

在微观层面，服务对象通过反思性艺术创造与表达过程，将五觉感官和激发的所思所想相融合，并经过内化与个人实践，产生新的情感体验，理解问题背后真实的原因与需求，促进正向自我认知。具体而言，当服务对象的某一个艺术作品经过不懈努力最终大功告成并由此联想到自己的人生经历，或者艺术作品中的某些元素经过社工或治疗师的辅导与"牵引"而与自己的人生遭遇深度勾连时，服务对象因他人的感情故事与本人的感情思想相遇所产生的感情共鸣就可能自然而然地产生，通常表现为哭泣、悔恨等。这种内化过程是服务对象治疗和成长变化的关键，标志着个体从对问题的外部观察演化为将新的理解融入内在自我。观念的重新构建为下一步现实生活的具体行动做好铺垫与准备。

这种感情共鸣也发生在艺术作品的服务对象小组分享的过程中。在社工和治疗师的引导下，团体中的个别服务对象首先会因分享的事或物与自己的经历高度关联而产生共鸣，通常会用哭泣来表达这种情绪，而这种情绪尤其在这种治疗性团体中更会产生"感染"效应，会引起更多服务对象的共鸣与情绪反应，团体由此逐渐进入深层次联结的融合阶段，个体的经验、情感、自我认知、价值观等逐步与群体的集体意识相融，这种"共融"不仅是艺术作品和艺术体验的分享，也是情感的共享、拓展，这是一种集体认同感，促进成员通过群体视角重新审视个体的经历、感受、角色与价值，更加深入地理解自我与他人，从而推动改变。

5. 行动阶段：重构与共构

在此阶段服务对象的观念更新是行为改变的催化剂。在微观层面，社工与治疗师引导服务对象有意识地将重构的认知与价值体系运用到日常生活中，通过具体的行动来验证和巩固这些新的观念。研究发现，服务对象在选择艺术媒介和表达方式上如果有更多的自主权，发挥活动的主导作用，逐渐形成由参与者驱动的服务过程，则有助于增强治疗的个人关联性和与生活的链接性。

巧手坊小组的服务对象发现做串珠与十字绣也会"上瘾"，于是生活的消遣方式就从吸毒转变为手工制作，在编织的过程中，她们变得更细心、耐心、戒骄戒躁，小心地把编错的部分拆掉重来，提升了自我掌控能力，将"吸毒是一步踏错步步错"的观念转变为"人生还很长还有机会纠正错误重新开始"，并愿意尝试社工推荐的新工作，找到了新的生活方向。（对 D 区站的参与观察）

在中观层面，服务对象共同策划、参与活动或服务，在合作中构建起新的集体认知、行为模式与愿景，逐渐形成新的集体规范与价值体系。共构强调的是，群体成员在相互作用中不仅改变自己的行为与观念，也影响甚至塑造了整个群体的意识和行动方向。同时，服务对象尝试以行动回应家庭与社区的期望，进而主动参与社会活动，愿意为社区做出贡献，形成更积极的社会行为与价值观。

> 以前我总觉得自己就是小混混，没人关心我，活一天是一天。现在我觉得自己是"金灿灿"（组名化名）的一部分，我们一起画完了一幅超大的农民画，每人画一部分，拼起来发现这么有艺术感，还策划了艺术展，还被拍照了，感觉自己像个艺术家（笑）。这就是一种重生吧，我不再只为自己而活，我愿意为这个组上刀山下火海……以前我根本不关心别人死活，但我现在觉得自己有责任去帮助那些和我一样经历过痛苦的人。我希望活动可以永远做下去，我当志愿者当同伴辅导员，搞（帮助）其他人（戒毒康复）。（N 区站农民画项目服务对象阿宝）

6. 变动阶段：改变与共变

行动与变动紧密衔接，通过行动阶段的主动实践，服务对象将新的自我理解和情感体验转化为生活中的实质性转变，比如，摆脱吸毒行为与吸毒环境，改变人际交往模式，找到一份稳定的工作，等等。服务对象开始主动在家庭和社区中扮演新的角色，甚至带动社区其他戒毒人员的康复，形成正向的社会网络和支持系统，这种变动是个人康复对家庭与社区的反哺。由此可见，个体的改变与群体的共变也密不可分。通过长期治疗与共同努力，群体不再是单纯的互助小组，而是拓展为一个支持体系，甚至成为一个积极的社会团体，帮助更多吸毒者恢复社会功能。这种"共变"还反映出小组成员及其"后援团"作为一个整体在应对社会问题时的转变与进步。在具体实践过程中，每位参与者都是艺术家、行动者，服务对象将之前的探索、反思与领悟转化为实际行动，从而能够改善现实困境，实现蜕变与成长。

> 社工们希望服务不仅局限于单纯的艺术活动，认为服务对象可以尝试将自己的作品卖出以增加收入，目前有的案主已经独立自主开设网店，经营得非常好，甚至有很多海外订单，这体现了服务对象通过艺术创造的行动达成能力的变动、心态与认知的变动以及谋生方式的变动。（D区站社工）

上述访谈资料反映了艺术治疗的过程对服务对象个人及其生活的影响，而下列的观察资料则进一步表明艺术治疗对服务对象改变的催化作用。

> A区站组建XL舞蹈沙龙小组，通过内容丰富、形式多样的形体舞动体验，帮助服务对象充实生活，培养兴趣爱好，她们在一次次的学习与排练中挥洒汗水，在一场场的汇报演出中展示自我并获得认可与鼓励，被多方媒体报道，展现出她们更为自信、健康、积极的形象，扭转社会大众的刻板印象，使其更好地融入集体，拥有更多参与社会活动的机会，这充分体现了通过艺术锻炼，服务对象在精神面貌、态度、行为以及社会融入方面的显著变化。（对A区站的参与观察）

在项目开展过程中，艺术治疗用浪漫并带有仪式感的方式，"润物细无声"地渗透进服务对象的生活，见证着他们的改变。同时，无论是运用艺术治疗的个案还是小组服务，每次服务对象的作品都可以留存下来，这一幅幅作品能够反映服务对象的变化与成长。在此过程中服务对象锻炼了耐心，提升了自我效能感与价值感，他们将这份克服困难的勇气与信心运用到日常生活当中，增进家庭互动与社会交往，也可能因此掌握一门技艺甚至获得一份工作，减少复吸可能，等等，这些变化与成长都是可追溯的，也让服务对象有所体悟，社工更可以从服务对象的作品中反思之前没有捕捉到的痛点，发现其变化，并就这一主题开设小组讨论会或成果展示会等，巩固服务成效。

从宏观视角来看，"六动"实践路径反映了服务对象在戒毒康复过程中的心理、社会身份重建及其与社会结构互动的动态变化，它是家庭、社区、社会、文化多重互动的实践。"六动"阶段形成了一个动态且渐进的连贯治疗过程，每个阶段都为后续阶段的发展提供了必要的基础与条件，同时也是对前一个阶段成果的深化与扩展。在实践过程中，艺术治疗的灵活性和个性化特征允许服务对象在治疗阶段中来回游走，实际上，服务对象在每个阶段都可能经历迭代与循环，以适应群体成长与发展的需要。

四 "六动"模式在禁毒社会工作中"新本土化"实践分析

"新本土化"特别关注当前国家政策对社会工作制度化发展的支持，在回应中国式现代化所面临的复杂社会问题时，社会工作本土化不仅是理念和技术的引入与修正，更是一种深度嵌入本土情境、实现理论与实践互动转化的创新过程。为此，Z 社在开展表达性艺术治疗时根据国内禁毒社会工作的具体情境进行了有益尝试。本文将从艺术媒介（形式）、治疗过程（步骤）、价值理念三个维度分别对"六动"的"新本土化"实践予以理论上的分析。

（一）表达性艺术治疗中艺术形式的本土化实践创新

西方表达性艺术治疗所运用的艺术形式通常是绘画、雕塑、音乐、舞蹈、戏剧、沙盘等，并且治疗师都经过严格的专业训练，具备相应的专业资质。同时，受文艺复兴与启蒙运动影响，大众对艺术的了解、鉴赏、掌握及运用的整体水平较高。国内的优势在于民间的表达性艺术形式比比皆是，这些艺术形式大多伴随着民众的成长，经过简单指导，许多人就能轻松掌握和运用，因为它们来源于自身的生活环境，更易引起当事人的兴趣和共鸣（见图4和图5）。

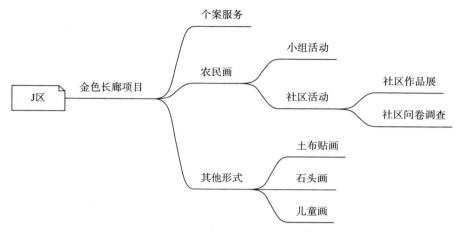

图4　J区艺术治疗中农民画的运用和服务过程

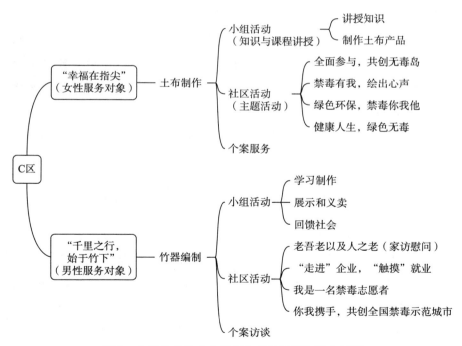

图5　C区艺术治疗中民间艺术的运用和服务过程

J 区开展禁毒人员艺术治疗所运用的主要艺术形式是农民画，它起源于 20 世纪 70 年代，融合了刺绣、剪纸、蓝印花布、灶头壁画、雕塑、漆绘等民间艺术手法，运用了强烈的色彩反差和夸张的表现手法。正因农民画 "土生土长"，所以容易被服务对象接纳，也因为其夸张有趣、简单明了，更易引起服务对象的参与兴趣。

C 区开展艺术治疗同样也因地制宜运用了当地的民间艺术样式，略为不同的是，它更加注重个别化的社会工作服务原则，对于男性服务对象采用的是竹器编制艺术，对于女性服务对象则运用土布制作的艺术。其中，土布纺织生产至今有 500 多年历史，布纹花式品种繁多，因而，其纺织技艺被列入 S 市非物质文化遗产代表性项目。

由此可见，充分运用当地的资源，不仅便利、熟悉，而且贴近服务对象的日常生活，更容易建立关系和产生效果。"新本土化"实践强调在中国具体社会和文化条件下重新调整和创新应用外来技术，因此选择根植于我国传统文化土壤的、符合东方美学的艺术媒介（如书法、国画、剪纸、陶艺等）或在地化特色媒介（源于当地的非物质文化遗产，如农民画、茭白叶编织、土布、扎染、竹刻、地方戏曲等）作为服务对象开展创造性表达的渠道，精心设计的艺术活动背后蕴藏的故事与民俗文化内涵，不仅可以降低参与者对艺术治疗的陌生感，还能提高参与者的归属感和接纳度，建立文化共鸣的治疗环境，增强参与群体的身份认同感与文化自信。

（二）表达性艺术治疗中治疗步骤的情境性实践探索

诚如前文所述，西方表达性艺术治疗包括九个阶段（见图 2），而 J 区为禁毒人员开展的艺术治疗，其具体步骤则有别于图 2 所展现的西方通用流程（见图 6），后者更注重治疗过程的完整性、专业性及反思性，而前者更为看重服务对象对艺术形式的掌握、学习以及沉浸于其中并与个人的经历和家庭产生联结的过程，如此的治疗过程安排完全考虑到了国内服务对象的整体知识素养以及家庭在治疗及行为改变过程中所占据的重要地位，也是基于 "在地" 真实情境的实践创新。

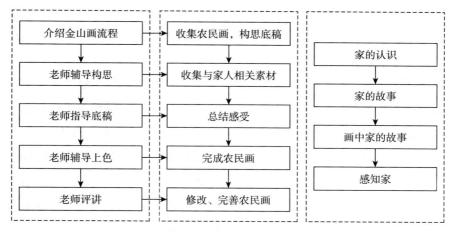

图 6　J 区艺术治疗的一般服务过程

（三）表达性艺术治疗中价值理念的中国化实践转化

归结起来，西方表达性艺术治疗背后主要蕴含着这样一些价值理念：自由意志与自我实现，意义追寻与自我超越，个人主义文化及其对自我主导、自我体验与自我独立性的推崇，自由主义的价值认同与价值追求，以及在源于新教伦理、启蒙运动等思想和价值指引下整个治疗过程的自我修复和自我实现的话语体系，等等。但在面对我国集体主义文化、"家"文化与"差序格局"，以及中国特色禁毒社会工作的具体需求时，不仅不能直接套用，而且需要高度警觉。

禁毒社会工作在我国具有极大的社会和文化敏感性，涉及复杂的法律、社会结构、社区支持等问题。因此，社会工作者在尝试将西方的表达性艺术治疗形式引入专业服务过程中，更加注重利用我国文化中具有某些特殊意义的颜色或符号，或借助传统民俗和节庆主题，贴近服务对象的文化背景与心理需求，引导服务对象表达和释放情感。同时，基于许多服务对象对由西方界定的治疗方法的理解与接受程度较低，社会工作者开始运用我国传统医学中"恢复"与"保健"的观念策划和开展服务（如太极拳、八段锦等），或是结合我国传统哲学思想（如儒释道理念），在治疗过程中适当地引入和讨论与文化相关的主题，帮助服务对象探索内心世界，促进心理平衡与自我认识。显然，这是在对西方艺术治疗价值理念反思的基础上逐渐发展起来的具有中国特色的表达性艺术治疗方法。

"新本土化"强调社会工作的全面性与综合性，相较于服务对象短期的治疗效果，研究发现，Z 社开展的表达性艺术治疗实践更注重服务对象长期的社会参与、社会治理以及社会环境的改善。它主要表现在，第一，我国社会传统的集体主义思维习惯使个体更倾向于群体活动，在实践中研究者也发现群体的表达性艺术治疗活动效果更为显著，服务对象参与意愿更强。因此，在具体实践中，社会工作者与治疗师通过与服务对象建立坚实的信任关系、展现对参与者的深切尊重，创造出一个安全、支持性的环境，并运用引导、自我披露等技术鼓励开放和真实的个人表达，运用优势视角给予正向支持与鼓励，促进自我接纳与群体理解。第二，考虑到在我国社会环境下，家庭在个体生活中的中心角色与地位，家庭关系的和谐与稳定对戒毒康复至关重要，因此，在具体服务实践中，社工与治疗师通过家庭治疗、家庭教育等方式，引导服务对象及其家庭成员共同参与艺术创作，以艺术为媒介，增进家庭成员之间的沟通与理解，改善家庭关系，为服务对象的康复创造良好的家庭环境。第三，在中国的集体主义文化中，帮助个体建立起积极的社会支持网络和利用与强化社区资源具有重要意义，因此，在实践中，社工的艺术治疗设计了包括家庭成员和社区参与的项目，通过服务对象主导策划、协调资源的集体活动和社区艺术项目，如案例分享、工作坊、艺术展览、文化艺术节等形式，强化社区乃至社会的理解与支持网络。如此的实践及探索完全是基于中国本土文化和中国社会环境的一种创新。

五 结语

Z 社艺术治疗所创新的"六动"模式，不仅具有一定的成效，也有反思之处。就前者而言，在个人层面，"六动"各阶段的成效路径为：自我探索—自我表达—自我调节—自我恢复与重建—自我成长。其中，互动与触动阶段对应自我探索。艺术创作与解析过程容易使服务对象反思生活经历、价值观、梦想和恐惧等内在情感，觉察自我意识与自我认知，清晰理解内心世界与角色定位，增强自我接纳。打动阶段对应自我表达。艺术作为安全、建设性内心表达的媒介，通过其感官特质（如音乐治疗的听觉，绘画治疗的视觉，电影治疗的视觉、听觉，园艺与芳香治疗的视觉、嗅觉、触觉等），将复杂内心、情绪、压抑情感、真正需求、生活经历、生活方式等内容具象化、可视化，帮助服务对象感受当下存在或追溯过往经历，并从中感知自身的特性、能力与优势，从而更有信心应对和掌控未来。感动阶段对应自我调节。艺术的疗愈功能通过鉴赏与创造性表达，平衡服务对象的交感神经，在一定程度上引发一系列放松反应，缓解焦虑和戒断症状，并帮助其摒除浮躁、治愈身心。行动阶段对应自我恢复与重建。服务对象通过形式各异的艺术治疗，理性看待过往经历（尤其与吸毒、戒断、复吸相关的经历），跳脱情绪牢笼，接纳自身的情绪与行为，重构由自我主导的生命叙事，践行新思路、新行为，赋予生活新意义。通过不断尝试和创新，个体可以发现新的自我表达方式，从而找到积极地应对生活挑战的方法。变动阶段对应自我成长。项目开展过程中，笔者发现服务对象经常会因为未来的不确定性和不可控性而感到焦虑。而艺术治疗能够帮其建立合理预期，对不同阶段的艺术创作水平进行设想与预估，从而引入对现实生活的觉察与判断，设想与规划未来，这非常有助于服务对象减轻焦虑，预防复吸。

在群体层面，"六动"模式螺旋强化作用过程被视作一个整体，并以"互动"为基础，以"变动"为主旨，以服务对象为核心，实现共享调节—共同成长—角色转变—正向社会联结。首先，艺术治疗小组为服务对象提供一个互信互助的集体氛围，它有效提高活动上座率、服务对象的参与度与积极性，更重要的是，艺术能够引发群体共鸣，使其通过主观代入或心理投射，觉察到孤独痛苦的经历或某些社会认知并非独有，发现身旁有同伴可以依赖，从而释然，更易接纳自己与他人。其次，"六动"模式带来的团体成员的共同成长与改变极为直观，这一过程亦对社工产生反哺效应，习得更易与服务对象建立专业关系的方式，激励他们在实践中学习并运用新颖理论与模式。再次，服务对象的角色转变显著，具体表现为以下三个方面。其一，从学生到老师。部分服务对象通过勤学苦练达到精通，成为教授他人的老师或教练，解决就业问题，同时对其学生形成治愈与激励作用。其二，从案主到同伴辅导员。服务对象通过长期参与活动，主动扮演起辅导员的角色，激励迷茫的同伴，并运用优势视角协助社工与治疗师开展服务。其三，从失能者到充能者再到赋能者。服务对象从最初的无助和依赖，接受帮助，到逐步恢复自我能力，重获自我效能，再逐渐主动担当鼓励和支持他人的赋能者角色，成为他人恢复旅程的重要支持者。最后，艺术治疗项目还延伸至服务对象的家庭成员与亲友圈，通过共同参与艺术活动或作品分享，构建起支持个体康复和融入的社会支持网络。服务对象家庭关系与人际关系状况显著改善，其在家庭与社会中的角色、功能也逐渐恢复正常。

在社会层面，表达性艺术治疗在禁毒社会工作本土化应用中的价值主要包括社会宣传-社会融入-社会治理。首先，各区站运用极具创意的艺术形式讲述禁毒与戒毒康复的故事，加深公众对药物依赖问题的认识，减少对药物依赖者的偏见和歧视，并以服务对象艺术作品成果展、文艺会演等方式，吸引公众关注，提高社区知晓率与社会宣传效果。其次，禁毒艺术活动增进社区成员间的互动、沟通与理解，增强社区凝聚力，营造积极的社区环境，对预防毒品滥用，构建无毒社区，促进公共健康有一定的积极影响。最后，表达性艺术治疗作为非惩罚性的康复方法，增添服务对象表达其复杂经历和情感的途径，从而推动个体与社会环境之间建立深层互动，成为联结个人与社会制度、文化背景的桥梁。一方面，服务对象通过艺术媒介探索并重新定义其与社会、文化的关系，打破与主流社会的沟通壁垒，更好地理解并适应社会与文化环境；另一方面，表达性艺术治疗也为社会政策和公共福利传达提供一条创新路径。在禁毒社会工作中，传统的政策传达模式多为自上而下的，难以充分考虑个体情感需求与心理状态，而表达性艺术治疗通过互动性实践，在帮助个体调适情绪的同时，潜移默化地引导其理解社会政策的初衷与意图，这种双向互动既提升政策执行效果，也提高公共福利措施的实际效能。

　　"六动"的社会实践也带来反思之处。第一，在国内运用艺术媒介开展专业服务至少有以下几种形式，从专业成熟程度的角度考量，它们构成了如下序列，即艺术鉴赏→艺术活动→艺术辅导→艺术治疗。研究发现，在本项目的实施中，大部分区站的服务还停留在"艺术活动"的层面上，小部分到达了"艺术辅导"阶段，极少部分进入了"艺术治疗"的境地。所以，如何提高社会工作者运用艺术治疗的专业素养和专业能力，进而提升艺术治疗的服务成效，无疑是社会工作者及服务机构迫切需要面对的问题。第二，在国内，对于吸毒这类触犯法律又严重越轨的社会行为，国家已经形成了一整套行之有效的、相对刚性的惩罚和管理制度，它与相对柔性、相对温和并强调关注服务对象个人需求、积极邀请服务对象沉浸式参与其中的艺术治疗无论在理念、目标，还是在管理或服务的方法与手段等方面均有一定的差异，因此，如何在禁毒社会工作服务中把握刚性管理与运用艺术治疗开展柔性服务之间的平衡，进而提升专业服务效率，也是社会工作者和服务机构需要深入探究的重要议题。

参考文献

高丽、崔方智，2024，《从本土化到新本土化：专业社会工作发展的转换逻辑及其行动指向》，《社会工作与管理》第 5 期。

童敏、周晓彤，2022，《超越心理学与社会学：社会工作的在地性审视及其理论重构》，《厦门大学学报》（哲学社会科学版）第 6 期。

王思斌，2023，《中国式现代化新进程与社会工作的新本土化》，《社会工作》第 1 期。

张乐，2019，《植入、嵌入和融入：社会工作的"在地化"路径》，《社会工作》第 2 期。

Bella, K. A. & Serlin, I. A. 2013. "Expressive and Creative Arts Therapies." In H. L. Friedman & G. Hartelius (eds.), *The Wiley-Blackwell Handbook of Trans-personal Psychology* (pp. 529–543). Chichester: John Wiley & Sons, Ltd.

Goldstein-Roca, S. & Crisafulli, T. 1994. "Integrative Creative Arts Therapy: A Brief Treatment Model." *The Arts in Psychotherapy* 21 (3): 219–222.

Hogan, S. & Coulter, M. 2014. *The Introductory Guide to Art Therapy: Experiential Teaching and Learning for Students and Practitioners.* London: Routledge.

Malchiodi, C. A. 2005. *Expressive Therapies.* New York: The Guilford Press.

Malchiodi, C. A. 2020. *Trauma and Expressive Arts Therapy: Brain, Body, and Imagination in the Healing Process.* New York: The Guilford Press.

McNiff, S. 1992. *Art as Medicine: Creating a Therapy of the Imagination.* Boston: Shambhala Publications.

Rogers, N. 1993. *The Creative Connection: Expressive Arts as Healing.* Palo Alto: Science & Behavior Books.

Serlin, I. A. 2007. "Theory and Practices of Arts Therapies: Whole Person Integrative Approaches to Health Care." In I. A. Serlin (ed.), *Whole Person Healthcare: The Arts and Health* (pp. 107–120). Westport: Praeger Publishers.

艺术治疗小组对 HIV 感染者焦虑情绪影响的干预研究

——以上海青艾健康促进中心舞动项目为例

蔡　屹　陈蓓丽　薛　澜　卜佳青　陈　珺[*]

摘　要　社会支持是艾滋病预防和治疗的重要策略。本文在社会支持的视角下，探讨艺术治疗小组在干预 HIV 感染者焦虑情绪方面的作用。HIV 感染者群体中罹患抑郁症、焦虑症比例较高。研究运用干预研究方法，采取群组研究，通过舞蹈项目进行干预。研究结果表明：艺术治疗小组能够缓解 HIV 感染者的焦虑情绪；工作者对干预效果的影响相较于小组服务形式更为显著。为了响应《"健康中国 2030"规划纲要》及《中国遏制与防治艾滋病规划（2024—2030 年）》的目标和要求，需要进一步完善《舞动项目干预手册》，探索艾滋病防治工作的新模式；进一步动员社会专业力量的广泛参与，形成有利于跨专

---

[*]　蔡屹，华东理工大学社会工作系讲师，主要研究方向为青少年社会工作、社会工作实务；陈蓓丽，华东理工大学社会工作系副教授，主要研究方向为社会工作实务、社会组织服务与管理；薛澜，华东理工大学社会工作系 2019 级本科生，主要研究方向为青少年社会工作；卜佳青，上海青艾健康促进中心总干事，主要研究方向为艾滋病预防及志愿服务；陈珺，上海青艾健康促进中心项目主管，主要研究方向为艾滋病携带者关怀。

业团队合作的工作机制；进一步丰富综合干预的措施，形成多
渠道的、具备预防和干预功能的服务监测体系。

关键词 艺术治疗 小组工作 HIV 感染者 干预研究

一 引言

时至今日，艾滋病依然被世界卫生组织列为当今人类面临的十大健康
威胁之一。2024 年 7 月，联合国艾滋病规划署（UNAIDS）发布《当下的紧
迫性：艾滋病处于十字路口》报告，截至 2023 年，全球约有 3390 万名艾
滋病感染者，其中接近 1/4，即 930 万人未能获得拯救生命的治疗，导致
每 1 分钟就有 1 人因艾滋病相关原因死亡。在 UNAIDS 发起的 "2030 年
以前结束艾滋病对公共卫生的威胁" 运动中，其设定的 2025 年目标远未
实现。

相比之下，我国艾滋病疫情整体持续控制在低流行水平，新增感染
者呈 "两头翘" 趋势，即青年人群和老年人群感染者的比例增加。同性
传播是艾滋病传播的主要途径之一。[①] 上海与之整体趋同。截至 2024 年
底，全国累计报告存活艾滋病感染者 1329127 例，报告死亡病例 474006
例（中国疾病预防控制中心性病艾滋病预防控制中心，2024）。上海累计
报告艾滋病感染者 32349 例，报告死亡病例 3173 例（上海市卫生健康委
员会、上海市中医药管理局，2024）。经性传播病例占报告病例的
96.3%，其中男性同性传播占 52.1%，仍占较高比例。男性同性性行为人
群是重点人群和易感染艾滋病危险行为人群，需开展综合干预措施降低
感染率和传播率。

自艾滋病出现之日起，它就不仅仅是一个医学问题，更是一个社会

---

① 《国务院办公厅关于印发〈中国遏制与防治艾滋病规划（2024—2030 年）〉的通知》（国
办发〔2024〕51 号），https://www.gov.cn/zhengce/content/202412/content_6992032.htm。

问题。艾滋病是一种在世界范围内被污名化的疾病（Chambers et al.，2015）。现代医学发展突飞猛进，艾滋病死亡率得到了有效控制，在我国艾滋病已成为一种慢性进行性传染病（陈曦等，2014）。但最新数据显示，艾滋病死亡人数依然占我国法定传染病死亡人数之首。① 早期艾滋病的高致死率、传播路径及易感染人群的特殊性，以及不当的宣传教育方式，使人们"谈艾色变"。艾滋病感染者（以下简称"HIV 感染者"）被污名化，遭受社会歧视，背负"道德"的枷锁，面临多重社会排斥，包括家庭排斥、社区排斥、医疗排斥、教育排斥和就业排斥等，感染者群体中隐藏着畸变心理的社会文化，罹患抑郁症、焦虑症比例较高（张有春，2017；郑颖，2015；Liu et al.，2013；Dalmida et al.，2013；王小平，2007；周晓春，2005）。

社会支持是艾滋病预防和治疗的重要策略。社会支持是患者应对疾病和治疗过程中最有潜力的资源之一（DiMatteo & Hays，1981）。有研究表明，社会支持对个人的健康产生积极的影响，能够减轻疾病带来的痛苦，帮助患者加快恢复进度（Cutrona & Suhr，1992）。具有社会支持作用的服务对感染者的生理、心理和社会层面均有着重要影响，可以增强治疗动机，改善自我照顾行为，降低传播率，直接或间接提升感染者的生活质量（Wu et al.，2015）。目前，我国关于 HIV 感染者的研究多集中在生理层面和药物性干预研究，而情绪与心理治疗层面、非药物性干预研究较少。其中，为数不多的关于 HIV 感染者焦虑情绪的研究多为问题分析，包括焦虑临床表现、引起原因、特征分析等。此外，针对焦虑情绪开展小组工作的主要研究群体为吸毒人员、孕期女性、学前儿童、高考生等，缺少小组工作干预 HIV 感染者焦虑情绪的相关研究。研究中干预方式为艺术治疗的更是少之又少。

艺术治疗是以艺术活动为中介的一种心理治疗，通过艺术媒介让服务对象产生自由联想并进行自我表达，结合在这一过程中的反应，帮助

---

① 《全国法定传染病疫情情况》，中国疾病预防控制中心官方网站，https://www.chinac-dc.cn/jksj/jksj01/。

服务对象对自己的个性特点、发展倾向以及内心关注点与冲突点进行反思，从而稳定和调节情绪，减轻或消除负面感受，治疗心理疾病。它使人们能够通过口语、非口语的表达及艺术创作经验，去探索个人的问题及潜能，以协助人们达到身心平衡（闫俊、崔玉华，2003）。也有大量研究表明，积极参加体育舞蹈活动者的心理健康水平显著高于普通人的水平，体育舞蹈锻炼对提高大学生的心理健康水平具有显著的效果，在症状自评量表（SCL-90）的"躯体化""人际关系""抑郁""焦虑""敌对"等因子上，效果更加显著，且中等运动量的体育舞蹈活动的健心效应更加显著（张雯，2007）。本研究旨在研究艺术治疗小组干预 HIV 感染者的成效，为缓解 HIV 感染者焦虑情绪提供理论依据和实务经验，拓展 HIV 感染者社会支持的服务形式。

二　研究方法

（一）研究问题及假设

本研究旨在分析上海青艾健康促进中心舞动项目的干预成效，即参与艺术治疗小组是否有助于缓解 HIV 感染者的焦虑情绪。本研究假设如下。

　　研究假设一：从干预成效看，参与艺术治疗小组能够缓解 HIV 感染者的焦虑情绪。
　　研究假设二：从干预内容看，艺术治疗小组服务形式相对于工作者①的影响更明显。

（二）研究方法

本研究运用干预研究方法，采取群组研究。干预是有目的的改变策

---

①　如果没有特别说明，本文中的工作者特指机构的工作人员和社会工作者。

略。干预研究是使用科学方法，以表明一种意向性改变策略是有效的和有影响的。群组研究指在干预之前和之后对研究对象进行追踪，通常缺乏随机对照试验的支持，提供一种适中的证据支撑。干预研究的目标包括以下三个方面。首先，通过干预研究，项目得到进一步发展和完善。其次，干预研究试图回答一个基础性问题：项目改革对于产生的预期效果是否有效。最后，干预研究能得出具体因果关系的推断，干预研究的结果可以形成理论（弗雷泽等，2018）。

依据干预研究步骤，结合实际开展以下活动。第一，明确具体干预问题，并形成项目理论。舞动项目的理论设计框架为整合项目管理理论、艺术治疗理论、小组社会工作理论和干预研究方法。第二，创建并修订《舞蹈项目干预手册》及干预成效评估设计。第三，进行招募，依据纳入标准和排除标准，筛选组员。组员签订知情同意书，自愿成为研究对象。第四，基于《舞蹈项目干预手册》开展项目，并收集数据。第五，完成项目，进行数据分析，撰写论文。

（三）干预方法

上海青艾健康促进中心是上海市鼓励社会组织发挥自身优势，长期协同参与男性同性性行为人群动员检测的社会组织。舞动项目由上海青艾健康促进中心自 2019 年发起，以舞蹈为艺术治疗的形式，结合小组工作的方法，每节约 2 小时，每两周一节，持续 10 个月，共 20 节。工作者团队由 1 位社工、2 位舞蹈老师（且具备国家二级心理咨询师资质）、1 位观察员（且具备国家二级心理咨询师资质）及 1 位摄像师共同组成。

（四）研究对象

本研究以参与上海青艾健康促进中心舞动项目的组员为研究对象。研究样本的纳入标准为：（1）男性同性性行为者；（2）确诊 HIV 感染；（3）自愿参与舞动项目干预研究，并签署知情同意书；（4）有一定的焦虑情绪，SAS 焦虑自评量表前测分数在 50 分及以上；（5）完整参与舞动项目；（6）有一定的活动能力和语言沟通能力。排除标准：（1）存在严重精神疾病、认知障碍或其他严重躯体疾病，无法配合完成研究的 HIV 感染者；（2）中途退出或缺席，未完整参与活动的组员。

（五）研究数据收集

1. 焦虑自评量表

焦虑自评量表（Self-rating Anxiety Scale，SAS）是由 Zung 于 1971 年编制的，反映患者的主观感受，临床应用广泛，适用于有焦虑症状的成年人（张明园、何燕玲，2015）。SAS 由研究对象本人根据 1 周内出现的症状频率自行填写，该问卷的严重程度是与普通人负面感受相比较的，划界值和严重程度也是在普通人群中按得分而分布确立的（李姿慧等，2018）。

开组前，社工负责收集基础信息，包括昵称、年龄、性别、确诊时间等。焦虑自评量表（SAS）用于开组前后，研究对象对自身焦虑水平的自测。数据在 2019～2022 年分三批收集完成，共招募 29 位组员，其中 22 位完成干预，有 7 位中途退出。三批全程参与的组员数量分别为 7 位、8 位和 7 位。退出原因包括身体不适（$n = 4$）、与期望不符（$n = 2$）和出国（$n = 1$）。研究结果以 22 位全程参与的组员为样本进行分析。

2. 艺术治疗小组服务评估问卷

艺术治疗小组服务评估问卷以研究对象自评为主，主要评估内容为《舞动项目干预手册》中所设计的两类五方面内容。第一类为服务形式评估，包括宣发展示、艺术形式部分、其他小组活动部分及相关环境因素。第二类为工作者评估，即小组活动带领者个人魅力等。问卷采用李克特量表对问题进行数字可视化的计算，可以更加科学地得出满意度的分布情况（汪凤玲等，2020）。李克特量表是一种测量态度的工具（Likert，1932），最常用的是 5 点等距量表，依次对应一个否定含义或肯定含义，"5"往往表示程度最强的肯定情况，"1"表示程度最强的否定情况。

小组结束后，社工按照研究对象编号，一对一进行发放与回收问卷。社工告知问卷的填写方法，并强调根据所参加项目的实际情况进行填写。最后，社工检查填写结果，确认没有漏填或重复填写。组员自愿、独立完成评分。

（六）数据分析方法

整理收集的调查资料，运用 SPSS 28.0 建立相应的数据库，并录入数据。一般资料采用描述性统计分析、SAS 前后测，影响因素分析采用配对样本 t 检验、多重线性回归等统计学方法进行数据分析。

三　研究发现

（一）研究对象整体信息

本研究连续开展 3 期，共有 22 位组员参与。

从基础信息看，22 位组员均为男性，参与小组时平均年龄为 34.4 岁，标准差为 6.38。参与小组时年龄最小为 22 岁，最大为 50 岁。

从 HIV 感染情况看，22 位组员均为 HIV 感染者，其中，参加时确诊时间<1 年（新报告感染者）为 8 位，参加时确诊时间 ≥1 年（已感染者）为 14 位。感染者平均感染年限为 2.5 年，标准差为 3.29。感染年限最长的为 12 年。

从项目数据看，22 位组员均自愿完成 SAS 前后测及艺术治疗小组服务评估问卷。SAS 标准分最高为 100 分，分界值为 50 分。标准分越高，表示焦虑程度越严重。根据中国常模，标准分<50 分为正常，50~59 分为轻度焦虑，60~69 分为中度焦虑，≥70 分为重度焦虑（张作记，2005）。干预前，22 位组员均有中轻度焦虑情绪，前测均值为 56.05 分，标准差为 3.66。其中，最低值为 51 分，最高值为 65 分且感染年限为 9 年（见表 1）。

表 1 研究对象整体信息（*N* = 22）

变量	*N*（%）/平均数（标准差）
性别	
男性	22（100%）
年龄（岁）	34.4（6.38）
感染年限	
确诊时间 < 1 年	8（36.4%）
确诊时间 ≥ 1 年	14（63.6%）/3.93（3.39）
SAS 分（0~100 分）	
轻度焦虑（50~59 分）	17（77.3%）/54.47（2.21）
中度焦虑（60~69 分）	5（22.7%）/61.40（2.07）
服务形式评估（0~20 分）	
很满意（20 分）	13（59.1%）
满意（15~19 分）	2（9.1%）
未填写	7（31.8%）
工作者评估（0~10 分）	
很满意（10 分）	15（68.2%）
未填写	7（31.8%）

（二）对干预成效的评价

1. 艺术治疗小组能够缓解 HIV 感染者焦虑情绪

从干预成效看，参与艺术治疗小组能够缓解 HIV 感染者的焦虑情绪。研究假设一成立。从表 2 可以看出组员前测均值为 56.05，标准差为 3.66。后测均值为 35.68，标准差为 3.90。后测均值比前测均值降低 20.36，标准差为 3.03，表明在经艺术治疗小组的治疗模式的干预下，组员的焦虑程度大幅降低。

表 2 SAS 配对样本 *t* 检验（*N* = 22）

均值（标准差）		均值差（标准差）	95% 置信区间	*t*	*p*
前测	后测	前测−后测			
56.05（3.66）	35.68（3.90）	20.36**（3.03）	[19.01，21.71]	31.50	<0.001

** *p* < 0.01。

组员前测总分与后测总分的配对样本 t 检验的 t 值为 31.50，自由度 df 为 21，$p<0.001$。因此认为组员前测总分与后测总分之间存在显著的差异，证明艺术治疗小组有效。

本研究应用多重线性回归方法，进一步探讨参与小组时年龄和确诊时间两项因素对干预效果的影响。表 3 显示，复相关系数 R 为 0.709，反映参与小组时年龄、确诊时间与 SAS 变化相关度，值越大说明相关性越密切。决定系数 R^2 为 0.503，说明 SAS（后测）变化的 50.3% 可由参与小组时年龄、确诊时间，以及 SAS 前测基准线来解释。各个自变量的偏回归系数 β 及 95% 置信区间，说明舞动项目适合所有年龄的组员，确诊时间对于 SAS 焦虑的影响较参与小组时年龄更大。例如，组员 16 已感染 9 年，前测分值为 65 分，后测分值为 42 分，差值为 23 分。他原属于长期中度焦虑情绪，现恢复常态，参与艺术治疗小组有效缓解其焦虑情绪。

表 3 SAS 的回归分析 （$N=22$）

变量	B（SE）	β	95% 置信区间	p
参与小组时年龄	0.08（0.12）	0.13	[-0.17, 0.33]	0.504
确诊时间≥1 年 （参考：确诊时间<1 年）	-1.77（1.46）	-0.22	[-4.85, 1.30]	0.241
SAS 前测	0.69** （0.19）	0.65**	[0.30, 1.08]	0.002
R^2	0.503			
F	6.072**			

注：** $p < 0.01$；B＝未标准化指数，SE＝标准误，β＝标准化指数。

2. 工作者相对于艺术治疗小组服务形式影响更明显

研究数据表明，工作者相对于艺术治疗小组服务形式影响更明显。研究假设二是艺术治疗小组服务形式相对于工作者影响更明显，与之相反，研究假设二不成立。由表 4 可知，参与评估的 15 位组员对艺术治疗小组总体满意度较高，所有评估结果均为很满意和满意。其中，工作者部分的"很满意"率为 100%，服务形式部分的"很满意"率均值为 93.3%。

表 4 舞动项目内容评估结果

单位：%

序号	评估内容		评估结果	
			很满意	满意
1	工作者部分	社工、舞蹈老师及观察员等	100	0
2	服务形式部分	宣发展示：成果会演、影像记录、多渠道宣传推送	100	0
3		艺术形式部分：自我表达式舞蹈	93.3	6.7
4		其他小组活动部分：小组动力建设等	93.3	6.7
5		相关环境因素：场地安排、时间控制等	86.7	13.3

在工作者部分，"很满意"率为 100%。这说明项目的 1 位社工、2 位舞蹈老师（具备国家二级心理咨询师资质）及 1 位观察员（具备国家二级心理咨询师资质）等在服务期间与组员建立了良好的专业关系，获取充分的信任与认可，为组员营造了一个私密、放松的环境，使得组员能够敞开心扉享受艺术治疗小组的活动。

我们都有着相似的经历。带领老师也没有戴有色眼镜看我们。让我有一种得到尊重与关注的感觉，也逐渐自信、坚强起来。（组员 4）

在服务形式部分，"很满意"率的排序分别是"宣发展示"（100%），"艺术形式部分"（93.3%）及"其他小组活动部分"（93.3%），以及"相关环境因素"（86.7%）。"宣发展示"的"很满意"率 100% 的原因是每期项目的宣发展示都是由工作者引领，与组员共同讨论的决定。同时，上海青艾健康促进中心在征得组员同意后，会尽可能多地联合各媒体平台记录活动并展示。组员和工作者、项目、上海青艾健康促进中心能共识宣发展示的意义和目标，即通过积极、正向的宣传，以艺术影像的形式，倡导给予 HIV 感染者群体更多的理解和支持。值得关注的是，"宣发展示"也可能引起组员的情绪问题。

我担心演出时会发生意外和受伤，有点焦虑。（组员 9）

我担心表演时没演好，还影响了整个团体的表现。我在上台前会异常紧张。（组员 10）

"艺术形式部分"与"其他小组活动部分"的"很满意"率相同，细分成因却有差别。在"艺术形式部分"中，舞蹈的表现形式能满足大部分组员的需求。

参加本次活动让我深深爱上了这种自我表达式舞蹈，学会了从另一个角度观察我自己，打开我自己。（组员 1）

舞蹈、肢体语言的形式帮助我们展现了心理情绪。在学习和创作舞蹈时，我整个人能够全身心地投入进去。（组员 3）

少部分组员对"艺术形式部分"满意度一般，表明可以进一步丰富包括舞蹈在内的艺术形式，以满足更多 HIV 感染者的需求。

在"其他小组活动部分"中，小组工作方法的运用，能更好地满足大多数组员社会交往和社会支持等方面的需求。

大家都乐于给出帮助意见，这让我认识更多朋友，能够更好地和别人交流。（组员 4）

在日常排练过程中，活动前放松环节、心理情绪疏导与改善环节，让我的心情更加舒坦自在，化解了对陌生环境的尴尬。（组员 11）

由社工带领的破冰游戏、热身活动帮助我打开心结，释放了内心压力，对自己有了信心。（组员 12）

少部分组员对"其他小组活动部分"满意度一般，表明工作者需要对小组活动内容、组员关系、小组凝聚力等给予更多的关注和调整，以充分发挥小组动力的作用。

初期新团员的熟悉、新带领者认识以及新团员的加入游戏扩展了我的社交圈，唤醒我与群体交流的印记，打开了一点自己。（组员 19）

"相关环境因素"的评估"很满意"率最低。探究原因可能是 3 期项目均不同程度受到公共卫生事件等的影响，活动开展的时间、地点、形式等经常被打断或者被迫进行调整，影响组员的活动参与感受。

四　研究结论及建议

（一）研究结论

艾滋病的传染性和传播途径的特殊性，使得社会大众对于艾滋病患者始终抱有歧视和排斥的态度，HIV 感染者经常遭受污名和歧视，始终处于一种社会边缘与自我压抑的状态（王玉春等，2011）。焦虑是 HIV 感染者常见的心理健康问题之一，国内外对 HIV 感染者焦虑情绪的研究表明，感染 HIV 会给患者带来躯体损害和各种心理问题，常见的心理问题主要有否认、愤怒、焦虑、抑郁等（张兵等，2022）。本研究以 22 位存在中轻度焦虑情绪的 HIV 感染者为研究对象，发现艺术治疗小组可以有效干预 HIV 感染者的焦虑情绪，降低其焦虑程度。

本研究运用干预研究方法，依据《舞动项目干预手册》设计，经 SAS 测量，共招募 29 位 HIV 感染者参与。依据研究纳入标准和排除标准，经筛选，最后确定 22 位组员为本研究的研究对象。

从干预成效看，由 SAS 前后测数据可知，艺术治疗小组可以有效干预 HIV 感染者的焦虑情绪，降低其焦虑程度。本研究中艺术治疗小组不仅缓解 HIV 感染者的焦虑情绪，更可以使其恢复到正常值（50 分以下）。研究数据显示，前测总分均值为 56.05，后测总分均值为 35.68。进一步分析发现，"参与小组时年龄""确诊时间"与 SAS 变化相关。舞动项目适合所有年龄的组员，"确诊时间"对于 HIV 感染者焦虑情绪的影响较

"参与小组时年龄"更大。

从干预内容看，艺术治疗小组服务的总体满意度较高。通过问卷评分可知，多数组员对两类五方面干预内容满意度较高，个别组员对艺术形式、小组动力等其他小组活动以及场地等环境因素的满意度相对较低，结合这些组员的 SAS 前后测数据差值低于均值的情况，说明干预内容满意度对焦虑程度的改变存在一定的影响。

进一步分析发现，首先需要关注的是工作者的积极影响。研究发现，工作者相对于艺术治疗小组服务形式影响更明显。工作者的"很满意"率为 100%，艺术治疗小组服务形式"很满意"率均值为 93.3%。其次是重视小组工作方法的运用。小组工作是 HIV 感染者获得社会支持的有效手段，与国内外同类研究一致。小组工作能够通过建立社会支持系统，强化社会支持、提高自尊和应对技能，预防或减少焦虑问题的发生（陆培兰等，2014）。本研究中，研究对象均存在不同程度的焦虑情绪，且自愿报名参加整期活动，想要缓解焦虑情绪的意愿较强烈。这使他们可以较快地融入小组，社会支持系统得到建立和强化。由于他们均为 HIV 感染者，有较为相似的生活经历，相互之间能够放下防备，从而确保社会支持网络的连续性和稳定性。最后是充分发挥每个环节的干预作用。艺术疗法可以有效地减轻焦虑和抑郁的症状，提高自尊和应对技能，促进个人成长和治愈，与国内外相关研究一致（胡斌，2011；Ali et al.，2014）。本研究发现干预成效不仅受到艺术治疗形式的影响，展示会演、小组其他形式及活动环境等均产生重要影响。其中，展示会演和小组其他形式得分满意度较高，发挥正向作用。"每月 2~3 次的小组活动丰富了我的日常生活，小组中的聚餐和最后汇报演出对我融入团体起到了关键作用，让我有了归属感。"（组员 20）而活动环境评分较低，在一定程度上降低了组员的参与感。综上，艺术治疗小组干预成效的达成，既要充分发挥工作者的积极影响，又要提供更多元的服务形式，并重视每个服务环节的实施。

（二）研究建议

我国艾滋病防治工作依然任重道远，要以创新为动力推动艾滋病防治工作高质量发展。为贯彻落实《"健康中国 2030"规划纲要》,《中国遏制与防治艾滋病规划(2024—2030 年)》进一步明确具体工作指标:到 2025 年和 2030 年,男性同性性行为人群艾滋病相关危险行为均较前 5 年减少 10% 以上;到 2025 年,易感染艾滋病危险行为人群综合干预措施覆盖比例达 95% 以上,参加戒毒药物维持治疗人员年新发感染率在 0.2% 以下,到 2030 年持续保持;到 2030 年,全人群感染率控制在 0.2% 以下。这就要求在推进治疗和救助过程中,提高抗病毒治疗质量的同时,要加强 HIV 感染者关怀救助。

本研究为上海青艾健康促进中心开展的干预型项目,是一项创新探索的专业服务,具有一定的现实意义和社会价值。为了进一步发挥防治示范的引领作用,可以在以下三方面加以完善和拓展。

(1)进一步完善《舞动项目干预手册》,形成能发挥稳定疫情作用的防治模式。本研究中的《舞动项目干预手册》要与政策相结合,以遏制艾滋病性传播为主攻方向,着力解决男性同性性行为者等重点人群防治,有针对性地减轻 HIV 感染者焦虑情绪等心理问题,提升用药依从性等治疗环节的难题。

(2)进一步动员社会专业力量的广泛参与,形成有利于跨专业团队合作的工作机制。工作者是防艾服务与感染者之间的黏合剂,更是干预成效达成的催化剂。本研究中的工作者团队包括社工、心理咨询师和舞蹈老师等,艾滋病防治的专业人员已经不再局限于医疗领域。社会力量参与防治工作需要引导和支持,并纳入整体的防治计划中。

(3)进一步丰富综合干预的措施,形成多渠道的、具备预防和干预功能的服务监测体系。艺术治疗有助于改善患者的心理状况,以及小组工作方法可以给予有效的社会支持,皆已被国内外相关研究证明。本研究是将艺术治疗和小组工作结合,并作用于 HIV 感染者的本土化探索。在达成研究目标的同时,也提示单一有效的服务,即便是深受欢迎的艺术治疗,也依然难以被所有人接受。只有丰富综合干预的措施,拓展多渠道的服务路径,以及尽最大可能保证服务的高质量,才能满足包括男性同性性行为者等重点人群在内的防治需求。

（三）贡献与限制

本研究是一种探索性尝试，其贡献在于：首先，切实帮助了一部分 HIV 感染者缓解了焦虑情绪，使其心理健康得到改善；其次，表现新颖的社会倡导形式，进一步推动了反歧视工作，拓展了社会组织、工作者作为社会支持系统对于 HIV 感染者的积极影响的研究；再次，研究在一定程度上弥补了国内外在艺术治疗、小组工作、干预研究方法以及 HIV 感染者焦虑情绪研究方面的不足，丰富了艺术治疗在情绪稳定和调节、缓解或消除负面情绪方面的研究成果；最后，融入研究视角丰富了我国社会工作实务的形式、内容和结果。

不足之处在于：研究对象数量有限，且受到以下因素的影响。首先，个体层面要同时满足多项筛选标准：是 HIV 感染者；有轻度、中度焦虑情绪；对艺术治疗的舞蹈形式感兴趣；自愿全程参与。其次，中观层面要考虑项目经费、活动场地、小组方法的选择以及工作团队等因素的影响。最后，宏观层面要能平衡公共卫生事件等的影响。尽管本研究的样本仅有 22 人，但是本研究已开展 3 期（2019~2022 年）的持续性，研究对象的自愿参与性，研究设计的严谨性，以及研究数据收集和分析的完整性和准确性，都为研究结论的可靠性提供了保障。总之，本研究为探索性的干预研究，未来需要通过更大规模的研究来进一步验证。

参考文献

陈曦、贺健梅、郑军，2014，《艾滋病性病防治技术手册》，上海：世界图书出版公司。

胡斌、胡冰霜、艾松松、陈月竹、陈青，2011，《绘画艺术治疗对学前儿童行为问题的矫治》，《现代预防医学》第 22 期。

李姿慧、吴梦蝶、李琪、吴焕淦、李璟，2018，《汉密尔顿焦虑量表和焦虑自评量表在功能性消化不良伴焦虑状态中的应用》，《长春中医药大学学报》第 4 期。

陆培兰、方秉华、阎玮婷，2014，《医务社工小组干预对 2 型糖尿病患者焦虑及社会支持的影响》，《中国卫生资源》第 1 期。

马克·W. 弗雷泽、杰克·M. 里奇曼、梅达·J. 加林斯基、史蒂文·H. 戴，2018，《干预研究：如何开发社会项目》，安秋玲译，上海：上海教育出版社。

上海市卫生健康委员会、上海市中医药管理局，2024，《2024 年上海市艾滋病疫情通报和艾滋病防治工作成效》，https://wsjkw.sh.gov.cn/gzdt1/20241201/b279c86fb16145658ef7cbcde6bb4120.html。

汪凤玲、张紫秋、郑红友，2020，《提升高职院校学生学习满意度的调查及对策研究》，《科技风》第 17 期。

王小平，2007，《艾滋病的污名和社会歧视初探》，《山西师大学报》（社会科学版）第 3 期。

王玉春、殷清宏、解妮，2011，《7 例 TB/HIV 患者心理状态及心理护理对治疗依从性的影响》，《河南预防医学杂志》第 1 期。

闫俊、崔玉华，2003，《艺术疗法》，《临床精神医学杂志》第 4 期。

张兵、杨红丽、栾玉泉、冷红秀、寇建琼，2022，《聚焦解决模式对 HIV/AIDS 患者焦虑抑郁和心理弹性的干预研究》，《中国艾滋病性病》第 9 期。

张明园、何燕玲，2015，《精神科评定量表手册》，长沙：湖南科学技术出版社。

张雯，2007，《舞动心理团体辅导对大学生心理健康发展的实验研究》，博士学位论文，北京师范大学。

张有春，2017，《艾滋病宣传教育中的恐吓策略及其危害》，《思想战线》第 3 期。

张作记，2005，《行为医学量表手册》，北京：中华医学电子音像出版社。

郑颖，2015，《浅析中国艾滋病病人及感染者的社会权益保障》，《老区建设》第 14 期。

中国疾病预防控制中心性病艾滋病预防控制中心，2018，《明确艾滋病新发感染概念，科学评价扩大检测效果》，https://www.chinaaids.cn/xxgx/jszl/201804/t20180419_164373.htm。

中国疾病预防控制中心性病艾滋病预防控制中心，2024，《2024 年第二季度全国艾滋病性病疫情》，《中国艾滋病性病》第 9 期。

周晓春，2005，《社会排斥、社会工作与艾滋病防治》，《中国青年政治学院学报》第 3 期。

Ali, K., Gammidge, T., & Waller, D. 2014. "Fight Like a Ferret: A Novel Approach of Using Art Therapy to Reduce Anxiety in Stroke Patients Undergoing Hospital Rehabilitation." *Medical Humanities* 40（1）：56–60.

Chambers, L. A. , Rueda, S. , Baker, D. N. , Wilson, M. G. , Deutsch, R. , Raeifar E. , Rourke, S. B. , & The Stigma Review Team. 2015. "Stigma, HIV and Health: A Qualitative Synthesis." *BMC Public Health* 15：848.

Cutrona, C. E. & Suhr, J. A. 1992. "Controllability of Stressful Events and Satisfaction with Spouse Support Behaviors." *Communication Research* 19（2）：154–174.

Dalmida, S. G. , Koenig, H. G. , Holstad, M. M. , & Wirani, M. M. 2013. "The Psychological Well-Being of People Living with HIV/Aids and the Role of Religious Coping and Social Support." *International Journal of Psychiatry in Medicine* 46（1）：57–83.

DiMatteo, M. R. & Hays, R. 1981. *Social Support Network and Social Support.* Beverly Hills, CA：Sage.

Likert, R. 1932. "A Technique for the Measurement of Attitudes." *Archives of Psychology* 22（140）：1–55.

Liu, L. , Pang, R. , Sun, W. , Wu, M. , Qu, P. , Lu, C. M. , & Wang, L. 2013. "Functional Social Support, Psychological Capital, and Depressive and Anxiety Symptoms among People Living with HIV/AIDS Employed Full-Time." *BMC Psychiatry* 13：1–10.

Wu, X. H. , Chen J. , Huang H. G. , Liu Z. P. , Li, X. H. , & Wang, H. H. 2015. "Preceded Stigma, Medical Social Support and Quality of Life among People Living with HIV/AIDS in Hunan, China." *Applied Nursing Research* 28（2）：169–174.

可视化行动：困境转化的社会工作服务逻辑[*]

徐佳琦　廉婷婷　方香廷[**]

摘　要　如何帮助服务对象改善应对生活困境的方式并实现积极改变，是提升专业服务有效性的重要议题。本研究以"可视化"为概念框架，从"可见性"、"可能性"和"可行性"三个维度探讨社会工作协助服务对象从无效应对状态转向有效解困状态的服务原理与服务路径，以具体案例呈现可视化行动的服务过程与思路。研究发现，可视化行动包含存在意义的"个体"、空间意义的"关系"和时间意义的"过程"三个内容要素，以及"看见—觉察—转化"的行动要素，由此构建社会工作服务可视化行动的实践模型，促进个体积极改变，提升专业服务有效性。

关键词　困境应对方式　看见—觉察—转化　可视化行动

---

[*]　本文为 2025 年度内蒙古自治区直属高校基本科研业务费项目"信访治理的风险识别与实践机制研究"（JY20250004）的阶段性成果。

[**]　徐佳琦，内蒙古工业大学社会工作系硕士研究生，主要研究方向为临床社会工作理论与方法；廉婷婷（通讯作者），内蒙古工业大学社会工作系讲师、硕士生导师，主要研究方向为社会福利与社会工作；方香廷，内蒙古工业大学社会工作系副教授、硕士生导师，主要研究方向为社会工作理论与实务、社会工作教育。

实践模型

社会工作的服务目标在于帮助个体走出困境（Maclaren & Freeman，2006），但服务对象改变的过程如何发生常被忽视（高艺多、吕洁琼，2022）。服务对象陷入困境无法自主应对时，应对方式中往往同时存在有效行动与无效行动，无效行动的转化直接影响困境状态。因此，在优化社会工作专业服务时，亟待厘清能够促进服务对象发生有效改变的工作机制，以提升改变行动的有效性。

一　问题的提出

（一）社会工作专业服务致力于助人解困

困境是社会工作服务的情境基础和逻辑起点，也是影响服务对象改变的重要因素（方香廷，2023）。服务对象的困境既包括"现实生活中表现不足"又包括"寻求改变所遭遇的困难"，困境应对不仅要分析、诊断问题现象，还要回答困境中的人如何改变（童敏，2023）。关于困境的应对，已有研究聚焦问题视角和问题解决视角两种服务思路。前者关注问题的成因，后者侧重分析改变可能性（童敏，2019）。社会工作的服务目标及过程同个体成长的目标及过程具有一致性，帮助服务对象走出生活困境是社会工作的核心任务，而服务对象应对困境方式的调整则是这项核心任务的焦点。

（二）人对困境的应对方式具有复杂性

困境的形成是一个受到各种因素相互作用影响的复杂系统过程，其演变遵循混沌定律（李润珍等，2017）。困境的应对方式也同样具有复杂性，它是个体为了更好地适应环境刺激而采取的手段和策略，是在个体因素与环境因素作用下认知行为的改变过程（Airaksinen et al.，2021）。个体的应对方式受到个人经历、个人信念、内在表现、思维方式、惯习、经验和环境等多重因素影响（童敏，2019；彭国胜，2017；Krieg et al.，2023；王宇暄等，2024），因而呈现多样性的应对选择，例如，对抗、避开、自我控制和寻求支持（Zeidner & Endler，1996）。在应对方式的属性方面，包括积极应对、消极应对等（廖友国，2014），其中积极应对以解决问题为中心，是一种适应性的选择，而消极应对常以情绪表达为中心，是一种适应不良的应对选择，容易造成自我认同感降低、压力感增加、抗逆力下降等不良后果（Fisher et al.，2012；Chen et al.，2018；黄琦等，2023；杨明远，2023）。但是应对方式与应对结果之间的积极与消极并非绝对的因果关系（解亚宁，1998），社会工作专业服务可从"有效应对"与"无效应对"两种结果寻求改变可能。服务对象的有效应对，意味着可以摆脱困境，回归顺利状态，而无效应对则使服务对象较长时间陷入困境。社会工作专业服务聚焦于帮助服务对象改善应对困境的方式，特别是无效应对的部分。

（三）单一应对思路下的解困有效性不足

专业服务采用不同的方法调适服务对象的内部心理状况，让服务对象感觉到或者认识到改变自己生活方式的过程（童敏，2007）。已有解困思路聚焦某个方面，基于不同的问题观生成了各有侧重的服务方法，如焦点解决短期治疗（SFBT）关注可以短时解决的小问题；理性情绪行为治疗（REBT）强调通过改变不合理信念建立符合现实的认知结构；萨提亚家庭治疗帮助个体在压力状态下更好地了解自己和他人，提升自尊，达成一致（沈黎，2008；胡春红等，2022）。但是，解困思路的割裂或单一化，往往导致忽略改变的多种可能。学者提出的"场景化问题解决视角"强调兼顾"事"和"人"，整合问题解决与自我增能两种实践逻辑（童敏、周晓彤，2023）。尽管已有研究提出整合思路，但仍需进一步讨论其内在原理，凝练一般化服务思路，提升个体改变与专业服务的有效性。

二　可视化：提升困境应对有效性的一种概念框架

单一解困思路聚焦改变的某一种可能或个别节点，忽视其背后的一致性规律。有必要借用可视化作为提升困境应对有效性的一种概念框架，探讨服务对象如何通过厘清解困过程而实现解困目标。"可视化"（Visualization）原意是"可以看得见的""清楚地呈现"，多应用于计算机科学领域（李红，2019），其概念内涵和可视思路与社会工作行动具有内在一致性。借用可视化概念的可见性内涵，引申至社会工作领域，以探索人发生改变的可能性及社会工作服务的可行性。以可见性论证服务原理、以可能性分析服务条件、以可行性梳理服务路径，从个体、关系和过程三个方面澄清改变机理和服务机制。

（一）可视化中的可见性

可视化中的"可见性"是指人潜在的改变行动具有能够意识化的特征。"可见"包括"可以被关注、被知晓"的含义，也可以解释为将抽象的部分具象化于能够用眼睛看见的载体上。脑机制研究表明，眼睛接收的视觉信号经过视觉皮层等大脑区域的处理，被转化为对事物的认知和理解，"视觉思维"是一种通过观看活动形成理性思维的过程（鲍敏等，2017；阿恩海姆，1987）。与改变行动相关的要素往往具有潜在性、抽象性的特点，例如，服务对象的状态、生活事件的前因后果、情境中的资源等。当改变的抽象要素被视觉呈现时，服务对象更容易理解和判断，进而看到困境中被忽视或误解的内容。因此需要使服务过程中的诸多要素变得清晰可见，进而从中探索改变的可能性。

改变的内容要素是可见的。内容要素包括服务对象的自身表现、所处的情境及与困境互动的过程，从存在意义、空间意义和时间意义三个维度分别向内考察自身作为人的存在、向外考察服务对象所处的情境，及内外双向考察服务对象与困境互动的经过，即"个体"、"关系"和"过程"（见图 1）。

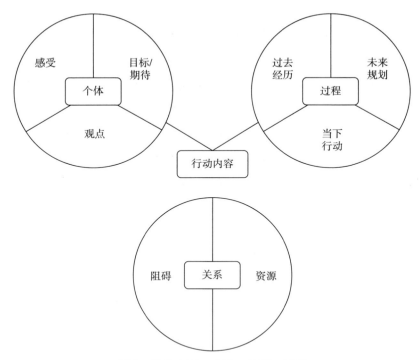

图 1 行动内容：个体、关系、过程

　　首先，"个体可见"。"每个人都拥有自己的现实及看待世界的方式。"（Teater，2013）社会工作者需要帮助服务对象发挥其主观能动性。服务对象"个体可见"，从存在意义的维度向内考察自身作为人的存在，需要关注在与困境互动时自身的感受、观点和目标/期待。其次，"关系可见"。服务对象遭遇的困扰由个人内部心理因素和环境因素交错形成（De Young，2003；Freedberg，2009），在应对困境时需要看到服务对象所处的情境。因此，"关系可见"从空间意义向外考察服务对象所处的情境，服务对象需要看见自己与困境、他人等外部要素互动所形成的关系。最后，"过程可见"。人的生命历程可分为短时段、中时段与长时段（布罗代尔，2008）。"短时段"是某个时间点的关键事件，"中时段"是某个重要阶段，"长时段"是人一生的历程。把人置于不同的时段背景下来考察时，以不同的视角会看到不一样的生命故事，建构出不同的生活意义。因此，"过程可见"从实践意义的角度内外双向地考察服务对象与困境互动的经过，服务对象通过回顾过去经历、亲历当下行动和前瞻未来规划，厘清自己与困境互动的过程是如何发生的。

（二）可视化中的可能性

人是"自由"及可"选择"的（高宣扬、闫文娟，2019），"个体可见"带来多种改变可能。社会工作者引导服务对象"跳出"困境诱发事件，看见被忽视的自我，专注于体验层面的感受、认知层面的观点和行动层面的目标，并重新审视当下与过往的差异，从而寻找改变的可能。

社会工作强调人与环境的关联，而关系中可能蕴藏着被处理的阻碍和被利用的资源。其中阻碍是对于服务对象不可控但又抑制其改变进程的不利因素，服务对象需要察觉阻碍的存在及其不良影响，避免将问题盲目归咎于自身。资源则需要服务对象从生活情境中挖掘，包括个体拥有的"内部资源"、情境提供的"外部资源"及个体与情境互动过程中产生的"关系性资源"（王亚荣、方香廷，2018）。关系改变的可能性为服务对象提供新思路，不是仅凭个体之力应对困境，而是将视野拓展至所在的情境，对面临的困境进行合理归因并找到更为恰适的应对方式。

现实生活中的可能改变空间是实现改变的关键（Saleebey，2004），服务对象的困境事实不是绝对化的、不可更改的，当下的行动和对未来的愿景都会随着个人的改变而发生变化，找到新方式应对困境和解决问题的可能性也随之增大。过去、当下及未来的行动过程都蕴含改变可能性，重新规划应对方式可能使服务对象与困境互动的过程发生改变。问题只是人们看待和理解生活的方式（Parton & O'Byrne，2013），过去经历无法扭转，但可以改变其对当下及未来的影响，服务对象可以选择发挥积极功能的应对方式替代无效的应对方式。

（三）可视化中的可行性

可视化不仅体现在个体、关系和过程三者在理论层面的"要素可见"

与"转变可能",也体现在运用已有专业方法处理困境中的技术支撑"可行"。可视化帮助服务对象明晰潜在的行动方案,使其在混乱、无效的应对方式中解脱出来,找到有效应对困境的新方法。一是从个体出发的实践策略,聚焦于人内在的改变,重构生活意义;二是从关系出发的实践策略,协助服务对象与周围他人互动交流,构建更为积极的人际关系(Freedberg,2009);三是从过程出发的实践策略,强调应对的方式和技巧。应对困境的流程需要重新设计,以可视的方式代替盲目行动。因此,在可视化的服务行动中,可以借助叙事绘画治疗(NDI)、戏剧治疗等工具或技术呈现细节、澄清过程、转变意识(黄晓红,2019;刘斌志、罗秋宇,2018)。

三　困境转化的可视化行动服务实践

探讨服务对象困境应对方式改善的社会工作原理与方法属于探索性研究,因此选用案例研究法。在可视化行动原理的基础上,以失恋女青年小美(化名)的服务实践为案例,针对其典型的无效应对困境的经历和体验,通过挖掘改变可能性和梳理可视化行动思路实现困境转化。案例系统地呈现可视化行动的服务过程与服务策略,并在此基础上凝练行动逻辑。

(一) 案例简况

服务对象小美,女,25岁,两个月前因突然失恋陷入痛苦、焦虑情绪中,出现无力、失眠等不良身心状态。小美在寻求社会工作者帮助前持续存在消极感受,偏差认知使其产生自我怀疑,无法找到有效转变的方法。

(二) 可视化服务策略

社会工作者通过可视化行动思路引导服务对象梳理自己处理困境过程中的细节,探索能够发生有效改变的重要节点,将个体、关系、过程的可视化内容通过"看见—觉察—转化"的行动路径呈现。

1. 看见：从知觉到知晓

可视化行动的第一步是"看见"。一方面借助工具和载体帮助服务对象重新审视自身、生活及当前困境，用眼睛看到潜藏的、抽象的行动过程，即知觉；另一方面服务对象在视知觉的基础上，将先前忽视的内容进行反思和领悟，即知晓。从视知觉到内心知晓的这一过程，能够帮助服务对象在处理困境前认识困境本身及困境发生的过程，并且透过事件关注到自身的认知、体验及所处的情境。为了帮助服务对象更好地"看见"，需要借助适合的可视化工具。

在服务过程中，社会工作者借助沙盘工具帮助服务对象"看见"，其邀请小美任意选择和摆放沙盘，创造一个自己想象中的世界，鼓励她讲述沙盘里的故事、关系，以及创作沙盘作品时的想法、感受。小美将沙盘作品命名为《世界上的另一个我》（见图 2），自述沙盘中间的女孩是世界上的另一个自己，名叫"小暖"，沙盘中是她向往的生活场景，例如，"离地铁站不远的家""充满绿植且安静的公园"等。

图 2　沙盘作品《世界上的另一个我》

说明：本文图 2、图 3、图 4 均由作者或当事人授权。

社会工作者观察到小美在摆放沙具时多次移动地铁站的位置，因而在小美自由叙事后引导其定格到沙盘局部（见图 3），帮助小美"看见"，先知觉沙盘中的特别之处，再知晓沙盘背后蕴藏的意义。

图 3 沙盘局部：地铁站和地铁站旁边的男人

社会工作者：刚才在摆放地铁站时你挪动了几次，那时你想到了什么吗？（引导服务对象看见沙盘中的局部场景，鼓励其依托沙盘进行思考并展开叙事）

小美：我一直在纠结地铁站到小暖家的距离，这让我想到我家到地铁站的距离。（小美开始流泪）

社会工作者：想到了什么，所以流眼泪了？（捕捉服务对象的情绪变化，并以此鼓励服务对象进一步叙事）

小美：我们分手前是异地恋，见面的机会很少，每一次的相见和分别都和地铁站有关。

社会工作者：地铁站对你来说意味着什么？（基于视知觉逐步深入内心知晓的层面）

小美：地铁站好像承载着我们之间的感情，见面时的激动兴奋和分别时的难过不舍。

社会工作者：你现在如何理解地铁站摆放的位置？（将内心知晓外化至沙盘，结合思考后再看见）

小美：地铁站离我很远，他离我更远，我们在一起的时光也和我越来越远了。

社会工作者：看着地铁站，你还想到了什么？（引导服务对象看着载体进行沉浸式思考）

小美：我们最后一次分别就在家门口的地铁站，很匆忙，我一直都觉得特别难过和遗憾。

社会工作者结合服务对象创造沙盘的过程，引导其聚焦于沙盘中比较特殊的局部，针对该部分询问服务对象的创作思路及由此引发的联想和感受。服务对象通过创造沙盘及对沙具专注知觉的过程唤起了内心的知晓，即回忆起过去经历并发觉了未处理的遗憾。当服务对象聚焦于局部场景，看着自己所摆放的沙具时，更容易借助具象化的载体看见过去经历，看见内在的感受和想法，看见自己在应对困境时所面临的阻碍。

2. 觉察：从差异到选择

可视化行动的第二步是"觉察"。在看见的基础上觉察改变的可能性。服务对象需要对新所见与旧想法进行对比，分析两者间的差异之处、产生原因及由此而来的新选择。从"个体可见"角度，服务对象需要在亲历体验中了解自己真实的感受，避免自我欺骗；剖析自己的想法和观点，识别观点中的非理性信念并予以质疑讨论；探寻需求并区分出"可以通过行动满足的需求"与"盲目设定的不可实现的目标"。从"关系可见"角度，服务对象将部分问题向外归因，避免盲目向内归因带来的过度自责，并对可利用资源进行挖掘。从"过程可见"角度，引导服务对象觉察并判断当前的应对方式及其有效性，觉察能够满足需求的可操作行动，觉察生活的意义和期待。

服务对象在"看见"阶段中对某一沙盘或场景的知觉，唤起了内心对悲伤情绪和未处理遗憾的知晓。接下来在进行"觉察"时，引导服务对象觉察个体改变的可能性、处理阻碍的可能方式、关系中的资源，以及过去经历的意义、当下行动的趋势和对未来的期待。

服务过程中以询问个体行动和感受的方式引导小美反思先前的应对方式，帮助小美摆脱困境事件的纠缠，进入解困情境，明确判断当前的应对方式于改变而言的有效程度，进而帮助小美寻找新的应对方式，看到不同应对方式之间的操作差异和效果差异，鼓励其选择自己所期待的且能够胜任的应对方式。

社会工作者：分手后你尝试做了哪些事情，让自己不那么难受？（引导服务对象觉察先前的应对方式）

小美：我努力地忘记过去，但是根本做不到。一看到和他有关的画面，我就想起过去甜蜜快乐的日子，更加觉得痛苦不堪。

社会工作者：这些做法带给你的感受是什么样的？这些感受是你想要的吗？（引导服务对象觉察并表达内在感受）

小美：我很痛苦、很难过，感觉陷在沼泽里出不来。这一切都不是我想要的，我不想再继续这么难受，这样下去我什么事都做不了，还可能会生病。

社会工作者：那你想要的是什么呢？（引导服务对象觉察并表达期待和目标）

小美：我想让一切重来，我不会轻易提分手，也不会说那些绝情的话。（服务对象反复回到过去事件，设置了不合理目标）

社会工作者：事实上我们不能回到过去，我们现在可以做的是什么呢？（引导服务对象思考可行性目标和行动的可能性）

小美：我知道我们分手已成定局，分开的时候没有好好告别，我们之间或许还有一些误会没有澄清，我想和他认真道别，把想说的话说出来。

社会工作者：好好告别对你来说意味着什么呢？（鼓励服务对象建构积极行动的意义）

小美：如果能好好告别，遗憾的感觉会减轻很多，能让我放下这件事，安心做自己该做的事。

社会工作者：除了好好告别，我们还可以做什么？（鼓励服务对象思考更多改变的可能性）

小美：我想我是时候清理一下过去的印记了。

小美在觉察的过程中发现，曾经逃避反思的方式对改变是无效的，进而发现改变的可能性。小美意识到手机里存有和前男友相关的照片，是自己走出失恋阴霾的阻碍，意识到能够让自己摆脱困境的方式并非改变过去，而是减轻此刻"遗憾"的感觉。由此，服务对象觉察到减轻遗憾感是改变的可能及转化的目标。

社会工作者引导服务对象表达期待时尽量运用正向表述如"想要……"，而非"不想要……"。服务对象的愿望倾向于让已经发生的负性事件不发生，而非解决当前的困境，社会工作者需要将其从不现实的幻想中带出，直面问题的解决。

3. 转化：从目标到行动

可视化行动的第三步是"转化"。服务对象觉察到改变可能发生并且具备改变意愿后，社会工作者引导其将改变的想法落实，明确目标并予以剖析，规划能够达成目标的行动。服务对象在"觉察"阶段可能会反复回到过去事件，提出不符合事实的行动计划，社会工作者需要在"转化"阶段引导其回到当下，思考改变的重要节点、挖掘并运用资源、设计可操作的行动，并将行动尽可能地精细化，将期待与生活现实更大程度地相结合。

小美提出希望和前男友"好好告别"的目标，社会工作者引导其借助沙盘载体进行表达，在一定程度上将目标落实于行动。服务对象在诉说的过程中不仅是在和虚拟对象对话，更是在和自己对话。借助可视化的载体，服务对象在倾诉中更具有对象感，也就更容易沉浸式表达。

社会工作者：你刚才说到想要和前男友好好告别，你希望怎么做呢？（引导服务对象从设定目标到落实于行动）

小美：我想把憋在心里的话对他说出来。

社会工作者：你可以选择任何一个物品，假设他现在就在你面前，把想说的话尽情地说出来吧。（鼓励服务对象将内心的想法表达出来，在宣泄的过程中与自己对话并澄清自己的想法）

小美：（选择了"地铁站旁边的男人"作为对象载体）我以前最害怕的事情就是和你分开，没想到这一天还是来了。我们之间所有的不愉快都不重要了，我只觉得认识你以及和你一起走过的时光都格外美好。不能和你一起憧憬未来我会遗憾，但你教会我的事情我都会记得。谢谢你来过我的世界，谢谢你成为我生命里浓墨重彩的一笔，谢谢你曾经对我的好……

"转化"阶段中社会工作者要引导服务对象在过去经历中寻找对解困有帮助作用的例外经验，并在服务计划和方案中落实精细化思想，将抽象的经验具体化，在复杂的行动系统中寻找可能引发改变的细微节点，剖析语言或动作中的情绪信息、意义信息、改变信息等。挖掘例外经验的同时还要进一步引导其将及时表达和澄清予以积极的转化。

　　社会工作者：这段时间你每时每刻都觉得难过和痛苦吗？有没有状态稍好一点的时候呢？（引导服务对象挖掘例外经验）

　　小美：有人陪我的时候感觉好很多，我会觉得被支持。把憋在心里的话说出来就觉得轻松一些，而且倾诉的过程中自己会慢慢想清楚很多事情。

　　社会工作者：在倾诉的过程中慢慢想清楚了什么？可以举个例子吗？（将例外经验具体化）

　　小美：我一度认为我们从相恋的那一刻起就被捆绑在一起了，如果离开他，我的生活将毫无意义。

　　社会工作者：那么现在你怎么看待曾经的这些看法呢？（鼓励服务对象将内在的改变用语言表达）

　　小美：并不是每段恋爱都能修成正果，要允许一段恋爱以分手结尾。我们两个人虽然从前相恋，但始终是两个独立的个体，我现在一个人也可以活得很精彩。

服务对象看到改变的可能性并对行动有所规划后，社会工作者需要引导其对有效的应对方式进行强化。案例在该环节借助绘画工具，让能够有效应对困境的"神奇宝贝"外化，便于服务对象看见、觉察和转化。

社会工作者：画下最近的小烦恼，然后想象有一个"神奇宝贝"，可以将这个烦恼缓解或化解掉。

图 4　小美的画

社会工作者：当你拥有了太阳这个"神奇宝贝"以后，有什么感受？

小美：我觉得很有力量，它让我破碎的心慢慢愈合了，把幸福和美好带回到我身边。我要先成为自己的太阳，珍视自己、保护自己、爱自己。

社会工作者：过去的一段恋情对于此时此刻的你来说意味着什么？（鼓励服务对象反思过去经历并重构意义）

小美：这是我非常珍贵的经历，从前体验到的幸福都很值得，他的出现让我的生活有很多快乐和美好的期待。尽管我们分开了，但他也让我变成了更好的自己。经历了这一切之后，我反思自己想要的到底是什么，目标更加明确了，而且也有动力去做事情了。

小美自述最近的"小烦恼"就是分手这件事，"神奇宝贝"是太阳，它是有温度、有力量的，同时它也代表着温柔、信任、坚定和爱，拥有"神奇宝贝"并且运用它之后，内心的纠结渐渐烟消云散。在进一步强化的过程中服务对象从失恋带来的遗憾、痛苦和自我怀疑转变为接纳过去的人、事、物以及自己，以感恩的态度看待过去经历，也为自己当下及未来的生活做出新的规划，在一定程度上实现了解困，并且把积极能量回归于潜意识层面。

（三）服务评估

案例中运用抑郁自评量表（SDS）在服务前和服务后评估，该量表能直观地反映抑郁患者的主观感受及其在服务中的变化。SDS 量表满分为100 分，服务前测评结果为 58 分（轻度抑郁情绪），服务后测评结果为28.75 分（正常值），通过可视化行动思路，服务对象从轻度抑郁状态回归正常状态。

服务初期小美难以走出失恋事件及其带来的悲伤情绪，常陷入迷茫与自我怀疑中。小美在摆放沙盘时将关注点放在"地铁站"和"地铁站旁边的男人"上，并且在围绕这一局部情境叙事时一直流泪，后来在社会工作者的引导下表达了内心的难过和遗憾。服务中社会工作者运用沙盘及绘画工具帮助小美将改变的可能性及行动方式具象化和外显化，使小美在逐步解困的过程中具有掌控感。在强化阶段，小美将帮助她走出困境的"神奇宝贝"以绘画的形式呈现出来，她画笔下的"神奇宝贝"让她看到了自身的力量、美好和希望。服务结束后，小美自述"我不再纠结于分手这件事了，逐渐可以轻松地提起过去的一切，我很感恩这段经历，现在我更愿意往前看，成为更好的自己"。小美透过沙盘和绘画逐渐将改变可能落实到具体行动，从无助、无望转变为重建起积极的生活意义和较强的成长动机。

四 可视化行动的实践模型

在专业实践中发现，服务对象从个体、关系和过程三方面觉察改变的可能性，通过看见个体的内在状态、所处的情境及自己与困境互动的过程明晰了行动内容；进而在三方面实现一定程度的积极转化，实现从无效应对到摆脱困境。

（一）可视化行动的改变逻辑

1. 行动过程意识化：从无效应对到有效解困

可视化行动的核心目的是通过行动过程意识化，帮助服务对象从无效应对困境转变为有效解困。"潜意识意识化"是指将潜意识中的信息转化为主观意识中能够被个体感知和理解的内容（贾晓明，2024）。可视化行动通过对行动过程的分类澄清和精细化阐释，帮助服务对象将各要素从隐约模糊的潜在层面展现于清晰可见的意识层面。在社会工作者的引导下，复杂系统的要素从不可见到可见、从模糊到清晰、从粗线条到精细，服务对象逐步意识到行动过程中曾经忽视的重要方面和矛盾所在。处理了这些矛盾后，便可以获得内在的一致性，也更加清楚改变的目标及具体行动方案，困境也就在有效应对中得到解决。

2. 行动内容的清晰化：个体、关系和过程

行动内容的清晰化是指社会工作者引导服务对象明确应对困境中的个体、关系和过程状态。要想促使行动过程可视化，可以引导服务对象从三个维度剖析，在行动的细节中找到改变的可能性。首先，从个体角度考察服务对象的内在，如体验、信念、需求等。服务对象在与困境互动时可能会因为对事件的过多关注而忽视自身在其中的重要性，然而事件与人的存在和行动密切相关，当服务对象透过事件看见自己及自己对生活的掌控力后，便会有新的发现和思考。其次，从关系角度考察，可以看到服务对象所处的情境。关系可视既包括挖掘情境中的资源，并在资源的协助下实现改变，又包括识别并尝试处理情境中的阻碍，判断阻碍造成的影响，从而对事件的发生进行合理归因。最后，以过程的视角考察服务对象与情境之间的互动。结合其经历、回忆与想象，将过程尽可能呈现出来，看到关键事件的来龙去脉、看到行动的细节、看到互动带给服务对象的影响及服务对象对互动的意义解释。当个体、关系和过程三个行动内容清晰可见时，可视的对象及其中包含的改变节点也就随之明确。

3. 行动可能的操作化：看见—觉察—转化

可视化行动要使个体、关系和过程中的行动可能，以动态转化的方式运行起来，这一逻辑就是行动可能的操作化。三者从被关注到发生改变的实践过程依次为"看见"、"觉察"和"转化"。服务中让行动过程清晰呈现，是帮助服务对象有效找到解困策略的重要前提，因此以"看见"作为开展服务的第一步，浅层的看见是感官层面的视知觉，进一步则是意识层面的知晓，服务对象在看见的过程中找到关键的内容要素并厘清要素间的关系。第二步则是"觉察"，当服务对象澄清关键的内容要素后，则需要将这些要素与先前盲目应对时所关注的要素进行对比，看到新旧要素间的差异，及其伴随而来的选择，选择就是改变的节点，即改变的可能性。服务对象具有改变的意愿并觉察到改变发生的可能性之后，社会工作者引导其寻找解决问题的方法，即"转化"。在此过程中挖掘例外经验，并且将有效应对的经验具体化。社会工作者要在服务对象的表述中抓住隐含选择的关键节点，引导服务对象规划改变行动，帮助服务对象重构意义。

（二）可视化行动模型

基于可视化行动的原理分析及服务实践经验构建可视化行动模型（见图 5）。该模型整合了行动过程意识化、行动内容的清晰化及行动可能的操作化三个改变逻辑。可视化行动的核心思路是帮助服务对象从遇到困境无法解决、深陷其中的无效应对，转化为找到改变的节点及解困的有效方式，进而成功转化困境，回归顺利生活的状态。

为了达成行动过程意识化这一目标，可视化行动的服务模型涵盖了"个体、关系和过程"三个行动内容，包括向内看到个体内在的感受、观点、目标或期待；向外看到所处关系中的阻碍和资源；内外双向看到人与困境互动中的过去经历、当下行动和未来规划。引导服务对象从不同视角看到人的各个方面。其一，自我视角。这一视角的主观性较强，在该视角下服务对象可以更好地进行自省。其二，他人视角。服务对象暂时跳出自身的角色与立场，排除了较多主观因素，看到被主观视角遮蔽

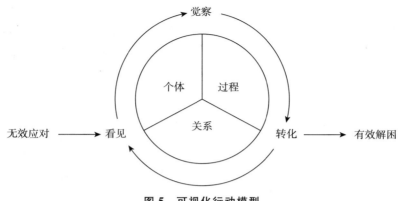

图5　可视化行动模型

的部分。其三，观察者视角。从全局视角综观更大的系统，在这一视角下人能看到自己，也能看到对方及自己和对方的关系。服务对象考察行动过程时可以选取不同视角看待同一事物，必要时脱离亲历者的身份，作为旁观者在情境外进行观察。

明确了"个体"、"关系"和"过程"三个行动内容后加强可操作化，从意识层面转移到行动层面。操作化的步骤依次是"看见—觉察—转化"，从明晰行动过程到从中探寻改变可能再到探索改变发生的方式。其中"看见"环节可通过"定格"和"放大"的技术实现。定格技术是引导服务对象暂停在某一行动画面中，观察行动的全貌和细节；放大技术是引导服务对象看到更加细微的部分，并剖析背后的意义。社会工作服务于行动细节上的恰到好处既体现在让服务对象精细地看到问题点，又体现在精细化的操作方法和技术。当人的状态和改变行动不仅是自身所感知的、抽象的、想象的，而更多的是所亲历的、具象的、可见的时，服务对象就能够更加清楚地审视自身、判断成因、分析意义。社会工作需要看清楚问题本身、问题的细节后再设计服务方案，使服务过程尽可能地将精准操作与服务对象的需求关联在一起。

转化发生之后，需再次引导服务对象回到"看见"，将改变和成长进行强化和内化处理，此时可以运用假设技术。社会工作者带领服务对象以想象的方式设想情境，在假设情境中，服务对象可以暂时放下困境情境，以沉浸的方式专注于假设情境，自由表达，寻找策略。服务对象在可视化行动中有新的发现和觉察时需要及时引导其对新的发现和觉察进行梳理和解释，与旧有认知做对比，看到新旧之间的差异所在及差异出现的原因。

五 结语

社会工作促使服务对象有效应对困境的思路是多样的，"可视化行动"试图通过"可见"的方式探索改变可能并使之可行，以意识化、外显化和精细化的行动过程帮助服务对象从无效应对到有效改变。可视化行动跳出应对方式的单一具体类型，看到困境转化的抽象原理，以整合的思路助人解困，从而提升服务对象困境应对的有效性。个体改变与有效服务的路径较为复杂，可视化行动在复杂系统中简化行动路径并挖掘和澄清改变可能。可视化行动将改变历程更加清晰、完整地呈现出来，通过可视的行动目标、行动内容及行动路径帮助服务对象看到选择的可能性，并获得对自身及生活的掌控感，提升服务的科学性和有效性。当前研究聚焦于可视化行动的原理探析，或可进一步探索更为完善的方法体系，为一线社会工作者提供更具可操作性的服务技术。

参考文献

Barbra Teater，2013，《社会工作理论与方法》，余潇等译，上海：华东理工大学出版社。

鲍敏、黄昌兵、王莉等，2017，《视觉信息加工及其脑机制》，《科技导报》第 19 期。

Dennis Saleebey，2004，《优势视角——社会工作实践的新模式》，李亚文、杜立婕译，上海：华东理工大学出版社。

方香廷，2023，《理论社会工作学》，北京：中国社会科学出版社。

费尔南·布罗代尔，2008，《论历史》，刘北成、周立红译，北京：北京大学出版社。

高宣扬、闫文娟，2019，《论萨特存在主义伦理思想》，《江苏社会科学》第 4 期。

高艺多、吕洁琼，2022，《本土社会工作者劳动"隐性化"现象探析》，《社会工作》第 1 期。

胡春红、王强、钟迪等，2022，《萨提亚模式团体心理干预对大学生应对方式的提升作用》，《中国健康心理学杂志》第 10 期。

黄琦、罗怡静、陈诗翊，2023，《社会工作视域下青少年电竞防沉迷研究》，《社会政策研究》第 1 期。

黄晓红，2019，《画中有话》，北京：中国轻工业出版社。

贾晓明，2024，《心理咨询与治疗理论流派的标准和框架》，《健康研究》第 1 期。

李红，2019，《数据库原理与应用》（第 3 版），北京：高等教育出版社。

李润珍、雷丽娟、武杰等，2017，《非线性相互作用的哲学启示》，《系统科学学报》第 1 期。

刘斌志、罗秋宇，2018，《社会工作实践中的戏剧疗法：运用指引与反思》，《社会工作》第 4 期。

鲁道夫·阿恩海姆，1987，《视觉思维——审美直觉心理学》，滕守尧译，北京：光明日报出版社。

廖友国，2014，《中国人应对方式与心理健康关系的元分析》，《中国临床心理学杂志》第 5 期。

Nigel Parton，Patrick O'Byrne，2013，《建构性社会工作：迈向一个新的实践》，梁昆译，上海：华东理工大学出版社。

彭国胜，2017，《压力应对方式与青少年的自杀——基于湖南和贵州两省 1567 名青少年的实证调查》，《贵州师范大学学报》（社会科学版）第 2 期。

沈黎，2008，《焦点解决短期治疗——后现代主义的社会工作理论新趋向》，《华东理工大学学报》（社会科学版）第 3 期。

童敏，2007，《东西方融合：社会工作服务的专业化和本土化》，《厦门大学学报》（哲学社会科学版）第 4 期。

童敏，2019，《社会工作理论》，北京：社会科学文献出版社。

童敏，2023，《社会工作专业服务中的问题界定及问题解决》，《中国社会工作》第 4 期。

童敏、周晓彤，2023，《场景化问题解决：中国特色社会工作的道路选择与理论建构》，《河北学刊》第 3 期。

王亚荣、方香廷，2018，《整合建构：人在情境中的可解释性研究》，《社会工作》第

4 期。

王宇暄、毛富强、彭悦悦等，2024，《内观认知疗法对医学生焦虑水平、自我效能感和应对方式的干预及机制》，《中国健康心理学杂志》第 5 期。

解亚宁，1998，《简易应对方式量表信度和效度的初步研究》，《中国临床心理学杂志》第 2 期。

杨明远，2023，《困境与调适：基于上海市 J 区社区精神障碍者家庭抗逆力研究》，《都市社会工作研究》第 1 期。

Airaksinen, J., Komulainen, K., Jokela, M., & Gluschkoff, K. 2021. "Big Five Personality Traits and COVID-19 Precautionary Behaviors among Older Adults in Europe." *Aging and Health Research* 1 (4): 100038.

Chen, Z., Sun, K., & Wang, K. 2018. "Self-Esteem, Achievement Goals, and Self-Handicapping in College Physical Education." *Psychological Reports* 121 (4): 690-704.

De Young, P. A. 2003. *Relational Psychotherapy: A Primer.* New York: Brunner-Routledge.

Fisher, J., Mello, M. C. D., Patel, V., Rahman, A., Tran, T., Holton, S., & Holmes, W. 2012. "Prevalence and Determinants of Common Perinatal Mental Disorders in Women in Low-and Lower-Middle-Income Countries: A Systematic Review." *Bulletin of the World Health Organization* 90 (2): 139-149.

Freedberg, S. 2009. *Relational Theory for Social Work Practice: A Feminist Perspective.* New York: Routledge.

Krieg, K. D., Nooraie, R. Y., Favella, M., Iadarola, S., Kuo, D. Z., O. Connor, T. G., Petrenko, C. L. M., & Bayer, N. D. 2023. "Coping Factors for Caregivers of Children with Medical Complexity During Hospitalization." *Hospital Pediatrics* 13 (12): e371-e376.

Maclaren, C. & Freeman, A. 2006. "Cognitive Behaviour Therapy Model and Techniques." In T. Ronen & A. Freeman (eds.), *Cognitive Behavioral Therapy in Clinical Social Work Practice* (pp. 25-44). New York: Springer Publishing Company.

Zeidner, M. & Endler, N. S. 1996. *Handbook of Coping.* New York: John Wiley & Songs, Inc.

难以跨越的服务情境与专业行动：多重困境儿童社会工作个案服务的反思性实践研究*

徐选国　楼一平**

摘　要　本文以社会工作介入多重困境儿童服务为核心议题，选取笔者亲历的复杂个案作为研究对象，结合社会工作的社会性视角分析在历经"建立专业关系、准确动态预估""打通资源渠道、实施精准救助""提供精细服务、助推家校共育""发挥预防功能、促进成长发展"等一系列专业行动后，仍面临无法脱困的弱势孩童、无力转变的家庭结构和近乎阻断的血缘至亲等服务困境，进一步探究造成多重困境儿童个案服务限度的深层机理发现，服务情境与专业行动之间的张力和难以调和性，导致本次个案服务深陷服务对象所处的家庭内部多重结构性限制和消失的外部家庭支持网络，以及社会工作者所处的情境性伦理困境与服务实践的张力泥淖，形塑了社会工作在专业

---

*　本文为国家社会科学基金一般项目"中国特色社会工作的主体自觉与自主知识体系建构研究"（23BSH013）、国家社会科学基金青年项目"基层治理中社会工作站的嵌合机制及优化路径研究"（23CSH074）、国家社会科学基金青年项目"治理共同体视域下社区服务项目制的协同困境与机制创新研究"（21CSH066）的阶段性成果。

**　徐选国，华东理工大学社会与公共管理学院副教授、博士生导师，主要研究方向为社会工作本土化、社区社会学与基层社会治理；楼一平，华东理工大学社会工作专业硕士研究生，主要研究方向为社会工作服务实践。

行动层面的"弱而无力""助而无效""知而无用""行而无奈"的实践样态。

关键词 服务情境 多重困境儿童 社会工作社会性 个案服务

一 研究问题

自党的十八大以来，党和政府高度重视困境儿童关爱保护和服务工作，相关政策持续完善。2016 年发布的《国务院关于加强困境儿童保障工作的意见》（国发〔2016〕36 号），明确要求从困境儿童的基本生存和生活保障向医疗救护、康复服务和教育发展等方面拓展，建立健全困境儿童保障工作体系，并鼓励社会力量共同参与，为困境儿童营造全社会关爱和安全有保障的成长环境。2019 年发布的《关于进一步健全农村留守儿童和困境儿童关爱服务体系的意见》（民发〔2019〕34 号），进一步指出要从培育孵化社会组织、推进政府购买服务等方面引导社会力量广泛参与困境儿童家庭帮扶行动。2021 年，《中国儿童发展纲要（2021—2030 年）》要求完善困境儿童分类保障政策、加大保障力度，支持引导社会组织面向城乡社区、家庭和学校提供服务。2023 年，《农村留守儿童和困境儿童关爱服务质量提升三年行动方案》从精神素养、监护体系、权利保障、需求关爱和服务质量等方面做了明确工作要求，并再次强调要引导和规范儿童福利领域社会组织参与农村留守儿童和困境儿童关爱服务工作。同时，各地也陆续出台有关困境儿童关爱保护的服务条例、制度规范和工作办法。上述制度充分体现了政府对困境儿童群体的关切，让社会工作参与困境儿童救助保护、关爱服务和社会融入等服务提供方面获得了合法性依据和专业性空间。

随着我国困境儿童工作的开展，学界对于困境儿童的概念体系也逐渐明晰，较为认同的是将其分为生理性困境儿童、心理和行为困境儿童、社会性困境儿童和多重困境儿童（冯元，2022）。目前，以社会工作专业服务为突破口介入多重困境儿童群体的实践研究成果较少，更无成形的、可推广的社会工作服务模式，不利于有效开展多重困境儿童社会工作服务，也难以实现该领域服务模式的建构和理论对话。笔者作为 H 市 M 街道社会工作站困境儿童项目督导和执行社工（以下简称社工），对一名多重困境儿童的个案社会工作服务进行反思性研究：纵使从个案社会工作方法的专业角度对其进行长时段的服务和跟踪，在一定程度上也回应和解决了服务对象的失学失依、照管监护和生活援助等个性化需求与问题，但在其持续性的家庭教育和支持网络构建等方面依然存在限度。由此，引发笔者关注的是，为什么社工在采取一系列专业行动后仍未能达成预期的服务目标？质言之，本文尝试以社会工作实践样态为切入点反观社会性意涵在服务过程中的运用，进而揭示导致个案服务过程和成效受限的内在因素及其根本成因。在此基础上，本文将基于案例提出社会工作实践的优化路径和可行策略。

二　文献回顾与研究方法

困境儿童在生存发展和社会适应等方面表现出结构性脆弱特征（吴玉玲，2025），使其在不同成长阶段面临脱困和发展障碍。回顾我国困境儿童社会工作实务研究，主要集中在救助服务、关爱保护和社会支持三大方面。在困境儿童救助研究方面，强调社会工作应秉持"助人自助""以人为本"等价值理念，充分发挥专业优势（雷杰等，2023）。近年来，政府通过购买社会服务为社会工作参与困境儿童救助提供有利条件，伴随着社会工作服务的不断精进，困境儿童分层分类精准化救助成为必然趋势。但遗憾的是，目前尚未形成有效的救助服务和经验模式。此外，社会组织在参与困境儿童精准救助方面也面临制度、管理、人才、评估、监督和协作等困境（李涛，2024）。在困境儿童保护研究方面，儿童保护思想源远流长，政府、家庭和社会在困境儿童权益保障历史中扮演着相互补充和替换的角色（陈静、董才生，2017），我国困境儿童保护工作逐渐从以政府为主转向多元救助和社会保护（张柳清，2017）。近年来，社会组织在困境儿童保护实践中发挥着资源链接、服务供给和反馈调节等作用，有效弥补了政府和市场在困境儿童保护工作中的局限性。有研究基于社会工作者在发现与强制报告、监护评估等环节的最佳实践，强化了社会工作介入困境未成年人监护的专业性和有效性（雷杰等，2023）。但社会工作在介入困境儿童保护工作中仍存在制度、能力及组织等问题，如项目制下的困境儿童保护实践会受到服务成效风险及项目周期性的影响（黄君、彭华民，2018）。在困境儿童支持研究方面，黄晓燕（2017）在《儿童社会工作服务指南》中指出，儿童社会工作服务应坚持生态系统原则，注重儿童自身及其家庭、学校、社会等互动系统的多维影响。在此基础上运用社会支持网络理论开展服务，通过促进其正式和非正式支持网络之间的有效互动，积极构建困境儿童社会支持网络体系（张闰闰，2022；满小欧、王作宝，2016）。但目前社会组织在参与困境儿童社会支持网络建构方面存在服务内容与形式创新不足、服务不够规范和机制缺失等问题（朱媛媛等，2023）。

综上所述，虽然近年来党和政府对困境儿童群体高度关注，出台的法律法规和政策文件不断增多，儿童社会工作服务和实务研究也取得了一定成果，但现有研究大多聚焦于服务对象的个体化问题，"问题化""碎片化"取向明显，对其所处的宏观系统关注不足，在理论上多借助社会支持理论、生态系统理论（高丽茹、万国威，2019）等西方传统社会工作理论，在结合本土服务情境和理论反思方面存在限度，也不利于社会工作实践知识生产、本土模式和理论建构。

基于此，本文主要从社会工作的社会性视角出发，并具体采用访谈法和参与式观察法收集研究资料。首先，在对 M 街道困境儿童进行摸排后，把个案服务对象聚焦为 T 社区的多重困境儿童小 G。其次，对服务对象家庭、学校和街居等相关者（共 32 人）进行深入访谈，以全面分析服务对象及其家庭所面临的问题需求和急难处境，并简要还原个案服务过程。再次，从原生家庭、文化背景、人际关系和社会行为等方面对服务对象及其家属的具体反应和反馈情况进行细致观察与记录，并结合影音、访谈资料等持续追踪与分析，以了解服务对象家庭的真实想法、服务供给与互动的真实过程。最后，在社会工作的社会性视角下，重点阐释研究案例的服务困境及其生成机制，以进一步分析特定情境下专业社会工作有效性实践的结构限度。

三 理论视角与分析框架

19 世纪中叶，欧美依赖慈善组织会社和睦邻组织运动分别从微观、宏观角度开创了社会工作实践的两种取向，前者注重对个人、家庭问题的直接帮助，后者则强调社会工作应关注问题产生的社会结构根源并以促进社会变迁为主要目标。从本土化角度看，差序格局式的"求-助"关系反映了面向民众开展的社会工作服务实践也有某种独特的社会性特征，即服务实践存在独特的中国式伦理关系制约，专业关系难以体现出个体主义文化下的独立主体间关系，而更倾向于依赖熟人社会的关系基础和伦理规则，服务过程需要着重关注制度因素，以及更多非正式支持网络的运用，等等。

（一）理论视角：社会工作的社会性视角及反思

根据国际上关于社会工作的界定，社会工作是一个以实践为本的职业及学科，它推动社会变迁与发展，增强社会凝聚力，赋权并促进人的解放；社会正义、人权、集体责任和尊重多样性等是社会工作的核心准则；基于社会工作、社会科学、人文科学和本土知识的理论，社会工作使个人和组织去应对人生挑战并增进福祉（IFSW & IASSW，2014）。社会性是社会工作的逻辑起点和安身立命之所在（陈立周，2017），是社会工作的固有属性和能够超越时空限制的本质所在，是社会工作实务、教育和研究的根本性指引。社会工作学界从三个方面围绕社会性内涵展开过持续的讨论，旨在通过重拾社会工作的社会属性以回归其本质。

一是认为社会工作的社会性要重拾社会公正的传统。社会工作的社会性应包含社会关怀、社会改变和社会公正等（徐永祥等，2018），其中，社会公正是社会工作的价值旨归（徐选国，2017）。有学者曾把社会工作称为社会公义工作（Kam，2014），也有学者表明社会工作的社会性范畴还应包括社会运动、社会参与、社会组织和社会动员等，并指出社会工作的本质主要聚焦于推动社会正义（郑广怀、向羽，2016），这意味着其有促进社会制度和结构优化的含义（郑广怀等，2021）。作为社会工作的本质，社会性指导着社会工作者时刻关怀社会、聚焦弱势群体和追求社会公义，与国家需要回应社会保护与照顾、促进社会公正和融合的责任相匹配（杨锃、莫佳妮，2022）。此外，社会工作服务实践是深入且综合的，既关注介入结果，又关注介入过程中人的改变，并且所追求的是深刻的改变以及改变效果的稳定性和持续性（王思斌，2014），因此，社会工作要致力于打通微观、宏观场域间的通道，以实现个体困扰与公共议程的有效联结。

二是认为社会工作的社会性是一种社会保护机制。社会性是社会工作履行其专业使命与社会保护功能过程中所蕴含的内在规定性，社会工作的核心功能是社会保护（徐选国，2017），其承担着某种保护社会的任务（陈立周，2017）。在中国社会转型期，社会工作的社会性能够抑制脱嵌的市场并使之重新嵌入社会之中。所以，我们要找回社会工作"社会为本"的原初专业精神，恢复其社会自我保护机制的专业本质（陈立周，2017；高丽等，2019），以最大限度地发挥其对社会的保护作用。无论在工业化时代还是后工业社会，社会工作都致力于倡导社会文明进步、促进分配体系优化和全人群健康发展。

三是认为社会工作的社会性在于对社会关系的重构。社会工作的社会性关注人与人交往联系的属性品质（陈锋、陈涛，2017），即社会工作能使人与人之间的相互交往和联系增强，强化了人们的社会性，体现了社会工作自身的社会性价值。因此，社会工作的本质和对象唯有聚焦于"人的社会关系"，才能有效实现社会工作改变人的历史使命和发挥其促进社会发展的功能（张昱，2019）。关系是社会工作理论与实践的本质，倡导关系为本的非正式的社会工作方法，更有利于实现社会工作关怀的介入目标（何国良，2021）。当下，我国社会工作的发展要谨防"微观化""临床化"倾向，通过努力重回"社会"本身并嵌入中国社会结构之中以进一步寻求关系主义取向（何雪松，2018）。此外，也有学者认为专业社会工作是一项以人为本、互为主体转化社会关系、恢复增强社会力的社会技艺，由此构成其社会性核心特质或本质属性（陈涛，2022）。从实践角度来说，社会工作的社会性要立足于对服务对象（家庭）的伦理关怀（徐永祥等，2018），强调社会关系对人的作用，包括社会工作者如何有效运用各类社会关系等从而更好地为服务对象提供服务。

虽然学界对社会工作的社会性尚未有明确统一的概念，但关于社会性之于社会工作的内在规定性已基本达成共识。笔者认为，对社会工作社会性属性的把握、社会性使命的践行是关乎社会工作服务实践质效的根本。在实践中，社会工作社会性的核心功能体现在确保社会困弱群体免遭伤害并获得社会保护，这就要求实务工作者充分理解和把握"人在情境中"的价值理念，注重服务对象主体性的养成，以及相关支持系统的增能，直面服务对象的多重问题和急难处境，深入探析其背后的社会根源。同时灵活运用专业方法开展多维介入，影响和改变具体情境系统，从根本上解决服务对象的问题，重拾社会生活。

（二）服务情境-专业行动：个案服务困境生成的一个分析框架

社会工作是一门实践为本的专业与职业，而社会工作实践研究就是针对社会工作服务实践所进行的研究，因此也具有很强的实践取向，研究内容可涵盖社会工作实务和实践者的自我反映对话等。开展社会工作实践研究，按照实践开始—发现问题—理解问题形成的因素—反思当下实践的问题—制订新的行动方案及推动行动—进一步反思、评估和推动实践行动，过程中所创建的实践知识也有助于实现专业服务目标（古学斌，2015）。本文基于笔者对多重困境儿童进行服务介入的实践研究，尝试结合社会工作的社会性视角，反思专业实践中难以有效应对服务对象多重需求的深层机理。

笔者尝试提出服务情境-专业行动的分析框架（见图1），认为社会工作服务实践就是社会工作者在深入服务对象所处的各个情境系统（具体场域）中去开展专业服务并实现服务目标，然而，现实的情形是，即使专业的社会工作者采取多维行动、积极整合资源回应服务对象需求，从深层次角度看，其专业行动也始终难以改变服务对象所处的复杂情境。在社会工作参与和介入多重困境儿童服务实践中，囿于该群体的特殊性、复杂性和异质性，社会工作的社会性视角要求开展深刻且专业的行动实践（谨遵专业价值理念、服务原则和服务方法以回应和解决服务对象的深层问题，进而推进社会公平正义）与其面临的具体的、多维的、复杂的本土服务情境之间存在巨大的张力。服务对象所处情境与社会工作者的专业行动之间内含着难以调和性，而多重困境儿童所处的具体情境系统与一般困境儿童相比更为复杂，因此，社会工作在介入多重困境儿童领域时存在明显限度。

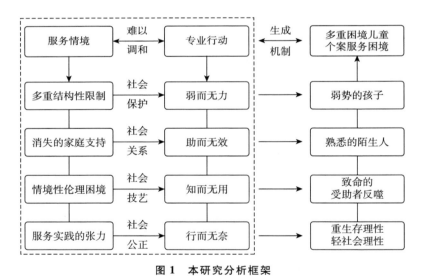

图 1 本研究分析框架

四 "失败"的多重困境儿童个案社会工作服务实践

（一）案例背景

服务对象小 G，男，10 岁，是 H 市 M 街道 T 社区的困境儿童。智力残疾四级，即轻度精神发育迟滞，学习理解能力偏弱。性格较为文静乖巧，言语交流、运动能力尚可，也能听从指令和遵守秩序。大班毕业后休学在家，常处于独处状态，缺乏亲情关爱与朋辈支持。其父因诈骗被判有期徒刑 8 个多月，出狱后靠打零工维持生计，3 个月后又因诈骗而再次入狱（将于 2025 年 10 月出狱）。小 G 母亲无固定工作，经济拮据，在丈夫服刑期间结识一男友并与其及小 G 同住在狭小脏乱的出租房内，因左脸有大块深色胎记而缺乏自信，生活懒散，暴躁易怒且伴有轻度家暴倾向（时常打骂小 G），也因涉嫌另一诈骗案件而被判处有期徒刑 3 年多。爷爷奶奶早年离异，与小 G 一家三口联系极少，近年来更是几乎处于断亲状态。因不动产均被法院强制拍卖，小 G 母子无奈搬离了 T 社区原住地，后来很少与亲朋往来，也耻于寻求街居等正式社会力量的支持。外公因病早逝，外婆年事已高，身体也不是很好，与小 G 母亲的关系很是淡漠（此前小 G 母亲曾一次次向家里要钱，老母亲很是失望和寒心）。小 G 大姨（小 G 母亲的亲姐姐）患有精神疾病需长期服药控制，家里全靠其夫支撑着，在拆迁后四处筹钱建了新房，女儿大学在读，经济压力很大。综上，无论是服务对象的内部家庭结构还是外部支持网络，都是非常薄弱乃至支离破碎的（见图 2）。

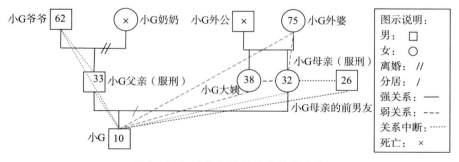

图 2　服务对象小 G 的家庭结构生态

（二）服务过程

社工通过日常探访关爱，逐步摸清和了解了服务对象（家庭）的基本情况和问题需求：一是家校沟通不畅，被迫休学在家；二是家庭监护缺位，生活照护不足；三是收入来源单一，家庭经济拮据。随后，社工与服务对象及其家属建立了良好的服务关系，并开展一系列个案社会工作专业服务（见表1，具体将在机制部分进行深入分析）。

表 1　小 G 的个案社会工作介入过程

服务时间	服务目标	服务内容	服务策略
2023 年 6~7 月	预估问题 界定需求	与小 G 母子建立服务关系；全面准确了解情况后预估问题和界定需求	建立专业关系 夯实服务基础
2023 年 8 月	链接资源 纾解压力	递送救助政策；联动 T 社区民政员申请低保（因无法出具历史材料而未通过审批）和链接慈善救助资源；联系街居工作者查询小 G 医保账户，告知其母可报销近一年内的医疗发票（H 市持证残疾人享有城乡居民基本医疗保险个人免征缴权益）	专业动态评估 递送福利政策
2023 年 9 月	陪伴就医 智力检测	链接慈善资源点亮智力检测微心愿（就读特教学校的必备条件，小 G 家庭经济无力承担）；协助预约挂号、陪伴就医两次，完成智力检测并拿到测试报告及医疗证明书	借微心愿圆梦 提供精细服务
2023 年 10 月	家校联结 助力复学	与 G 校长沟通小 G 及其家庭近况；联系 Z 校长询问就学事宜；与小 G 母亲沟通就学事项，并协助其准备所需材料；链接儿童志愿队资源征集书包文具等；陪同前往特教学校与校方会谈，并提交入学申请材料	瞄准服务方向 凝聚家校合力
2023 年 11 月	就学跟踪 亲职引导	与家校保持联络以了解在校表现及适应情况；增强小 G 母亲的亲职教养能力	提供精细服务 助力家校共育
2023 年 12 月	舒缓心绪 初定预案	鼓励小 G 母亲向法院说明子女照护需求并提交延迟开庭请求（原早于其夫出狱时间而致孩子失依脱管）；疏导小 G 母子负向心绪；协调政社校各方紧急制定兜底照护预案，包括事实无人抚养儿童认定、照管监护等	实时关注动态 发挥预防功能
2024 年 1~2 月	个案跟进 增强支持	与小 G 父亲建立服务关系；联系村社及走访邻里询问小 G 祖辈近况以寻求支持	重建服务关系 寻求祖辈支持
2024 年 3 月	整合资源 兜底照护	多次沟通明确小 G 亲属确无监护意愿；T 社区与小 G 父母签订协议并代为行使监护权；紧急动员政社校各方负责人召开协调会听取意见和调整实施兜底照护预案	打通资源渠道 助力精准救助
2024 年 4~12 月	跟踪回访 关注成长	与政社校各方保持联络并不定期回访；链接慈善资源给予学习和生活关怀	保持信息互通 促进全面发展

五 服务情境与专业行动的结构张力：多重困境儿童

针对上述案例，笔者认为，未达到预期服务目标的关键因素在于服务情境与专业行动的难以调和与跨越，致使专业服务过程面临深层阻力的具体机制包括：服务对象所处的家庭内部多重结构性限制和消失的外部家庭支持网络，以及社工所处的情境性伦理困境与服务实践中社会理性和生存理性的价值冲突。质言之，在服务对象所处的家庭内部多重结构性限制和消失的外部家庭支持网络，以及社工所处的情境性伦理困境与服务实践的张力下，催生了"弱而无力""助而无效""知而无用""行而无奈"的社会工作实践样态，这是社会性视角下本次个案社会工作服务深陷困局的症结所在。

（一）"弱势"的孩子：多重结构性限制下的服务"弱而无力"

服务对象小 G 是患有智力障碍的困境儿童，其本应受到来自家庭、社区、政府和社会的更多关爱和庇护支持，但事实上始终被束以多重结构性限制的家庭牢笼和困境枷锁。质言之，服务对象（孩子）的问题本身不是问题，问题背后的成员关系、家庭结构等特定情境性因素才是核心问题。从前述情况可知，小 G 所处的重要家庭内部系统可谓支离破碎、混乱不堪，原生家庭与成长环境（小 G 祖辈及以上）对于下一代（小 G 父母）和下下一代（小 G）的发展成长与关系走向均造成了深远影响。而反观社会工作社会性视角下的微观实践，要求社会工作者秉持"人在情境中"的专业价值和服务理念，发挥社会工作对弱势群体的关怀和保护作用。此外，家庭监护政策执行偏差（徐丽敏、刘皓博，2024）、儿童权利观偏移（程玲、肖桂春，2024），以及家庭抗逆力低下（陈佳等，2022）等都会导致服务的无力感。因此，在考虑服务对象问题时要融合其所处特定情境加以综合分析问题背后的深层结构因素，从根源上解决问题和实现"助人自助"目标。

小 G 面临的多重困境与其家庭内部系统有关，当然也与祖辈、学校和社区等外围系统有一定程度的关联。对于失学问题，社工通过链接资源和陪伴就医得以点亮智力检测微心愿，同时助力家校沟通和联结最终实现复学目标。但对于照管监护和心绪问题，因主要涉及服务对象复杂家庭关系、成员认知偏差等所形塑的多重结构性限制困境，仅凭个案服务想要彻底解决是非常困难的。

> 我和我老公认识没多久就怀孕了，当时年纪还小身上没钱，想去流掉就回家要钱，可家里人不给就没做成，后来我们就结婚了。我好后悔啊，早知道生下来是这么个孩子，还不如不要呢。现在烦他的上学问题，之前学校（普通公办小学）那边不是要求我陪读，就是不符合条件（特教学校）。现在还没钱，好烦啊……（小 G 母亲，20230606）

可见，孩子的出生并非母亲内心期盼的结果，这对于小 G 来说是无奈且不争的事实。母亲的认知水平有限，加上利己主义思想严重，使得孩子被迫剥夺受教育机会。而社工想要通过个案服务去深刻影响和改变母亲的想法和认知是非常难的。其在开庭审判前告知社工：

> 我和儿子说，明天开始要去很远的地方上班。让他听爸爸的话，乖乖地，妈妈就能早点回来。可他还是一直哭，舍不得我走。我也是真的没办法了，我妈到现在还不信我要进去了，姐夫也不愿帮我……以后有事多和他爸沟通，谢谢你了。（小 G 母亲，20231220）

母亲之于孩子，尽管试图用善意的谎言去掩饰现实与悲伤，也流露出一丝悔意与歉疚，但对于处境现状及成因分析的内省性严重不足。对年幼的服务对象来说，要历经错失父爱—模糊爸爸①—"失去"至亲的苦

① 服务对象母亲的前男友有充当代偿性父亲角色且对服务对象较为关爱。

痛是常人难以想象的。虽然社工也不能明确这对于像小 G 这样特殊孩童的伤害程度，但心灵的创伤避无可避，而社工要做的就是尽可能将其降至最低。

> 那天放学后，我陪着送他（小 G）第一次去福利院（非上学日居住，平时住校）。福利院老师试探性地问起他父母，他说他们到外面忙工作去了。对于这样的回答，我当时还蛮惊讶的。不过可以确定的是，他已长大记事，很多事情他心里也明白。所以后面我和学校、福利院这边多沟通和关注他的心理状况这样。（M 街道社工站社工，20240410）

> 最近他（小 G）给他爸爸写信，是由我代笔的。信中告诉他爸说，现在吃得好，过得也挺好的，让他爸不要担心。我心想，挺懂事的一个孩子，但转念一想，他这么强调，是不是以前经常吃不饱或者饮食不规律啊？感觉他其实还蛮缺乏安全感的。（福利院 Z 老师，20241212）

（二）"熟悉的陌生人"：外部家庭支持网络消失下的专业"助而无效"

由平克斯和米纳汉（Pincus & Minahan，1973）提出的社会工作的改变推动者、服务对象、目标和行动四大系统，对丰富社会工作实践内涵具有重要意义。具体而言，我们可以把改变推动者理解为社会工作者，把改变推动者系统理解为社会工作者就职的社会服务机构；服务对象系统是正在被社会工作者给予帮助的具体系统（可以是个人、家庭、群体、组织或社区）；目标系统则为改变推动者需要去改变或影响以便实现其目标的人；而行动系统是社会工作者在完成改变工作任务目标过程中与之频繁接触的那些系统（通常是包含社会工作者在内的整个工作团队）。值得注意的是，服务对象系统不一定是目标系统，应强调其融入行动系统的重要性（陈树强，2022）。

服务对象小 G 尚属无民事行为能力的特殊未成年人，对于自身处于困境的认知觉察能力是不足的，需要社工在服务过程中重点从与其联系最为紧密的家庭支持系统入手。所以，对家庭系统的影响和改变，成为社工能否帮助服务对象顺利脱困的关键点。鉴于小 G 的内部家庭支持系统已然"失灵"，本部分将重点考察其外部家庭支持系统（主要是祖辈）的状况。当社工得知小 G 父亲迫于家庭生计深夜外出务工，还涉嫌其他刑事案件时，便考虑到服务对象日后极有可能被认定为事实无人抚养儿童（如若父母双方服刑在押期限均在 6 个月以上），那么其监管照护问题最为紧要。对于事实无人抚养儿童来说，其在资产禀赋、情感表达、行为规范以及社会交往等方面呈现显著脆弱性（陈相云，2022）。因此，社工尝试寻求服务对象的外部家庭支持系统，以期祖辈能给予基础照管和监护，在一定程度上也能缓解"单亲"照护压力。但当社工征询小 G 父母意见时：

> 你说孩子他爷爷？就当他死了吧。从小到大，他都没有管过的。（小 G 母亲，20231101）
>
> 我爸不行，算了吧，就当他不存在好了。（小 G 父亲，20240115）

小 G 父母这番说辞引发社工心中疑虑，但考虑到家庭隐私也不便追问。于是向 T 社区询问小 G 爷爷的基本信息后，走访小区物业、邻里长者等试图了解其生活近况及监护能力。可竟得知其早已搬离且此前留存的电话也并非其本人，至于目前的租住地址更是不得而知。

> 我记得小孩（小 G）的爷爷奶奶很早就离婚了，后面呢爷爷又结婚、离婚啊好几次，比较复杂。具体我也不是很清楚，所以也是没把儿子（小 G 父亲）管教好啊，苦了这小孩了。（T 小区 W 长者，20240128）

直到小 G 父亲再次被拘，社工通过 H 街道派出所才得知小 G 爷爷近况，但经多次沟通，其终究还是不愿承担抚养与监护职责。而小 G 外婆这边，社工也曾因应小 G 母亲的请求陪同其前往家中见过一面。当时老人主动询问孩子近况，在得知已上学且懂事时，心里很是高兴。

> 她（小 G 母亲）妈年纪很大了，腿脚不便，接送上下学肯定不行。再说了，她家那边情况很复杂的，也不会同意的。（小 G 父亲，20240130）

社工带着疑惑致电小 G 母亲户籍所在村委会，在告知对方来意后，对方表示会先与小 G 大姨父沟通，但让社工不要抱有过高的期望。

> 老人（小 G 外婆）有精神疾病，身体不太好。大女儿（小 G 大姨）也是精神残疾，家里全靠大女婿支撑着，他为了这个家也付出蛮多。孩子（小 G 表姐）也要读大学……对于这个小姨子（小 G 母亲）也是挺失望的。（H 街道 Z 村委会工作人员，20240131）

此番了解下来，社工发现要寻求祖辈的支持也极为困难。不禁思考：服务对象的亲朋为何都远而弃之化身为"熟悉的陌生人"？为何成年人的世界就不能多考虑一下孩子的切实感受和需要呢？归根结底，是利己主义的自我保护机制在发挥作用，还是人性的自私？此外，值得注意的是，在小 G 父母被刑事羁押后，他们选择联系的均是毫无血亲关系的小 G 母亲的前男友，并拜托其代为照顾孩子①以及要求送去应季衣裤等监内生活物资。

> 他们（小 G 父母）都给我写信，让我有时间就多去看下孩子（小 G）。不管怎么说，这孩子也和我生活了大半年吧，还是有感情在的，而且说实话我也很喜欢他。（小 G 母亲的前男友，20240410）

---

① 此时服务对象的父母对于"政社校"各方已启动紧急兜底救助服务对象的预案并不知情。

　　强调社会关系的社会工作社会性，要求社会工作者将服务对象置于其所处的具体关系场域之中，去打通个人与他人、家庭和群体之间的关系通道，进而调整、改变和优化个人与他人之间的关系。然而，当社会工作者在面对利己主义倾向或者注重个人私欲的困境儿童家属时，又该如何去影响和改变他们？案例中服务对象的祖辈支持系统是社工尽力去打通和攻克的目标系统，以修复、增强服务对象的社会关系和支持网络。但奈何其终究还是缺乏改变和行动的意愿，致使服务陷入助而无效的窘境。实践表明，通过社会工作服务试图修复"阻断式"的家庭关系结构，或想在短时间内唤醒、激发家庭复原力和抗逆力都是极其困难和充满挑战的。笔者认为，此过程需要漫长的疗愈时间，更为关键的是处于家庭结构网络中的每位成员应有付诸行动和努力改变的意愿。此外，在推进目标系统的行动和改变以达成服务目标过程中，实则还充斥着各种突发的不可预见因素。正如本案例中小 G 父亲出狱 3 个月后再次入狱，将服务对象再次置于多重结构性困境之中。尽管社工出于职业伦理要求，以接纳、同理和关怀之心给予小 G 父亲以正向引导和支持，但结果不尽如人意。虽然有小 G 母亲的"关系衔接"（在一定程度上有助于社工与其夫建立服务关系），但或许其只是碍于情面而表面应付，内心并未真正接受社工的帮助和服务，又或许社工对归正人员的工作处置方式还不够恰切。

（三）致命的受助者"反噬"：情境性伦理困境下专业伦理"知而无用"

　　情境伦理学认为，没有任何规则或者一般性准则能够指导伦理决策者的行为，任何决策行为都取决于即时性的形势和条件，且任何情境都是独特的、单一的（刘江、顾东辉，2022）。社会工作是儿童专业服务有效运行的关键，但当社会工作者提供服务时，伦理挑战无处不在。究其原因，在于想要通过范式内的专业伦理处理方式，实则很难解决服务过程中的模糊性、争议性问题，即尽管专业伦理指引可以作为社会工作者解决价值两难问题的有用资源，但在复杂情境中依然会面临很多不确定性和含混性（陈倩雯，2023）。因此，社会工作者依据专业伦理守则开展的服务具有情境性特征。当面临伦理守则与专业行为抉择时，要对二者的关系进行重新理解和建构，并达成一种新的平衡或整合状态（刘江、顾东辉，2022）。但当面对兼具复杂性、不稳定性、独特性和价值冲突性的具体服务情境时，社会工作者要如何达成这种所谓的专业伦理和现实伦理的平衡与整合呢？

回到本案例中，在小 G 母亲面临法院催促开庭之际，因惧怕刑事处罚（援助律师预判服刑期在 3 年以上）而内心倍感煎熬，几乎每天联系社工，记得最严重时：

> 我宁愿死，也不会去坐牢。我走了，我们永别了。儿子我会送到我妈那边，就这样吧，不上学了。（小 G 母亲，20231215）

小 G 母亲此番"深夜诉苦""以死相逼"让社工顿感无措和心生畏惧。次日清晨，社工当即赶往服务对象住处，却发现小 G 母亲的心绪状态并非社工心中预想那般严重，这无疑给社工沉重一击。就专业社会工作服务而言，要求社工不断提升专业技术水平以回应和解决服务对象的问题。在个案服务前期，母亲是服务对象的主要监护人，因此社工须与其建立良好的服务关系。伴随关系的建立和服务的深入，正当社工认为能更有利于开展后续服务工作时却发生了上述一幕。那么，在中国式社会工作语境下，到底需要建立怎样的服务关系？如何精准把握专业服务的边界？而充斥着熟人关系、人情网络的服务关系，是否违背专业伦理要求？社工是否存在共情过度，以至于给了受助者"反噬"社工的机会，造成职业无力感和负向心绪等问题？有学者认为，关系运作、建立熟人关系的民间求助模式是社会工作助人系统中的"错置"，对其工作效率、主体状态及成效等方面均产生不利影响。因此，坚持职业伦理和建立专业关系，应是与社会工作助人系统相契合的求助关系模式（马志强，2014）。也有学者认为，儿童社会工作中的平等引导和理性关怀的伦理规范与我国的家长文化与慈孝文化存在冲突，需要通过"培养儿童自主意识""引导儿童自主决策""理性超越情感""教育超越关爱"等原则实现儿童本位的本土化（李文祥、马振铭，2024）。

（四）"生存理性"驱动的行业生态：伴随服务实践张力的"行而无奈"

以社会利他、社会规范和集体利益为核心的社会理性范式，应成为创新社会服务体系的理论基石。社会工作的社会性，要求社会工作者以维护社会团结、促进社会公义为使命。然而，在现阶段的实践情境中，社会工作者是社会服务机构（以下简称机构）的内部员工，而大部分机构当前依赖于政府购买社会服务的项目生存。就机构而言，其必然有明确的制度规定，如项目的服务范围、内容和周期等。因此，专业使然的社会理性导向和行业实然的生存理性导向之间必然存在结构性张力，这让处于"夹心层"的社会工作者很是为难。记得托管运营 M 街道社工站项目的机构领导曾不止一次询问社工是否可以结束本次个案，但从解决问题本身和践行职责使命的角度来说，与结案的理想服务目标还有着很大距离。

> 请你记住，社工不是万能的，靠你一个人是不能彻底解决服务对象的问题的，而且你要在职责范围和专业边界内开展服务。（M 街道社工站副站长，20231218）

那么，社会工作的社会性使命导向和当下行业项目制的指标导向之间，有无调和或相对周全的可能？此外，无论我国社会工作先发地区还是相对后发地区，社会工作理论和专业行动实践发展都处于非同频共振的状态。看起来"高大上"的专业理论为何在专业实践中的指导作用有限，以至于理论和实践严重脱节？正是西方专业规范与本土治理情境冲突形成的"形式自证""实践先行""专业妥协"，形塑了机械、悬浮的社会工作理论（徐选国、陈雪，2024）。因此，笔者认为要达到理论和实践的融会贯通，关键在于理论方法与现实情境的耦合性、恰适性。另外，需要一线社会工作者在专业服务的同时不断进行推敲和反思，以促进本土实践知识的持续生产和理论建构。

六　结语

由于多重困境儿童群体的特殊性、异质性，社会工作者须根据服务对象（家庭）特定情况和境遇提供专业服务。本文选取笔者亲历的一名多重困境儿童个案作为研究对象，结合社会工作的社会性视角分析尽管社工付诸一系列专业行动（身心关爱、资源链接、陪伴就医、家校联结和助学伴学等）但仍面临诸多服务困境，并进一步探析其生成机制。通过审思本次个案服务发现，主要原因在于社工始终难以改变服务对象所处的家庭环境系统，包括成员关系、家庭结构及其社会支持网络等。而家庭是儿童生活和社会化的关键场所，是其非正式社会支持网络的重要组成部分，家庭在社会工作服务中至关重要。但囿于重塑家庭系统结构任务的繁杂性和艰巨性，服务对象始终未能挣脱其家庭结构性限制的牢笼枷锁，加之自身主体性的缺失及外部家庭支持网络的阙如，最终被迫沦为被亲朋所弃的事实无人抚养儿童。这是社工在付出诸多努力和行动后不愿看到的无奈结果。

值得深思的是，在本案例中，服务对象似乎是以"牺牲"亲情为代价而获得社会关爱的，那么这些"关爱"真的是出于儿童本位考量吗？是孩子内心的真实渴望与需要吗？再有，待服务对象父亲再次出狱后，对其的监护现状和能力该如何评定？孩子的生活归属和监护照护问题又该何去何从？因此，笔者认为，未来社会工作应努力通过一系列专业社会服务"社会性地"行动和参与，将专业性与地方（情境）性、社会性与人的主体性有机结合，促使微观、宏观社会工作融合发展以更好实现人的美好生活（徐选国，2017；茹婧，2023）。在理论方面，本案例以社会工作的社会性视角为出发点，始终坚守"人在情境中"的价值理念，致力于帮助服务对象走出困境。但实践表明，社会工作的社会性目标实现依然是有限度的。这种限度提醒我们应该思考：一是社会工作的社会性如何与中国特定历史、文化和政治因素相结合，进一步探索社会工作的"本土社会性"行动框架（徐选国、李硕，2025）；二是社会工作的社会性是社会工作的绝对追求目标吗？这督促我们进一步思考社会工作的情境性本质。换言之，社会工作可能存在不同情境下所追求的不同本质目标，而非整体性地坚持单一的社会性本质目标？对此，需要包括笔者在内的更多研究者和实务工作者进一步携手探究。

参考文献

黄晓燕，2017，《儿童社会工作服务指南》，北京：中国社会出版社。

陈锋、陈涛，2017，《社会工作的"社会性"探讨》，《社会工作》第 3 期。

陈佳、金语嫣、袁鸣扬、王儒腾，2022，《县域儿童家庭抗逆力与父母养育压力的关系——祖辈参与儿童照料会有影响吗？》，《中华家教》第 5 期。

陈静、董才生，2017，《我国困境儿童救助与保护的模式演变和路径创新——基于多元共治的视角》，《兰州学刊》第 4 期。

陈立周，2017，《"找回社会"：中国社会工作转型的关键议题》，《思想战线》第 1 期。

陈倩雯，2023，《绝对主义或相对主义：社会工作介入儿童保护的伦理挑战及其应对策略》，《青年探索》第 3 期。

陈树强，2022，《社会工作实践四个基本系统的实践意义再认识》，《东岳论丛》第 1 期。

陈涛，2022，《把握社会工作的"社会性"，助力乡村产业振兴》，《中国社会工作》第 34 期。

陈相云，2022，《事实无人抚养儿童多维脆弱性与社会工作干预研究设计——基于风险-脆弱性分析框架》，载范明林、杨锃、陈佳主编《都市社会工作研究》第 12 辑，北京：社会科学文献出版社。

程玲、肖桂春，2024，《实践的偏移与理性建构：社会工作服务中儿童权利观的实践反思——基于一项儿童暑期托管服务的分析》，《社会工作》第 1 期。

冯元，2022，《我国困境儿童政策优化与精准服务策略：文化敏感与需要满足》，《吉首大学学报》（社会科学版）第 1 期。

高丽、徐选国、杨威威，2019，《新时代社会主要矛盾、社会保护与社会工作的专业回应》，《学习与实践》第 4 期。

高丽茹、万国威，2019，《福利治理视阈下城市困境儿童的福利提供——基于南京市 FH 街道的个案研究》，《学术研究》第 4 期。

古学斌，2015，《为何做社会工作实践研究?》，《浙江工商大学学报》第 4 期。

黄君、彭华民，2018，《项目制与嵌入式：困境儿童保护的两种不同实践研究》，《南通大学学报》（社会科学版）第 3 期。

何国良，2021，《"关系"：社会工作理论与实践的本质》，《社会建设》第 1 期。

何雪松，2018，《社会工作的社会理论：路径与议题》，《学海》第 1 期。

李涛，2024，《社会组织开展困境儿童救助与赋能的实践与反思——以"协作者"为例》，《中国校外教育》第 5 期。

李文祥、马振铭，2024，《儿童社会工作伦理的儿童本位及其本土化》，《学习与实践》第 10 期。

雷杰、张瀚予、丁锋辉，2023，《社会工作介入未成年人监护体系建设的"最佳实践"——以广东省未成年人救助保护机构能力建设项目为例》，《社会建设》第 5 期。

刘江、顾东辉，2022，《"约束—内化" vs. 反思性实践认知——社会工作伦理守则与留职意愿关系研究》，《社会学研究》第 2 期。

马志强，2014，《从熟人关系到专业关系：社会工作求助模式的转向》，《西北师大学报》（社会科学版）第 1 期。

满小欧、王作宝，2016，《从"传统福利"到"积极福利"：我国困境儿童家庭支持福利体系构建研究》，《东北大学学报》（社会科学版）第 2 期。

茹婧，2023，《地方性嵌入：社会工作"去个案化"现象的一个解释框架》，《福建论坛》（人文社会科学版）第 11 期。

王思斌，2014，《社会治理结构的进化与社会工作的服务型治理》，《北京大学学报》（哲学社会科学版）第 6 期。

吴玉玲，2025，《反儿童脆弱性：儿童敏感的社会保护理念、经验与启示》，《华东理工大学学报》（社会科学版）第 2 期。

徐丽敏、刘皓博，2024，《模糊–冲突理论下我国儿童家庭监护政策的执行偏差研究》，《社会政策研究》第 2 期。

徐永祥、杨威威、徐选国，2018，《社会性、主体性与社会工作知识结构及实务模式的反思性建构——来自福柯的启示》，《社会建设》第 4 期。

徐选国，2017，《中国社会工作发展的社会性转向》，《社会工作》第 3 期。

徐选国、陈雪，2024，《专业规范、治理情境与社会工作理论悬浮的形成机制》，《社会科学》第 4 期。

徐选国、李硕，2025，《新时代社会工作的内涵重构及实现路径》，《社会建设》第 1 期。

杨铿、莫佳妮，2022，《"联结生活"视角下社会工作的职业与薪资——助人服务"购买"中的社会性与国家性》，《学海》第 2 期。

张柳清，2017，《困境儿童保护研究——以社会工作机构参与困境儿童保护为例》，《社会福利》（理论版）第 11 期。

张闰闰，2022，《社会工作介入困境儿童社会支持网络构建研究——基于"儿童之家"的案例实践》，《国际公关》第 12 期。

张昱，2019，《社会工作：从本质上实现人的改变》，《社会科学辑刊》第 6 期。

朱媛媛、王兴龙、吴君霞，2023，《社会组织参与困境儿童社会支持网络构建的服务策略研究——以广州市 S 组织困境儿童服务项目为例》，《社会工作与管理》第 2 期。

郑广怀、向羽，2016，《社会工作回归"社会"的可能性——台湾地区社会工作发展脉络及启示》，《社会工作》第 5 期。

郑广怀、孟祥哲、刘杰，2021，《回归社会性：社会工作参与新冠肺炎疫情应对的关键议题》，《社会工作与管理》第 2 期。

IFSW & IASSW. 2014. "Global Definition of Social Work." http://www. iassw aiets. org/ global definition of social work review of the global definition/.

Kam, P. K. 2014. "Back to the 'Social' of Social Work: Reviving the Social Work Profession's Contribution to the Promotion of Social Justice." *International Social Work* 57 (6): 723-740.

Pincus, A. & Minahan, A. 1973. *Social Work Practice : Model and Method.* Itasca, Illinois: F. E. Peacock Publishers, Inc.

服务学习理念视角下高校社会工作专业
实践教学模式创新研究

张　娇　宋　利*

　　摘　要　实践教学是社会工作专业拓展学生实务技能，培育应用型人才的关键，国内各个高校围绕着社会工作专业实践教学模式进行积极的探索。服务学习作为一种创新的育人理念和教学方法，强调实践教学中反思性实践以及社区等实践平台的重要性，在实践教学目标、体系和保障机制层面能够提供一定的指引。借鉴服务学习理念，针对社会工作专业应用型人才培养的特点，本研究总结出"反思性教学理念"、"协同式学习方式"和"情景式成长体验"三种行动路径。为了实现社会工作专业应用型人才培养的目标，各高校应基于学生的成长特点，从制定实践标准、整合有效资源和丰富实践成果的产出和形式三个方面构建社会工作专业实践教学体系，提升社会工作专业应用型人才实践教学的整体育人成效。

　*　张娇，北京城市学院公共管理学部讲师，主要研究方向为社会医学与健康社会工作；宋利（通讯作者），北京城市学院公共管理学部讲师，主要研究方向为社区治理、社会工作专业实践教育。

关键词 服务学习 实践教学 社会工作

一 研究背景与问题提出

社会工作是秉持"助人自助"的价值理念，对社会的困弱群体，实施专业服务、解决其基本生活问题、促进社会团结的实践活动，是强调应用型、实践性和助人性的学科。同时，党中央、国务院在构建中国特色社会主义社会治理体系、全面建成小康社会进程中，不断提出新任务，进行新探索，实现新发展。在这一发展进程中，社会工作专业得到了较为快速的发展，在服务基层群众、参与社区治理和乡村振兴战略中扮演了重要的角色。2024 年，各级社会工作部门明确了聚焦加强党对社会工作的全面领导、促进社会工作高效统筹协调，有效整合社会工作力量，努力推动社会工作高质量发展的新目标，这对社会工作专业应用型人才的培养提出了新的要求。综观和审视社会工作专业应用型人才的培养，可以发现，自 2009 年开设社会工作专业硕士以来，我国社会工作专业应用型人才培养的规模和质量都有了大幅度的提高，但是面临实践教学体系设置不够合理、实习督导队伍配置不足等现实困境，培养效果远未达到预期。服务学习作为一种创新性的教学理念和实践方式，能够在社会工作专业应用型人才培养的过程中强化学生的专业实践能力，促使其在专业反思性建设中提升专业感知度，这为社会工作专业应用型人才的培养提供了一种新的理念和方法，对深化我国应用型人才培养成果具有重要意义。

实际上，服务学习经常与课程建设和专业教育同频出现，通过重审服务学习的"反思性实践"和"体验式教育"等核心要素，探索服务学习在课程改革和人才培养中的定位。在课程体系建设层面，高丽茹（2023）认为服务学习除了包括服务和学习以外，还包括反思和互惠两个关键要素，通过课程设计的反思活动，有助于学生更深刻地认识和理解服务社会对自己成长的意义。在教学模式改革层面，罗云南等（2022）总结出"3R 原则""全人发展"的逻辑起点及价值理念，通过"三维驱动"教学模式重构与激活教学场景，探索服务学习理念下的教学改革创新。在人才培养层面，王婧（2023）创新"学习→服务→督导→反思→再学习"的服务学习模式，推动学生运用课堂所学专业知识以服务为载体开展体验性的社会实践。在越来越多的学者关注到服务学习理念对于社会工作专业实践教学体系重要性的同时，有关服务学习理念在实践教学中反思性和协同性问题的探讨也随之而来。魏成（2022）认为社会工作教育的反身性和行动性的高度协同无法得到保障，其结果就是社会工作理论、技术与实践相脱离，这就需要社会工作教学构建好教学情境，对教学的行动方向、过程进行反思性实践讨论，挖掘社会工作视角教学过程中各个主体之间的关系和协同性。服务学习理念嵌入实践教学的全过程是社会工作专业应用型人才培养的关键，本研究基于服务学习理念视角，采用多案例比较研究方法，试图分析服务学习理念视角下社会工作专业实践教学模式的创新路径和服务模式。具体来看，研究者从服务学习的反思性实践、体验式教育和社会服务参与等核心理念入手，并结合典型案例建构服务学习理念下社会工作专业实践教学的行动框架，选取社会工作专业本硕实践教学培养的案例进行多案例比较分析研究。本研究希望通过研究回答以下问题：服务学习推动社会工作专业实践教学的逻辑是什么？助推社会工作专业实践教学的可能路径和模式有哪些？

二 实践教学的逻辑展演：一种服务学习分析框架

服务学习强调的反思性建设、社区实践参与以及项目导向等理念与社会工作专业实践教学的实践目标、实践方式和督导参与等要素具有高度的契合性与融入性，将服务学习理念架构到社会工作专业应用型人才实践教学的培养过程中，有助于社会工作专业实践教学目标和体系的优化，同时有助于建立起良好的实践教学运行机制。

（一）服务学习理念：理念与模式

服务学习作为一种创新型教学理念，最早起源于 20 世纪 60 年代美国教育学家罗伯特·西格蒙（Robert Sigmon）和威廉·拉姆齐（William Ramsey）提出的"服务学习"概念，并在社会志愿服务项目中得到首次应用。与传统的教学理念和志愿项目相比，服务学习理念更加强调学生培养目标与社区志愿服务实践的融合，注重学生在社区服务实践中逐步实现个体的成长、专业的进步以及社会的支持。从已有的研究来看，服务学习的基本内涵主要涉及以下几个要素。第一，服务学习是一种将社会服务和专业学习相融合的创新教学理念和育人模式，它强调学生要树立明确的学习目标，并在社会服务中进行反思性建设，培养学生解决实际问题的能力和创造性思维。第二，服务学习是一种注重团队协作和伙伴关系建立的"协同式"学习方式。团队协作是服务学习的核心部分，它通过合作项目的形式，组织高校教师、行业导师和专业学生与社区等实践场域建立伙伴关系，围绕既定的学习目标开展在地化学习，加深学生对专业知识的理解。第三，服务学习是一种"贯穿式"的学习过程，侧重培养学生的综合素质，依托对现实问题的反思，在关注知识和实际运用过程中使学生能够承担社会性的责任。服务学习在专业学习、技能发展和社会责任之间搭建了很好的串联机制，其"育人"的核心目标与当前应用型人才培养的理念不谋而合，因此服务学习在研究生实践教学和应用型人才培养中得到了较为广泛的应用，成为当前关注度颇高的一种教学理念和创新模式。

（二）服务学习与社会工作专业实践的契合性

服务学习对于破解当前应用型人才教学和培养过程中实践教学环节后置、实训课程设置体系性不完善问题以及丰富应用型人才培养实践教学的形式、创新社会工作应用型实习实践的教学目标和项目制管理形式有较强的指导意义。社会工作专业实践教学的主要特点是强调学生在社会服务环境中自我成长和社会责任感培养。相关研究结果显示：长期以来，高校教师考评制度重视教学和科研成果，使多数教师重科研教学轻实践价值的取向一直比较明显，对于社会工作专业实践教学的认知还有所欠缺。致力于学生综合素质提升和社会责任感培养的服务学习可以使社会工作专业实践教学的培养目标更加综合和多元，让学生能够充分利用社会服务的行动和反思来明确实践目标，最终实现学生个体、督导教师、学科建设以及社会服务等多元主体相融合的结果。

从服务学习与社会工作专业实践教学的契合性来看，服务学习是一种情境式的经验反思和成长模式，关注学生的课程实践、科研实践和实习实践与社会服务的协同和融合，通过在一线服务实践中的经验总结和过程性反思建设，来实现学生课堂知识和实践技能的有机联系，进而实现学生的全面成长。由于服务学习将研究、教学和服务连接在一起，把社区服务和课堂教学进行了有效的融合，因此在实践教学中引入这一创新理念，通过制定分段渐进式实践教学策略，依托"贯穿式"项目制实习周期来衔接课程教学体系，鼓励学生在实习督导和行业导师的双重指导下，深化社区服务实践内涵，进而将应用型人才培养研究、教学和服务有机结合起来，为学生创造具有专业深度的反思性学习环境，让学生在持续的社会服务中不断深化课堂知识学习，真正让实践教学在社会工作专业应用型人才培养过程中发挥应有的作用。

（三）服务学习指导社会工作专业实践教学的分析框架

社会工作专业实践教学体系的建设是理念、模式、行动和专业等众多实践教学和育人要素的有机融合，在这一过程中以服务学习理念为导向，从服务学习理念的核心要素入手，推进社会工作专业实践教学体系的建设和学生的培养。从本质上说，这是服务学习与实践教学体系的相互融合，也是反思性建设嵌入实践教学的一种探索性实践。本研究沿用西格蒙的观点，结合中国社会工作专业实践教学发展的语境，认为社会工作专业实践教学是培养应用型人才的重要载体，它涉及在社会工作专业实践教学中的多元主体的结构管理、实践教学体系的合理设置以及反思性理念的运用。服务学习理念强调的经验总结和过程性反思建设是影响学生成长的重要动力因素，这在社会工作专业实践教学和育人工作中也同样适用。

通过梳理已有的社会工作专业实践教学研究成果，结合服务学习理念中影响社会工作专业视角的因素，本研究构建了一个服务学习推动实践教学的分析框架，其中服务学习的影响因素主要集中在实践教学的主题、督导、项目和基地等多个维度，研究者立足于社会工作专业实践教学的策略安排、运行机制、督导队伍和实践场域等环节，并结合三个典型案例尝试探索服务学习理念下社会工作专业实践教学的发展路径和模式（见图 1）。作为应用型学科，社会工作在实践教学过程中是如何解决学生的专业成长问题的，是一个需要在实践教学体系、实践策略保障以及其他资源力量参与基础上综合研判的体系。从服务学习的反思性教学理念出发，可以优化实习的策略安排；立足校内外督导队伍建设，可以很好地激发各资源主体的协同性；聚焦社会服务项目的参与，有助于协助学生建立完善专业成长和反思的"学习链条"。因此，本研究以服务学习的反思性教学理念、协同式学习方式和情景式成长体验作为三个条件变量，探析社会工作专业实践教学的模式创新和条件组合路径。

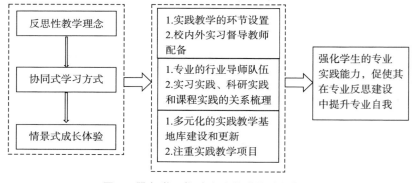

图 1 服务学习推动实践教学的分析框架

三　服务学习理念在社会工作专业实践教学中的实证分析

基于服务学习理念视角，本研究对社会工作专业实践教学体系及模式的路径展开分析，所选的案例源于笔者对国内开设社会工作专业高校实践教学体系的调研，按照全面性、多元性和代表性等原则进行了三类服务学习理念下社会工作专业实践教学案例的筛选，并结合案例对服务学习理念下我国社会工作专业实践教学模式进行路径分析。

（一）创新实践教学运行机制，突出反思性教学理念运用

服务学习是一种"全过程式"的反思性教学策略，在服务学习的过程中，反思是串联学生社会服务实践和课堂知识学习的有效纽带，而对社会工作专业本科学生来说，不少于 800 小时的专业实习实践贯穿四年本科教育教学始终，这就需要在实践教学中完善运行机制，来保障学生专业反思性建设的过程性和连续性。在国内，社会工作专业实践教学的后置式实践机制注重学生的固定实习场域，重视学生阶段性实习的任务目标忽视学生在社会情境的成长现象较为突出，这也就容易造成学生的专业反思性建设无法有效地融入专业实践的社会情境、课程知识和社会问题解决之中，影响学生专业实习实践的整体效果。事实上，将反思贯穿社会工作专业实践教学中，需要在实践教学机制中做好策略安排。

基于实践的反思性建设是促进学生实践知识生成的重要环节。在转化学习理论中，反思主要包括内容反思、过程反思和前提反思三种类型（贾凡，2010）。其中，过程反思是对问题过程及解决策略的检验与评估，即关于问题发生的过程以及如何解决这一问题的思考，在经历触发事件的冲击之后，学生回归实践场景展开反思活动，对实践问题及其解决措施展开探讨，通过反思性实践，学生能够获得解决实践问题的具体措施。为了突出反思性教学理念在实习实践中的地位，保障社会工作专业实践教学的顺利开展，北京市 C 高校从"实习+课程"教学体系出发，设计符合专业特质的"分段渐进式"实习计划，包括"认知实习—同步实习—专业岗位实习—毕业实习"四个阶段，通过不同层次、不同深度的实习模式，强化实习成效，提高学生的综合素质，实现社会工作专业的通才教育以及培养职业工作能力全面的应用型人才的目标。

在具体的社会工作专业实践策略安排过程中，北京市 C 高校将实习和实训的内容按难易程度和要求高低进行分类，给不同年级、不同技能水平的学生配以不同的实习、实训内容，并将之贯穿于整个大学学习生活的始终。例如，在认知实习阶段更加强调学生对行业的感知和了解，

通过实习加深对社会工作行业的认知，并对整个社会工作行业和实践内容进行初步的"前提反思"。在同步实习阶段，学校组织和引导学生参加一线社会工作服务，以协助者和参与者的身份尝试进行个案、小组和社区工作服务的开展，在理论与实践同步学习的过程中，积极反思、不断加深对专业的理解，鼓励学生在社会工作实务中进行"内容反思"。在专业岗位实习过程中，学生在实习单位需要参与社会工作服务项目，针对某一类人群或者社区治理的诉求进行持续性的专业实践，并以专业岗位实习导引工作坊的形式，培养独立进行社会工作服务项目的设计、执行、管理及评估的能力，使得"过程反思"能够贯穿学生专业岗位实习的始终。在最后一个学期的毕业实习过程中，学校鼓励学生在前几个阶段实践训练的基础上，根据科研创新项目和论文选题方向的要求，自行选择匹配的实习单位，巩固对社会工作的专业认同感，做好投身现实专业服务的准备工作。通过"分段渐进式"的实习安排策略，北京市 C 高校将反思性实践和学生实务能力培养进行了有机的结合，同时在行业实践、科研实践和专业实践三位一体的保障策略下，让学生在不同阶段的实习过程中总结实践经验和问题解决策略，使其成为学生策略性知识和专业性能力的来源。

（二）聚焦实习督导队伍建设，促进协同性力量有效发挥

服务学习是以学生和督导老师的关系与角色定位作为行动力量，强调督导老师与学生在实践教学过程中的互动和参与，进而形成"反思性建设"的有效驱动力量。在社会工作专业岗位不足、实习督导行业经验不充分的条件下，通过组织学生前往社会工作服务机构等社会组织，依托政府购买和福利基金资助项目，带动学生参与社会服务，是社会工作专业实践教学的主要形式之一。"从实践中来、到实践中去"是社会工作专业实践教学的一大特色，但是也受到社会工作服务机构数量不足、行业督导队伍师资力量不足和校内专业实习督导匮乏等影响，导致学生在社会工作服务实习场域与课堂专业学习之间出现拼接上的错位，使得学生对于社会工作专业实践教学的认知出现偏差，影响其专业价值的提升。

虽然社会工作专业的培养目标以培养和提升学生专业技能为主，但是，如果缺失专业理论根基，"实务技能"的大厦也只能是空中楼阁。同样，如果仅仅懂得社会工作基础理论，而不会处理和解决实际问题，则其拥有的理论也是无用的和无效的。针对社会工作专业实践教学中的督导和协同式实习力量分散等问题，东北地区 S 高校提出"整合-联动实习督导"模式的构建策略。基于东北地区大多数社会工作专业实习督导缺位及督导系统要素之间处于割裂状态的客观事实，S 高校主张在系统理论视角下，加强系统内核心要素的能量传输，用整体性理念促成实习督导系统要素、系统的联动，将专业理论知识与实务操作技能进行"整合"，实现社会发展专业学习、高校和实习机构三个系统之间的有机"联动"。

在具体的社会工作专业实践督导模式构建过程中，将理论知识与实务操作技能的"整合"分为三个阶段。第一阶段：实践行动前的理论准备。机构督导者通过学校督导者评估实习学生能力，确保在理论知识充足、服务过程明晰的情况下为学生分配实习任务，指导学生收集案主及其生活关系的资料，评估需求。由此依据相关理论，预设服务的若干假设。第二阶段：服务行动中的理论反思。在服务行动开始时，机构督导者需持续跟进服务过程及服务效果，提醒实习生自我觉察，在适当情境下教会学生"澄清"，避免出现移情、反移情。第三阶段：理论指导下的行动流程的制定。当实践与理论、假设一致时，机构督导者可帮助学生制定完整的行动流程，按照流程进行服务，同时根据行动中的新信息，进行新一轮的理论准备，协助学生确定并实施下次会谈及服务的具体计划。

（三）依托项目化的实习模式，注重学生情景式成长体验

服务学习作为一种可以持续开展的方式能够促进人才培养模式转变以及学生高阶段实务能力的培养，高校通过与社会服务单位建立长期实习合作契约和伙伴关系，为学生提供参与一线社会实践服务机会，不仅能够将学生的专业实践的环境扩展到真实的社会服务场域和专业服务情景，进而增进学生的情景式成长体验，还能在满足服务对象需求和促进社会服务过程中推动社会工作专业服务功能的实现。在我国社会工作专

业实践教学中，也有部分高校采取社会工作服务项目的形式推动学生专业实习实践的开展，但大多数是社会工作实习机构自身承接的实践项目，受制于项目周期和资金等不可变量的影响，督导老师对于学生参与社会工作服务项目的监督和评价跟进得不到保障。

　　服务学习理念注重学生对专业实践的反思，而反思性假设是一个学生对实践过程中所运用技巧和方法进行评估和思考的过程，在整个过程中，学生的自我知识也是一个重要的组成部分。自我知识是处于观念层面的知识类型，主要包括对自我的理解和定位、自我与实践的关系以及如何改进自我。在实践过程中，学生会受到社会工作服务项目实践所带来的感官体验的影响，这些情景式体验将会使学生对过去并没有注意到的自我特点进行觉察与反思，从而丰富和完善自我认知，实现对自我新的理解（洪佩、时浩宇，2023）。为了深化学生的情景式成长体验，广东省 H 高校创新"成长导向型项目化实习模式"，该模式将服务项目嵌套于学生的社会工作服务实践过程中，赋予学生对实习过程诸多的自我决策机会。他们被赋予自主运作一个小型服务项目的权力，从服务项目设计，包括服务目标的订立、服务内容和服务手法的确定，到评估指标和评估工具的制定，都由实习生主导完成。在实习教育过程中，以实习生为服务对象，将实习过程视为一个服务项目，引入项目管理的方法对实习过程进行管理，通过有系统的督导支持学生开展真实的社会工作服务项目而带动学生成长。

　　在 H 高校的项目化实习模式中，实习生是首要的服务对象，他们首先是被服务的对象，其次才是服务社区居民的服务提供者。首先，广东省 H 高校携手民政局和辖区内的社工机构，为本校社工专业的学生提供高校社工专业学生年度实训支持计划，该计划的目标对象为大三的社工学生，学生自主组建 4~5 人的团队，分别到指定的社区家庭综合服务中心实习，各实习团队以家庭综合服务中心为基地，在督导的指导下，主导开发、设计和执行一个小型的服务项目。其次，H 高校的实习教学采取集中式实习与并行式实习相结合的方式，学生在集中式实习阶段深入社区，集中精力设计服务项目；在并行式实习阶段，有计划地进社区执行服务项目，这既有利于学生整合课堂知识与实践经验，又拉长了实践体验期，给学生带来更多的思考余地。最后，采用参与式评估的方法，以小组互动为形式，引导实习生在回顾、梳理、反思、总结服务经验和成效的互动中看到自身的成长，帮助学生审视自身与实践之间的关系，寻找自身在实践中的适当角色定位，并据此调整自身的态度与行为，从而更加符合实践活动的需要，推动专业实践的顺利开展。情景式成长体验不仅使学生对自身的角色定位有了更加明确的认识，也使学生在参与项目实践的过程中发现自身被忽视的优点，从而变得更加自信，并在此基础上探讨未来改进的方向与策略，以实现个人更好的成长与发展。服务学习推动实践教学的分析框架如表 1 所示。

表 1　服务学习推动实践教学的分析框架

服务学习 理念	服务学习 保障要素	实践教学 模式	
反思性教学 理念	实践教学策 略选择	分段渐进 式实践教 学模式	该模式从"实习+课程"衔接教学体系出发，按照社会工作专业实习的任务将实习环节进行拆分，将实习实践、课程实践和专业实践进行有机整合，进而将反思性理念贯穿在整个实习实践的过程中
协同式学习 方式	实习督导队 伍建设	多元督导 协同式参 与模式	该模式强调学校督导与机构督导的联动作用，将学生不同时期的实习划分成动员实习初期、中期和总结期等几个阶段，在每个阶段明确多元督导的指导和跟进任务，从而整合相关的指导力量，形成联动的作用
情景式成长 体验	社会服务项 目实施	项目贯穿 式实践教 学模式	该模式注重学生的情景式成长体验，通过成长导向型项目化实习模式，广东省 H 高校将社会工作服务项目作为学生培养的载体，引导学生在情景式成长体验中不断丰富自我知识，实现自身的成长和发展

实践教学的策略安排、专业督导队伍的建设以及项目制的实践体验是当前社会工作专业实践教学关注的三个主要方面。本研究从社会工作专业实践教学三类案例出发，将服务学习理念下社会工作专业实践教学体系的路径总结为"突出反思性教学理念运用"、"促进协同性力量有效发挥"和"注重学生情景式成长体验"，并分析当前不同高校在社会工作

专业实践教学探索过程中遇到的资源、督导和实践场域困境以及侧重的方向。需要注意的是，这三种类型的社会工作专业实践教学模式并不是独立的，不同类型的模式可能存在重合（见表 2）。本研究更加关注服务学习理念在社会工作专业实践教学中的应用，并对两者之间的嵌入路径进行分析，从而总结出一种有益的模式。

表 2　多案例比较内容

实践教学类型	服务学习要素	适应层次	两者结合特点	对应案例
创新实践教学运行机制，优化实践教学策略	情景式成长体验	社会工作专业本科	实行"分段渐进式实习"的实习安排和管理，增强实习实践课程设置的逻辑性	北京市 C 高校"分段渐进式实习"实践教学策略。通过不同层次、不同深度的实习模式，强化实习成效，提高学生的综合素质
聚焦实习督导队伍建设，注重协同力量发挥	协同式学习方式	社会工作专业硕士研究生	将专业理论知识与实务操作技能进行"整合"，实现专业学习、高校和实习机构三系统之间的有机"联动"	东北地区 S 高校提出"整合-联动实习督导"模式的构建策略，将理论知识与实务操作技能的"整合"分为三个阶段，协助学生成长
依托项目化的实习模式，完善实践环节管理	反思性教学理念	社会工作专业本科、硕士研究生	通过成长导向型项目化实习模式，将社会工作实习的资源使用、项目化督导机制以及学生的专业成长进行了有机的整合	广东省 H 高校成长导向型项目化实习模式，对比传统的实习模式，它提供了整合多种资源的实质性框架，提升了学生的实践自我和专业自我，激发了学生的潜能

四　服务学习运用于社会工作专业实践教学的优化策略

服务学习在应用型人才培养的实践教学中具有重要的作用。通过明确社会工作专业的实践教学目标、构建分段渐进式的实践教学体系、凝聚联合督导下的实践教学合力以及深化实践教学联合体的专业属性等策略，可以有效地促进服务学习在实践教学中的应用，培养出更多具备实践能力、创新能力和社会责任感的应用型人才。

（一）重塑实践教学目标导向，构建分段渐进式的实践教学体系

我国应用型人才培养离不开创新实践型教学体系和模式，推动服务学习理念在社会工作专业实践教学中的应用，需要在常态化的实践教学模式中增加过程性任务目标。相比较而言，传统意义上的实践教学安排更多地侧重学生从高校走向社会的"转型"任务，而忽视了学生从课堂到实践的专业转化，缺少对服务学习视角教学的整体统筹，使应用型人才实践教学的目标缺乏有效资源支撑和制度保障。基于服务学习理念的特点，可以从以下几个方面开展应用型人才培养实践教学体系的探索。一方面，从学科建设和专业属性出发，在横向维度上，将应用型专业的实践教学体系按照科研实践、教学实践和实习实践进行精细化分类，并根据培养目标的任务要求合理均衡各个指标的比重。另一方面，在纵向的实习实践体系上，根据学生教学实践的掌握程度，设计符合专业特质的"分段渐进式"实践教学策略，包括认知训练、同步实训以及岗位实习等，根据学生的总体实践目标和阶段性任务进行不同层次和深度的安排，提升实习的整体成效，培养具备专业价值内涵和综合素养的应用型人才。

（二）确立项目导向实践理念，凝聚联合督导下的实践教学合力

服务学习以"学习"为基石，通过调动学生的参与积极性和全链条式的反思性建设使学生真正融入社会服务实践，使得师生能够真正参与到服务学习的结构化反思性建设中。新时代，高校的应用型人才的社会使命和治理责任更加突出，服务社会和国家治理体系创新的需求更加明显，国内应用型人才培养的实践教学也开始重视乡村振兴、社会经济和社区治理等项目导向的实践教学，但是对于项目的定位还是不够清晰和明确，缺少合作式、模块化和持续性的项目实践安排，也在一定程度上影响了督导教师的功能发挥。为此，高校在应用型人才培养的实践教学服务中要重新审视项目导向的实践理念，以课堂实训实践和校外实习实践为平台，采取项目制的实习合作模式。在实习准备期提前掌握实习单位的项目清单，引导学生根据自身需求进行可行性评估。在项目参与过

程中，组织校内实习督导根据实习目标协助学生制订和完善实习计划，跟进项目的整体实施并进行监督评价。同时，加强与校外行业导师的联系，在丰富实习基地种类和数量的基础上，选拔一批学历层次、专业水平和实务经验比较高的实习单位专业人才作为行业导师。将校内实习督导与校外行业导师的力量进行深层次的整合，针对学生参与的不同实践项目开展精细化、在地化的督导，从而协助学生通过项目反思把专业理论和社会服务实践有效地结合起来。

（三）完善多元化的实践场域，增强学生在实践中的情景体验性

推动服务学习在应用型人才培养和实践教学体系建设中的应用，需要高校建立多元化的实习实践基地，与周边的社区以及社会企业等资源体建立良好的合作关系，利用社会资源网络为学生的专业服务和科研项目服务提供相对稳定的实践环境。从目前国内的社会工作应用型人才培养来看，尽管"政产学研用"的实践教学理念已经得到了广泛的认可，但校外实习基地的整体数量不足、覆盖门类单一、基地优化和更新进度较慢和与周边社会公益和服务资源联系不紧密的问题尚未完全解决。在实践教学的常态化机制建设上，高校要对已有的实践场域和合作基地进行扩容，按照基地的数量、门类和承接学生数量和项目类型进行归类整理，组建一个多元化的实务联盟和实践联合体，通过行业导师联席会和星级合作企业评定等形式建立常态化的合作机制。高校也要加强对联合体各个参与基地的评估和监管，对单位提供的项目质量、承接学生人数人次以及学生的满意度等指标进行定期评估，增强学生在实践中的情景体验性，从而不断深化实践教学联合体的专业属性，为实践教学目标的实现提供助力。

总而言之，社会工作专业实践教学模式的创新需要结合服务学习的价值内涵和服务要素，涉及社会工作专业实践策略选择、督导队伍建设和社会服务项目在不同层面的融合。围绕服务学习理念进行社会工作专业实践教学模式的探索和创新，必须以社会工作专业学生的成长机制为导向，通过分段渐进式等实习策略和机制的整合，融合学校督导和行业

导师的力量，引导学生在实务问题的情境中解决问题，进而完善学生的"服务—反思—成长"的专业成长路径，从而实现学生在社会服务场域中学习，在多元督导支持下成长，在不同阶段的社会服务项目中进行反思性建设，达致学生对社会工作专业价值和专业方法的深层次理解、实践知识逐步构建以及专业价值意义的持续获取（见图 2）。

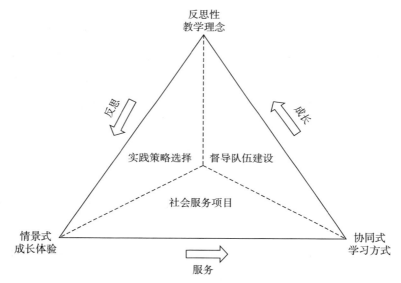

图 2　服务学习下社会工作专业实践教学模式路径

五　结论与建议

服务学习将理论学习与社会工作专业实践教学相结合，丰富课程实践教学场景，对社会工作专业应用型人才培养具有重要启发且有较高的持续探索价值。

首先，制定符合专业特点的实践标准。将"反思性教学理念—协同式学习方式—多元化实践场域—情景式成长体验"融为一体，引导学生在服务中学习、在学习中服务，注重服务学习中学生参与策划、项目设计实施和社会合作等环节，鼓励学生在社会实践中应用所学知识和技能，培养社会责任感、批判性思维和团队协作能力。结合社会工作专业特征与课程建设规律，构建服务学习的标准化，通过改革和完善现有的实践教学体系，使其更加符合服务学习理念范畴，发挥专业实践的优势，实现学生的成长。

其次，整合专业实践教学的有效资源。各高校在推动社会工作专业实践模式的探索以及应用型人才培养的过程中，需要充分调动社会服务资源的力量。有效整合政府、社会组织、基金会和医院等多方资源，明确各方在社会工作专业实践人才培养过程中的职责，协同有效合作，构建服务学习理念下社会工作专业实践教学体系，从而推动学生实践能力的提升，并与当前的社会治理任务进行有机的融合。其中，高校要通过顶层设计，实践策略的安排以及实践人才培养联盟的搭建等多种方式，将不同的社会组织、公益慈善和其他服务资源吸纳到社会工作专业人才培养的过程中，发挥实习实践基地的平台支撑、实践人才培养联盟的灵活性和社区服务实践的反思性作用，形成人才培养的有效支撑。

最后，丰富实践成果的产出和形式。随着地方社会工作部相继成立以及医务社会工作的发展，社会工作实践的领域和内容都发生了变化。高校在进行社会工作专业实践模式以及实践策略的安排层面，要与当前的卫生部门、司法部门以及信访部门开展相关的合作和共建，并在此过程中优化和设计能够解决当前问题的实习实践服务项目，丰富学生的实践场域。同时，依托于学生在实践过程中的反思性建设要素，高校应该将学生在开展专业实践过程中的产出和形式进行优化，将学生在实习实践过程中开展的社会工作服务项目以及个案、小组、社区工作等相关的案例增加到学生的实践成果中，丰富学生的服务学习体验和学习体系，促进学生理论学习与实践操作融会贯通。

参考文献

东波、王宇玲、曹雨，2019，《系统视角下 MSW 实习督导"整合联动"模式的实证研究——以东北地区 S 大学为例》，《黑龙江教育学院学报》第 12 期。

方志刚，2013，《"服务学习"视域中的开放大学与社会责任》，《远程教育杂志》第

5 期。

高丽茹，2023，《服务学习：大学生心理健康教育课程的新模式探究》，《黑龙江教育》（高教研究与评估）第 12 期。

郭永峰、毕波、于海雯，2016，《全日制教育硕士专业学位研究生实践教学的现状研究》，《学位与研究生教育》第 6 期。

洪佩、时浩宇，2023，《实务中的转化学习：社会工作学生实践知识的生成机制研究》，《社会工作》第 2 期。

贾凡，2010，《转化学习的基本理论探究及启示》，《河北师范大学学报》（教育科学版）第 3 期。

罗云南、王婷、袁志岭，2022，《“三维驱动”：服务学习视角下高职院校教学模式改革——以社会工作专业为例》，《科教导刊》第 21 期。

王婧，2023，《“服务学习”模式下社工专业应用型人才培养体系的建构与创新》，《就业与保障》第 2 期。

王思斌，2022，《积极回应社会需要 实现务实创新发展——党的十八大以来我国社会工作的发展进程》，《中国民政》第 7 期。

魏成，2022，《服务学习：社会工作教学的反思实践与关系性存在》，《阴山学刊》第 1 期。

许瑞芳，2010，《从“社区服务”到“服务学习”：教育蕴涵在服务中拓宽——美国服务学习的启示》，《教育探索》第 10 期。

薛国凤、高丽华，2023，《服务学习：研究生实践教学的一种新理念——基于美国高校服务学习理论与实践的启示》，《研究生教育研究》第 1 期。

张勉，2021，《社会工作专业实习联合督导的实践与反思——以 A 高校为例》，《湖北开放职业学院学报》第 16 期。

张甜甜，2024，《基于服务学习理论的社会工作专业人才培养实践路径研究——以铜陵学院为例》，《铜陵学院学报》第 3 期。

郑妙珠，2019，《社会工作专业“成长导向型项目化实习模式”探究——以 H 学院的经验为例》，《社会与公益》第 2 期。

卓彩琴，2013，《生态系统理论在社会工作领域的发展脉络及展望》，《江海学刊》第 3 期。

干预与放任之间：存在主义视域下老年糖尿病 患者家庭照顾者心理困境研究

阿卜杜萨拉木·阿布力海提　付　芳[*]

摘　要　本研究采用质性研究方法，探讨老年糖尿病患者家庭照顾者在照护过程中所面临的困境，并从存在主义视角分析其心理困境的成因及支持策略。结果表明，家庭照顾者心理困境体现在选择困境、道德困境、关系困境及情感困境四方面，具体表现为家庭照顾者的决策焦虑、自我疚责、理解缺失和无意义感。通过存在主义视角的分析，发现这些心理困境植根于个体自由、责任与焦虑的共生，主体自由论与角色身份论下的道德评判的复杂性，以及现实的荒诞性根源等因素。针对上述困境，本研究提出了存在主义社会工作视角下的支持策略，包括揭示固化认知、发掘自身创造力、实现苦难的超越性转化及借助对话做出承诺等，旨在帮助家庭照顾者寻找照护工作的意义，增强心理韧性，促进与环境间的积极互动。

---

[*]　阿卜杜萨拉木·阿布力海提，复旦大学社会发展与公共政策学院硕士研究生，主要研究方向为老年社会工作；付芳，复旦大学社会发展与公共政策学院副教授，主要研究方向为医务社会工作。

关键词 存在主义 家庭照顾者 老年糖尿病患者 心理健康 社会工作

一 问题的提出

糖尿病作为一种广泛流行的慢性代谢性疾病，对各类人群的健康构成了显著威胁。其中，由于老年人身体机能的自然衰退、代谢能力的减弱，其更容易面临糖尿病带来的健康挑战。《中国老年 2 型糖尿病防治临床指南》（2022 年版）汇总了 30 多年来中国糖尿病患病率调查数据，结果显示，在 1980 年至 2017 年的普查中，我国 60 岁以上人群的糖尿病患病率从 4.3% 上升至 30%，已成为我国重大的公共卫生问题。糖尿病的护理与管理应全面涵盖饮食控制、药物管理和日常活动等方面，任何一方面的疏忽都可能导致血糖波动等，引发严重并发症。当前糖尿病护理以居家自我管理为主，但老年人的糖尿病自我管理能力受到病程、疾病相关知识知晓程度、是否使用健康相关软件、文化程度等多方面因素影响，面临诸多挑战（杨予青等，2024）。有研究指出，老年 2 型糖尿病患者随着年龄增大，自我管理能力下降，容易出现血糖控制不佳等问题，对家庭主要照顾者的依赖性增强（李敏、邹树芳，2020）。在该背景下，家庭照顾者的重要性日益凸显。

家庭照顾者，又称非正式照顾者，是指那些在家里为家人、朋友或不相关的人提供无偿照料的照顾者（韦凤美等，2016）。非正式照护关系是长期的，建立在承诺、责任和爱的基础上（王莉、王冬，2019）。家庭照顾者的照护工作大多关乎两个层面：行为上的照护和情感上的关怀（梅笑、涂炯，2021）。对于老年糖尿病患者的家庭照顾者而言，一方面，他们需要密切关注并适时介入老年患者的日常活动，有效干预可能加剧病情的行为，确保血糖得到妥善管理与控制；另一方面，他们也需要理解与尊重患者的自由选择与个人尊严，给予其适当的决策空间，彰显对照顾对象深切的人文关怀。达成"照护与关怀"之间的平衡，不仅是对家庭照顾者能力与经验的考验，也是对其自由选择、责任承担与关系处理的挑战。研究表明，长期照顾老年及慢性病患者的照顾者承受着中度的照顾者压力（Sorayyanezhad et al.，2022）。因此，对家庭照顾者的支持必须重视其压力缓解与心理健康问题，并提供必要的心理关怀与支持。

存在主义作为一种哲学视角，探讨存在与本质的关系问题，关注个体在自由、责任与存在困境中所面临的问题，对于理解老年糖尿病患者家庭照顾者在实际照护和情感互动情境中经历的决策、道德、关系等压力和内心冲突的表现及成因，以及应对照护过程中的"存在性危机"有一定的价值。鉴于此，本研究提出以下问题：第一，老年糖尿病患者家庭照顾者在照护过程中面临困境的具体表现是什么？第二，从存在主义角度分析，家庭照顾者产生心理困境的原因是什么？第三，社会工作者应该如何为老年糖尿病患者家庭照顾者提供心理关怀与支持？

二 文献回顾与研究方法

慢性病患者的家庭照顾者心理困境及照顾负担逐渐成为学术研究的关注点。研究指出，为患有多种慢性病（multimorbidity）的老年人提供护理的家庭照顾者的压力源包括角色转变、协助日常生活活动以及处理患者潜在行为问题等，长期照顾容易产生心理健康水平下降、焦虑等问题，影响照顾双方生活质量（Chan et al.，2023）。慢性病照顾者比非照顾者有更高的感知压力、抑郁和孤独感（Peavy et al.，2022）。尤其是女性亲属照顾者因照顾工作烦琐冗长，容易出现"熬身体"（如身体疲倦等）和"熬内心"（如焦虑、抑郁等情绪压力）的不良体验（祁颖菲，2024）。此外，研究指出，长期高强度照顾易致其产生共情疲劳（compassion fatigue），家庭照顾者共情疲劳处于中等水平，成年子女和配偶照顾者疲劳程度高，照顾负担与共情疲劳正相关等（Liao et al.，2022）。同时，照顾者需要面临多重选择与参与决策行为，当决策复杂性或难度增加时，极易出现决策、自我调节与情境障碍，进而引发决策疲劳（张源慧等，2022）。

在社会工作、心理治疗等领域，存在主义视角对于解释个体心理困境、指导干预实践等有一定程度的应用。社会工作将存在主义运用于帮助边缘弱势群体，例如，当服务对象产生"生活意义、控制和自我价值受到侵犯"的危机，并引发诸如"为什么会发生在我身上"的问题时，社会工作者可以协助其重新构建自我意识和控制感，减轻由此产生的身心不良影响（Lopez，2019）。前期可借助存在主义模型进行关系和现象学评估，包括了解哲学假设、评估案主情况和制订治疗计划等，还要考虑社会背景和案主优势。存在主义心理治疗注重建立建设性治疗关系，帮助他们在安全的治疗关系中探索和构建意义（Golovchanova et al.，2021）；促进案主探索感知、资源和应对机制；关注区别于短暂性情绪的存在性情绪（existential moods），如关于生命的终极问题、死亡焦虑、自由或责任、无意义感、不确定性、身份危机等；运用现象学方法，分析体验、促进体验接受、探索体验层次、使用苏格拉底式提问和非言语技术等方式；采取人本主义立场，培养共情和接受能力，帮助案主应对压力，探索矛盾情感，获得自我意识和洞察，同时避免过度防御，促进患者承担生活责任（Vos，2023；Vos et al.，2015）。

基于文献回顾发现，慢性病患者家庭照顾者作为自由存在，面对照顾责任，容易产生焦虑、孤独和无意义感等情感体验，而存在主义理论在解释和应对个体类似"存在性危机"上具有独特优势，但目前存在主义理论大多应用于患者自身，而很少从该视角剖析慢性病患者家庭照顾者所面临的问题及应对策略。因此，本文基于存在主义视角，聚焦糖尿病老人家庭照顾者所面临的困境，深入挖掘存在主义在这一领域的应用潜力，以期为解决该群体的心理困境提供新的思路与方法。

本研究采用目的抽样，选取家中有老年糖尿病患者的家庭照顾者作为研究对象。纳入标准结合先前的研究（曾莉、周兰姝，2012；刘腊梅等，2007），具体包括：照顾者年龄需≥18岁；所照顾的糖尿病患者需≥60岁，且糖尿病患病史≥3年；该家庭照顾者需是老年患者的主要照顾责任人，并与患者之间存在直接的亲缘关系；照顾行为需在家中进行；连续照顾时间需≥3个月，且每周的照顾时间≥40小时，同时需为无偿照顾；在预访谈中，自我报告在照护过程中面临心理困境。最终，共计访谈11

位家庭照顾者，达到理论饱和，受访家庭照顾者一般资料见表1。

　　研究过程中采用半结构化访谈方式收集资料，访谈内容涉及家庭照顾者的照护日常、照顾过程中的情感体验、面临的挑战与困扰等。后续通过 Colaizzi 七步法分析访谈资料，分析过程包括：熟悉、析取有意义的陈述、构建意义、汇集主题、详细描述、产生基本结构、验证基本结构。

表 1　受访家庭照顾者一般资料（*N*=11）

单位：岁，年

编号	性别	年龄	文化程度	与患者的关系	照护时间
N01	女	47	大专	父女	5
N02	女	44	中专	母女	4
N03	女	51	中专	母女	5
N04	女	55	中专	母女	6
N05	男	32	本科	母子	3
N06	女	50	本科	母女	8
N07	女	55	小学	父女	4
N08	女	39	本科	母女	5
N09	男	24	本科	祖孙	3
N10	女	59	小学	夫妻	3
N11	女	42	大专	母女	4

三　家庭照顾者心理困境的表现

（一）选择困境：决策焦虑

　　家庭照顾者常面临做出干预或放任决策的焦虑。这种焦虑主要源自三方面：即时决策的紧迫性、不确定性选择后果的压力、患者身体状况复杂性带来的评估困难。

　　即时决策的挑战在于决策时间的紧迫性对决策过程的制约。家庭照顾者常常需要在短时间内基于行为的考量，迅速对患者的举动做出反应。

例如，当看到患者准备摄入不利于病情的食物时，家庭照顾者需要立即判断是否进行干预。"我必须当场决定该做什么，不然再犹豫一会儿，半个西瓜就已经进肚子了，后果会更严重。"（N01）这种即时性要求家庭照顾者具备较快的反应力，以及对于决策合理性快速判断的能力。因为一旦错过最佳干预时机，就可能会对患者的健康产生不利影响。这导致家庭照顾者长时间处于高度警觉的紧张状态下。

干预与放任后果的不确定性是即时决策压力的重要来源。干预的决策要求家庭照顾者主动介入，纠正患者可能不利于病情的行为，体现家庭照顾者对患者健康的责任感。然而，这一行为可能引发患者的不满或反抗，甚至造成照顾双方的关系紧张。"他有时候不停地吃甜水果，我让他少吃一点……他就不高兴了，和我赌气，说别管他了……我说'你是我爸我怎么能不管'。"（N01）因为干预在某种程度上意味着对个体自主权的限制。另外，放任的决策虽然尊重了患者的自主选择，但也可能带来潜在的健康风险。"不盯着点，绝对过几天血糖就高了，就得住院遭罪。"（N03）家庭照顾者需要承担因放任患者行为而可能导致的血糖波动、并发症等后果。对于长远未知风险的担忧和恐惧，使得家庭照顾者在决策过程中常常感到不安与自我怀疑。因此，家庭照顾者在紧迫决策过程中需要综合考虑患者的健康风险、自主权及情绪反应，在尊重患者内心意愿与确保患者身体健康间找到微妙的平衡。这种高强度的认知活动容易导致决策疲劳，进而影响家庭照顾者的精神状态。

对于老人身体状况复杂性的现实考量，也加剧了家庭照顾者的选择困难。糖尿病患者的饮食行为深受糖尿病的病理特点的影响。当血糖升高时，患者容易表现出多食与易饥饿、口渴的症状。这种生理驱动下真实存在的饥饿感，促使患者进一步增加食物摄入，进而加剧血糖升高，形成一个难以打破的恶性循环。此外，老年人往往还伴有骨质疏松等问题，这些问题导致的运动不适感，进一步降低了其日常参与身体活动的意愿。在这种情况下，家庭照顾者常常感到无所适从。"有时候我也不知道怎么办，可能她真的肚子饿，不是嘴馋。但让她吃吧，我又害怕血糖会升得更高。"（N02）"运动时间太短也没什么用，运动久了隔天又说全身疼。"（N05）家庭照顾者对患者的同理心与糖尿病管理的要求之间产生了矛盾，加重了家庭照顾者在决策中体验到的决策焦虑。

（二）道德困境：自我疚责

家庭照顾者在做出行为决策后面临的道德困境，其核心在于自我疚责。疚责主要源自对行为未能符合自身价值信念的反思，以及违反世俗伦理规范的内省。

家庭照顾者在完成决策行动后，往往以高度的道德自觉审视自己的行为。尽管在采取行动前，已经隐约预见到可能的后果，但事后的反思使得这些模糊的感受变得清晰而尖锐。这时他们会转向关注在道德层面的正确性与自身价值信念的贴合性。当家庭照顾者采取干预措施并收到老人的负面反馈时，如"委屈"或"生气"，这种情感反应立即触发了他们的内疚感。"她一生气我就觉得是我做得不对了，不应该这么做的。"（N03）"看得出妈妈很委屈，她可能确实没吃尽兴就被我打断了……母亲年纪大了，想着要不下次她想吃就让她吃吧。"（N06）他们开始反思：在众多的可能行动中，为何选择了这一种？是否在干预中忽视了老人的意愿和感受？强制干预是否会破坏彼此的关系，令对方心生不满？是否应在老年人的晚年生活中给予更多自由，让他们享受有限的时光？因此在内心深处产生自责。同样，若选择放任，当老人健康状况恶化时，家庭照顾者同样会陷入自我怀疑。"有时候血糖升高了，她起夜的次数也就变多了，一晚上能上三四次卫生间，我也很心疼，就会感觉自己的工作没做到位。"（N02）他们会质疑自己是否尽到子女应有的照护责任，担忧自己是否有能力承受放任行为带来的健康风险。

此外，在孝老伦理的框架下，子女需遵循尊重与顺从的原则框架，这也是家庭照顾者区别于正式照顾者的特殊性。然而，这种地位上的不对等往往导致家庭照顾者在面对老人时，感到无力与迁就。当家庭照顾者的建议或指导遭遇老人的抗拒或否定，如收到"我是你爸爸，别对我指指点点"（N07）的回应时，他们不仅要面对自身的无力感，还要承受违背家庭伦理规范的内心委屈与罪责。此外，夫妻伦理中的性别角色差异和责任分配也可能导致家庭照顾者产生无奈与自责。"好几次真的有吵架，他（丈夫）说你少管我，我说我是为了你好，跟我生气干什么……我太强势了，他一个大男人可能心里不是滋味吧。"（N10）家庭照顾者的自我疚责远非仅是对与错、善与恶的直观判断，更体现了家庭照顾者内心对自我行为的严苛审视，以及对世俗伦理规范坚定不移的遵循。

（三）关系困境：理解缺失

家庭照顾者的关系困境主要源于两个层面的理解缺失：一是与被照顾者之间的情感共鸣缺失；二是与周围社会网络（其他家庭成员等）之间的认知共识缺失。

从照顾双方的互动层面来看，二者常陷入一种情感上的对立状态。这可以形象地比喻为"戴着镣铐跳舞"的被照顾者与"背着十字架行走"的家庭照顾者（崔桃桃等，2022）。对于患有糖尿病等慢性疾病的老人而言，日常生活的自由受限常引发不满与抵抗情绪，他们可能将自身的不适与限制感归咎于家庭照顾者的过度约束，从而表现出负面情绪或行为上的抗拒。"有一次，妈妈说不想待在我们家了，说我一直对她管来管去的，让她感觉到不自由，说我们家容不下她，她要去我姐家住……我就觉得很不是滋味。"（N11）这种反应无疑对家庭照顾者的心理造成了巨大冲击，使他们在严格执行医嘱、倾注心血照料的同时，却难以获得被照顾者的理解与支持，进而削弱其自我效能感，加剧自身的孤独与挫败体验。

家庭照顾者的孤独感还源自家庭内部对其照护角色的认知偏差与支持不足。在家庭成员的视角下，慢性病照护工作因其"非急性"特质，往往被低估其复杂性与挑战性，导致家庭照顾者的辛勤付出与牺牲难以得到应有的认可与尊重。"一些人觉得照顾糖尿病人没啥的……虽然确实有一定自理能力，但你不放心啊，哪天心情好了多吃一点、睡过头就不吃了、胰岛素打高了……低血糖很危险的，直接就晕过去了，这个我们做儿女的就得关注、提醒着点。"（N06）反而当老人的身体出现不良反应时，更有被责怪的可能。更为复杂的是，家庭照顾者在维护被照顾者健康时采取的预防性干预行为，可能因触及家庭成员的既有观念而引发误解，易被认为是小题大做，使家庭照顾者陷入"里外不是人"的困境。"其他亲戚看到我劝阻母亲饮食，他们会说'你让她吃吧，老人家别管太严了'，但他们不懂后果，反而显得我很无情。"（N08）这种认知共识的缺失，无疑是对照顾者的又一重打击。

（四）情感困境：无意义感

家庭照顾者的无意义感主要受到患者健康状况的停滞与反复、照顾工作的高度机械化，以及共情疲劳的影响。

首先，患者健康状况的停滞不前和频繁波动，是家庭照顾者产生无意义感的主要原因。糖尿病管理往往侧重控制而非根治，血糖管理是一个动态且持续的过程，血糖升高并非孤立事件，而是疾病进展与生活方式因素交织的结果。即使照顾者在日常生活中长期严格控制患者血糖，偶尔的疏忽也仍可能导致其恶化，所获得的结果显得脆弱且难以实现实质性的进展。"时间久了，我越来越觉得自己陷入了一个无休止的瞎忙活。"（N06）此外，在家庭照顾者不加干预的情况下，血糖的升高可以通过患者自身增加胰岛素剂量进而恢复至正常水平。这种"反应式"应对看似有效，却忽略了血糖波动对血管与并发症的长期累积效应。这种损害不易被立即感知，使得患者有理由对自己放松要求。"爸爸已经有一种错误的观念了，觉得今天多吃点，明天血糖升高了，就多打几个单位胰岛素就行了，那我就只要看着他别低血糖晕了就行了呗。"（N07）家庭照顾者可能会因为患者的这种态度和行为而感到价值感减弱，因为他们意识到自己的劳动不被重视。

其次，照顾工作本身的高度重复性和机械化成为意义感缺失的催化剂。日复一日的饮食管理、运动监督、药物提醒等琐碎任务，让家庭照顾者感到自己仿佛陷入了一种无休止的劳动之中。"我感觉我的精神状态是被我母亲的日常行为牵动的，每天都要督促这督促那，如果她哪天能主动一点，我就会觉得轻松很多。"（N11）这种繁杂的工作模式不仅剥夺了照顾者的创造性和自主性，也让他们难以从中找到成就感和满足感。

最后，在长时间与患者相处的过程中，家庭照顾者需要不断投入情感资源，以理解和回应患者的痛苦与需求。然而，这种持续的共情投入却可能导致共情疲劳的出现。共情疲劳，作为一种情绪与心理的双重耗竭状态，显著特征为同情心减弱、情感疏离、深感倦怠及自我价值感缺失（Johnson，1992）。大多数家庭照顾者能够在一定程度上共情老人的身心处境。然而，在不断感知和同理患者痛苦的过程中，他们感受到自己面对疾病的无能为力，家庭照顾者的情感逐渐被耗尽，最初的同情心被情感麻木所取代。"奶奶说'我已经尽自己的努力在控制血糖，但每天还是这么难受，还不如直接要了我的命'。我听到这些话会很心疼，但也只能安慰安慰她，心里却感到无能为力。"（N09）"每天打四次胰岛素，看到她肚子上都是针孔，我心里也很难受，但没办法啊。"（N05）情感消耗与病情反复叠加，对照顾者心理健康造成长期损害。

四　家庭照顾者困境的深层原因分析

（一）自由、责任与焦虑的共生

在存在主义视域下，家庭照顾者面临的决策焦虑体现了个体自由意志与责任之间的矛盾。存在主义强调"存在先于本质"，即个体的存在及其所做的选择构成了其本质。当个体意识到自己的"存在"后，便开始体验到自由的本质。这种自由意味着选择的可能性，即个体必须通过选择来建构自我。责任随着自由意识的觉醒而来，个体需要为自身的绝对自由承担绝对责任。在自由和责任的交织下，个体将面临一种内在的焦虑，它源于对选择后果的深切关怀和对自身能力的质疑。在此，自由、责任与焦虑之间的复杂共生关系具象化。

1. 干预与放任：自由意志的觉醒与责任重担

家庭照顾者在面对即时性决策时，所感受到的压力异常明显。当下的唯一性，使其在此时此地不得不做出无法重来的"一次性"选择，这也使得人总是不时地在选择中呈现反映这一选择的价值判断（杨锃，

2020）。家庭照顾者的决策反映了对自身角色与行为的理解和价值选择，也彰显了其作为拥有自由意志的"自为存在"的自主性，以及在特定情境下赋予所做选择以深层意义的能力。而责任是人作为能动的主体与其自由选择造成的后果之间的关系，是人之为人所固有的内在规定性，与人的"自为存在"不可分割地联系在一起（卢云昆，2010）。对未知责任与后果的细思，便导致焦虑情绪纷至沓来。

需要明确的是，家庭照顾者无法逃避选择，因为即便不做选择，其在结果上也与放任患者无异，这也隐含了一种态度和选择。然而，正是这种在短时间内出于"自为存在"本能的自由意志选择，使得家庭照顾者在决策过程中势必感受到不可避免的沉重责任负担。因为紧急自由选择的背后，是照顾者对可能出现的不利后果的预先审视。无论是干预后即时结果的不利预期或自身无法承受的情绪压力，还是放任带来的病情恶化后的心理负担与疾病风险，都构成了他们必须承担的责任，意味着家庭照顾者不仅要为选择的客观结果负责，还要为自己的所有主观感受负责。这种对潜在风险的敏感性和对负面结果的恐惧，需在短时间内被家庭照顾者考虑和接受，这容易成为其焦虑情绪的重要来源。与此同时，家庭照顾者在自由选择的状态下，没有任何明确的方向性，仿佛在前无古人后无来者的道路上行走，缺乏依据的选择对家庭照顾者而言会成为压力源，进一步加剧存在焦虑。

2. 逃避与自欺：干预行为的深层解释

部分家庭照顾者往往直觉地通过干预与制止的方式，体现自身责任感。深层剖析该倾向，直接的干预行为更像是一种向外投射的心理防御机制，是家庭照顾者面对责任时的内心不安与恐惧的外化表现，以及希望确认自身存在感的一种方式。

家庭照顾者有意识地将被照顾者视为其对象性目标，通过行动，试图掌控"非他存在"的复杂性。家庭照顾者的积极干预行为可以被视作一种试图在不确定性中建立秩序的努力。他们通过干预和制止，满足自身对于主动性和掌控感的深层需求。因为干预行为天然地与一系列具体动作相绑定，如制止、敦促等。其间，家庭照顾者通过实际行动明确展现了其对被照顾者状况的关注和介入。相比之下，放任策略似乎在行为表征上显得更为被动和隐蔽，因为它可以简单地表现为对某些情况的"视而不见"或"默许"。这种被动的态度削弱了其在关系中明确可见的介入感和责任感。因此，家庭照顾者的这种偏好干预的行为倾向，实际上也反映了其在寻求通过具体、可见的行动来确认自身角色和价值的需求。换言之，家庭照顾者的干预行为不仅是为了被照顾者的利益，更是在有意或无意地寻求一种自我确认与肯定。然而，当其追求的掌控感与现实的不可预见性之间形成矛盾与差距时，家庭照顾者可能会产生挫败、焦虑等消极情绪。进一步地，家庭照顾者下意识的干预冲动，还隐含着一种责任转嫁的心理动态。"总不能因为我没管，最后住院了，我得把我能做的做到位。"（N04）这种行为方式在潜意识中成为一种自我保全与开脱的策略，试图在问题出现时减轻自身内疚与负罪感。

需要指出，这种为了干预而干预，试图掌控他者却又步步隐忍的行为，显然是一种"自欺"。自己既知道事情的真相，又向自己隐瞒了真相：他一面在说谎，另一面又在真诚地相信（姜延军，2001）。家庭照顾者在内心深处清楚这样的干预无法真正解决所有问题，但他们仍然向自己隐瞒这一真相，通过干预行为"说谎"来试图掌控不可控的局面。

（二）道德评判的复杂性

家庭照顾者在完成照护行动后，可能会产生道德上的不适感，进而陷入道德反思和自我疚责。原因可归结为家庭照顾者对自身道德责任及其主体的必然性和合理性根据，在主体自由论与角色身份论之间产生的矛盾。

1. 主体自由论下的道德自主

主体自由论以主体所拥有的某种自由或权能作为主体道德责任的主体必然性理由。萨特的道德责任理论便是主体自由论的基本表现形式之一。萨特将主体的道德责任与自身的自由意志相连，强调把主体在具体行动中选择自身行为的自由作为道德责任合理性的根据。人的本质是通过自身的自由选择造就的，存在先于道德，因此每个人必须也只能为自身的存在承担责任。而当自身的自由选择牵涉到"他"的存在和同"他"的存在相关的环境时，"我"同样应承担基于"我"的自由不可推卸的完全的责任（高宣扬、闫文娟，2019）。既然"我"的行为是因为"我"的主体自由，并且行之以善或行之以恶皆取决于"我"如何决断，那么"我"就该对自己的行为承担道德善恶之责，不存在先验的合理性规范（高湘泽，2006）。

以主体自由论为支撑，家庭照顾者会认为自己的照顾行为是自主选择的结果，因此会尽可能根据自己的判断和理解来决定如何照顾。家庭照顾者会意识到，由于自己的行为选择会对被照顾者产生影响，因此必须对自己的照顾行为承担道德责任。同时，尽量避免受到外部压力或规范的完全制约，保持行为的自主性。他们预见并考虑自己的行为可能带来的后果，并愿意对这些后果承担责任。这表现为家庭照顾者可以选择干预，因为他们认为干预的照顾决策有助于患者的病情控制；家庭照顾者也可以选择放任，因为他们认为对被照顾者自由选择的尊重是合理必要的。那么，相对应地，他们愿意承担被照顾者的情绪与病情恶化带来的后果。但是，在主体自由论信念支撑下的照顾行为往往无法纯粹实现。因为在实际照顾场景中存在并非因为主体之自由选择，但仍须个体予以承担的道德责任，这些责任可能源于社会规范、家庭期望或被照顾者的特殊需求。

2. 角色身份论下的道德责任

角色身份论强调行为是否合乎道德，与该主体所扮演的角色和社会关系相联系，即根据道德责任主体在社会生活中所扮演的角色和所拥有的身份来说明主体"我"之应负道德责任的根据（鲁新安，2007）。在角色身份论下，这种非因于主体自由选择的道德责任，表现为家庭照顾者需要在照顾中兼顾包括伦理在内的"他者"的因素。

这意味着家庭照顾者的行为不仅基于其自主选择，还需符合其在社会中扮演的角色身份（如子女、配偶、晚辈等）所赋予的道德义务。当家庭照顾者的行为选择受到其角色身份所规定的伦理规范的牵制，或是当其行为违反了社会伦理框架下其角色身份应有的行为准则时，伦理疚责便可能由此产生。具体而言，当家庭照顾者选择干预时，可能会被视为剥夺了被照顾者依据自身意愿生活的权利，这在伦理框架下不被允许。"父亲会说：'别管我了，我能不能活到我得并发症的那天都不好说呢。'"（N07）在这种互动中，家庭照顾者也需要驻足对"他者"的存在进行重新审视。因为他人的自由永远是个人自由的界限，真正崇仰自由的人绝不会把责任心膨胀到迫使他人服从自己意志的程度（陶林，2012）。任何未经同意的干预都可能构成对他人自主性的侵犯。家庭照顾者需要接受来自社会关系的审视，同时获得他们的认可与理解，在此期间还会历经家庭成员及周围大众对照护工作的误解和轻视。"感觉在他们眼里我做得好是应该的……我妈会怼我，亲戚朋友会觉得我做得太过分，其他孩子也不会反馈说我做得好。"（N04）

此时，家庭照顾者与照顾对象及周围他人之间，形成了一种痛苦的"他者"关系，也被迫进入了一种与周围"他者"紧密相连却又相互异化的存在状态。家庭照顾者在"他人的凝视"下，其自我认同和行为选择不断受到挑战和重塑。家庭照顾者感到自身被物化、被评价、被固定，甚至被贬低，个体成为"为他的客体"，自我认同在"自由自主"与"角色规范"的夹缝中摇摆，加剧了家庭照顾者的内在冲突和自我否定。他们不得不面对在社会条框中产生的自我的分裂，感受在社会与亲情的温暖包裹下，自身无法逃避的"他者"困境。

因此，无论是主体自由论还是角色身份论，都未能为家庭照顾者提供一个完美的解决方案来平衡尊重患者自由与保障其健康之间的关系。家庭照顾者便会在两种思维模式之间摇摆，感受到选择与道德上的困扰。

（三）现实的荒诞性根源

存在主义哲学强调世界的荒诞性与人的存在困境。患者健康状况的停滞与反复，以及照顾工作的重复与机械化，共同构成了一种生活的荒诞感。这种荒诞感展示了人类在面对无法完全掌控的自然力量（疾病）时的无奈与无力。

从疾病本身来看，糖尿病的病程往往呈现一种难以预测的波动性和反复性。这种不确定性使得患者和家庭照顾者都难以把握病情的发展轨迹，从而陷入了一种无法掌控的境地。一方面，家庭照顾者承载着对患者健康的责任；另一方面，患者健康状况的停滞不前，甚至偶尔的恶化，都成为家庭照顾者心中难以承受之重，这种徒劳无功的努力与结果的脆弱性，使得家庭照顾者深感无意义。他们目睹着亲人在疾病中挣扎，却感到束手无策，这种无力感正是荒诞感的重要来源之一。

从家庭照顾者角度来看，他们承担着繁重的照顾任务，这些照顾任务往往机械而重复，缺乏新鲜感和挑战性。在长期的照顾过程中，家庭照顾者可能会逐渐感到自己的付出与回报之间存在巨大的落差。这种徒劳无功的努力，使得家庭照顾者开始质疑自己的价值和意义所在，逐渐产生幻灭、无聊感受。他们仿佛是在进行一场永无止境的战斗，却看不到胜利的曙光，毫无生产力、没有原创性、含混不清是家庭照顾者的内心写照。正如加缪（2017）在《西西弗神话》中所描述的西西弗推石上山的情境。西西弗被诸神惩罚，必须不断将一块巨石推上山顶，然而每当他接近山顶时，巨石总会滚落回山脚。这看似无望的任务，正是荒诞性的典型体现。

五　存在主义社会工作视角下的支持策略

存在主义深刻关注个体自由与责任之间的紧密联系，致力于探寻存在的价值，洞察痛苦背后所隐藏的深层意义。将存在主义与认知行为疗法、人际关系疗法、生态系统理论等视角结合的"存在—整合"框架，为社会工作实务增添了更强的实用性（Shumaker，2012；郭锦蒙，2021）。

存在主义社会工作代表人物 Krill（1969）总结了存在主义心理治疗的五个主要目标：幻灭过程中的帮助、直面自由、在苦难中发现意义、认识对话的必要性，以及接受承诺的方式。这对于存在主义社会工作面向服务对象开展直接服务与心理支持的过程具有重要参考意义。同时，社会工作者与服务对象间建立在相互理解和尊重基础上的真实且自由的专业关系，是促成后续有效社会工作服务的重要前提。

（一）揭示固化认知

幻灭感常常在个体遭遇绝望与虚无时出现，尤其是在对自身价值产生怀疑的时刻（郭锦蒙，2021）。揭示家庭照顾者对其自我认知和与他人交往方式的固化认知，是帮助他们克服幻灭感的重要途径。

在家庭照顾情境中，家庭照顾者的行为、态度和自我认知往往受限于"指标导向"，尤其是患者的血糖水平。这种思维模式将照顾仅仅视为追求健康指标的达标，而忽略了"身体照顾"与"心理关怀"的平衡，以及患者的自主性与协商的重要性。有效打破该固化认知，社会工作者需要在思维定式层面引导家庭照顾者做出改变。

第一，重新定义选择。选择其一并不意味着对另一方的否定，二者不必然互斥。所谓的放任不一定代表着不负责任，严格的干预也并非完全是担当的表现。任何出于对老人真实关怀而做出的选择，都应被视为负责任的行为。

第二，厘清行为动机。家庭照顾者应避免将患者当作证明自己存在感与自我价值提升的工具，要发现并脱离"自欺"状态。应鼓励患者共同参与决策，尊重患者的意愿和选择，建立平等的沟通模式，帮助患者保持自主性和控制感。

第三，视被照顾者为完整的人。将照顾对象视为完整的人，而非仅仅是"病人"。将心灵关怀同样认真对待，让"家庭照顾者"这一角色变得更具弹性与包容性。

第四，接纳死亡。对于死亡的恐惧导致家庭照顾者过分严格地进行干预，以确保老人物理层面的存活。通过接纳死亡，家庭照顾者能够在照顾过程中更加关注整体福祉。

（二）发掘自身创造力

自由即创造力与可能性，个体拥有选择和塑造自身生活的潜能。社会工作者的作用应体现在鼓励与陪伴家庭照顾者重新定义自我，积极培养内在的力量感和自由感。协助家庭照顾者通过自我反思和认知调整剔除桎梏自身自由的因素，认识到在复杂情境中，每一个决定都具有其相对的合理性和必然性。

一方面，家庭照顾者要探索自己的价值信念，厘清什么对自身是最重要的，例如世俗的评价、老人的健康、自身与家庭照顾者角色的和谐等。通过挑战传统照护观念，做出更符合自己内心和意愿的选择。另一方面，家庭照顾者可以练习接受生活中的不确定性，意识到没有完美的照护方式，每个个体的情况都是独一无二的。家庭照顾者可以根据被照顾者的具体情况和自身照顾经验，勇敢设计个性化的照护方案，并在现实中灵活做出调整。发挥主观能动性，学习新技能、与不同领域的人交流，都可以帮助家庭照顾者建立自己创造性的、自由的照护方式与选择。然而，最终仍必须回归到为自由选择承担责任维度。讲求责任的承担也与社会工作所倡导的"助人自助"有着价值层面的高度一致性，使家庭照顾者成为对自我负责的人（杨铤，2020）。

（三）实现苦难的超越性转化

在经历痛苦时恰如其分地寻求苦难背后的意义，并将此份痛苦作为转化的起点或触发因素，方有机会实现苦难的超越性转化。社会工作者在此期间扮演倾听者与支持者的角色，陪伴家庭照顾者一同挖掘、分析、实践与超越意义。

第一，接受现实是寻找意义的前提。社会工作者需要引导家庭照顾者接受患者健康状况的停滞与反复这一现实，以此减少对无法改变之事的焦虑，从而集中精力在可以控制的方面。

第二，寻找照顾过程中的小确幸。在高度重复与机械化的家庭照顾工作中，寻找并珍惜那些微小但真实的治愈时刻。例如，患者因家庭照顾者的努力而血糖保持平稳，或者患者因家庭照顾者的陪伴而表达感谢。这些瞬间可以成为家庭照顾者意义感的源泉。

第三，接受共情疲劳并寻求帮助。家庭照顾者需要认识到共情疲劳是一种正常的心理反应，并学会在必要时寻求专业帮助。通过心理咨询、冥想、放松训练等方式，家庭照顾者可以恢复情感资源并增强应对能力。

第四，寻找生命的长远意义。帮助家庭照顾者认识到照护工作对个人成长、家庭关系以及社会贡献的意义。通过写照护日记等方式，让家庭照顾者意识到自己在照护过程中所展现的爱心、耐心和责任感，从而增强自我认同感。

（四）借助对话做出承诺

此时的对话更多指向家庭照顾者与治疗师或社会工作者间的对话。家庭照顾者在对话过程中不仅要进行自我审视，还需在社会工作者的协助与反馈下，识别并修正自身行为中的"自欺"成分。其间，社会工作者需要适时展现同理心与共情能力，并注重捕捉家庭照顾者不合理认知及自欺成分，质询家庭照顾者的不真实性，指出家庭照顾者的部分虚假状态和不负责任的信念与逃避瞬间。

第一，对即时性决策的自我合理化。家庭照顾者可能会告诉自己"必须当场决定该做什么，不然再犹豫一会儿……后果会更严重"，这种自我说服实际上掩盖了决策的复杂性，导致他们忽视了对其他选择的考虑。

第二，对干预或放任后果的乐观估计。家庭照顾者可能以过于积极的态度看待自己采取或不采取措施的效果。他们可能认为干预一次后，老人理应在短期内适应这种改变，甚至会自觉意识到饮食的重要性。

第三，在关系困境中的自我安慰。家庭照顾者在面对与被照顾者之间的情感对立时，可能会通过自我安慰来缓解孤独感和挫败感。例如，他们可能会认为"她说不自由，只是暂时的，之后会理解我的苦心"或者"其他亲戚不理解我的做法，但他们并不是直接照顾老人的人，所以他们的意见不重要"。这种自我安慰使家庭照顾者难以真正面对和解决关系中的矛盾和冲突。

第四，拒绝承认失败。当家庭照顾者的干预或放任带来不理想的结果时，内心防御机制使他们很难主动面对错误并进行反思。例如，若老人的血糖仍然不稳定、双方出现冲突，家庭照顾者可能会归咎于外部因素，如疾病的顽固性、患者的不依从等，而不是审视自己的决策是否恰当。

在识别上述自欺的基础上，社会工作者需要鼓励家庭照顾者对自己的未来生活做出承诺。此时的他们应该是以崭新的意识与充足的动力进行未来的思考。运用发展的眼光看待服务对象，应该相信他们有能力在承诺前认真衡量，承诺后认真履行伴随自由选择而来的责任，能够实现存在意义上的本真状态。

此外，值得重点强调的是，社会工作不仅着眼于激发服务对象潜能，更全面关注周围环境与系统对个人成长的深远影响，力求实现"人境平衡"的服务目标（顾东辉，2020）。因此，面向服务对象周围情境开展间接服务，关注环境的优化，协调家庭照顾者周围系统来共同承担起照顾责任，促进服务对象与环境的良性互动与共同发展，也是存在主义视角下的社会工作应有之义。

由此，在家庭支持网络层面，社会工作者可以帮助家庭成员认识个体自由与责任的关系，在尊重个人意愿的同时，共同承担家庭照护的责任，形成更为团结和支持的家庭氛围；存在主义同样可以运用于患者自身，引导其认识隐匿于内心的那种既渴望被照顾，又极度排斥被约束的"自欺"情感，明晰老人对于自身存在意义的认识。而在社区层面，社会工作者可以积极整合社区内的各类资源，为家庭照顾者提供多元化的支持服务，例如，在社区食堂增设低糖餐饮专区，通过定时定量精准配餐，既有效控制照顾对象的饮食，又有效减轻家庭照顾者的日常负担；此外，可以在社区内组织互助小组，让有相似经历的家庭照顾者相互支持和交流经验，强化其非正式社会支持网络。在宏观政策层面，可以积极倡导家庭照顾者的喘息服务，并参与政策的制定与评估，确保家庭照顾者在制度层面获得必要的支持与保障。

参考文献

崔桃桃、施征宇、汪作为等，2022，《精神病人的家庭照护困境分析》，《医学与哲学》第 17 期。

高湘泽，2006，《道德责任的主体必然性与合理性之根据》，《哲学研究》第 3 期。

高宣扬、闫文娟，2019，《论萨特存在主义伦理思想》，《江苏社会科学》第 4 期。

顾东辉，2020，《专业及其超越：当代中国的助人利他行为分析》，《社会工作》第

1 期。

郭锦蒙，2021，《存在主义社会工作：从思辨哲理到折衷方法——兼论"存在—整合"的评估框架》，《华东理工大学学报》（社会科学版）第 5 期。

加缪，2017，《西西弗神话》，沈志明译，上海：上海译文出版社。

姜延军，2001，《真诚自欺的困境——论萨特的自我欺骗理论》，《南京社会科学》第 8 期。

李敏、邹树芳，2020，《胰岛素治疗的 2 型糖尿病老年患者主要照顾者的生活质量现状及影响因素》，《重庆医学》第 4 期。

刘腊梅、吕伟波、周兰姝，2007，《老年人家庭照顾者健康需求问卷的开发与研究》，《护理管理杂志》第 12 期。

卢云昆，2010，《自由与责任的深层悖论——浅析萨特"存在主义的人道主义"概念》，《复旦学报》（社会科学版）第 3 期。

鲁新安，2007，《价值冲突下的道德责任能力建设》，《学术研究》第 8 期。

梅笑、涂炯，2021，《效率与温情：大病照护中的情感劳动何以可能》，《妇女研究论丛》第 3 期。

祁颖菲，2024，《断裂与重构：慢性病患者女性亲属照顾实践历程及其形塑机制》，《中华女子学院学报》第 6 期。

萨特，1987，《存在与虚无》，陈宣良等译，北京：生活·读书·新知三联书店。

萨特，1988，《存在主义是一种人道主义》，周煦良、汤永宽译，上海：上海译文出版社。

陶林，2012，《自由与责任——兼论责任意识的养成》，《社会科学战线》第 1 期。

王莉、王冬，2019，《老人非正式照护与支持政策——中国情境下的反思与重构》，《人口与经济》第 5 期。

韦凤美、李惠菊、赵龙，2016，《照顾者分类系统》，《中国老年学杂志》第 7 期。

杨予青、陈荃、何琪乐等，2024，《北京市东城区老年糖尿病患者自我管理水平及其影响因素研究》，《医学信息学杂志》第 1 期。

杨锃，2020，《存在主义社会工作的源流、框架及其展望：不确定时代的专业责任》，《社会工作与管理》第 6 期。

曾莉、周兰姝，2012，《老年人家庭照顾者社会支持性服务项目的研究》，《中国护理管理》第 11 期。

张能为，2023，《康德的"道德形而上学"及其现代效应与意义理解》，《哲学分析》

第 5 期。

张源慧、唐龙、王凤艳等，2022，《FOUCS 模式联合 ATDE 对老年 COPD 病人照顾者决策疲劳的影响》，《护理研究》第 6 期。

《中国老年 2 型糖尿病防治临床指南》编写组，2022，《中国老年 2 型糖尿病防治临床指南》（2022 年版），《中国糖尿病杂志》第 1 期。

Chan, C. Y. , De Roza, J. G. , Ding, G. T. Y. et al. 2023. "Psychosocial Factors and Caregiver Burden among Primary Family Caregivers of Frail Older Adults with Multimorbidity." *BMC Fa-mily Practice* 24（1）：36.

Golovchanova, N. , Dezutter, J. , & Vanhooren, S. 2021. "Meaning Profiles and the Perception of the Working Alliance at the Start of Outpatient Person-Centered, Experiential, and Existential Psychotherapies." *Journal of Clinical Psychology* 77（3）：770-781.

Johnson, C. 1992. "Coping with Compassion Fatigue." *Nursing* 22（4）：116-121.

Krill, D. F. 1969. "Existential Psychotherapy and the Problem of Anomie." *Social Work* 14（2）：33-49.

Liao, X. , Wang, J. , Zhang, F. et al. 2022. "The Levels and Related Factors of Compassion Fatigue and Compassion Satisfaction among Family Caregivers：A Systematic Review and Meta-Analysis of Observational Studies." *Geriatric Nursing*（*New York*）45：1-8.

Lopez, E. 2019. "Can Social Workers Mitigate the Existential Implications of an HIV Diagnosis in the Era of HAART?" *European Journal of Social Work* 22（3）：499-510.

Peavy, G. , Mayo, A. M. , Avalos, C. et al. 2022. "Perceived Stress in Older Dementia Caregivers：Mediation by Loneliness and Depression." *American Journal of Alzheimer's Disease and Other Dementias* 37：15333175211064756.

Shumaker, D. 2012. "An Existential-Integrative Treatment of Anxious and Depressed Adolescents." *Journal of Humanistic Psychology* 52（4）：375-400.

Sorayyanezhad, A. , Nikpeyma, N. , Nazari, S. et al. 2022. "The Relationship of Caregiver Strain with Resilience and Hardiness in Family Caregivers of Older Adults with Chronic Disease：A Cross-Sectional Study." *BMC Nursing* 21（1）：1-184.

Vos, J. , Cooper, M. , Correia, E. , & Craig, M. 2015. "Existential Therapies：A Review of Their Scientific Foundations and Efficacy." *Existential Analysis* 26（1）：49.

Vos, J. 2023. "Existential Psychological Therapies：An Overview of Empirical Research." *Pratiques Psychologiques* 29（4）：211-229.

生态系统理论视角下隐蔽青年家庭关系探析*

郭 娟 赵 鑫**

摘　要　通过对上海的隐蔽青年、其家庭成员以及社会工作者的访谈和多情境观察，从生态系统理论视角来分析隐蔽青年家庭关系发现，代际关系、亲属关系和社会支持这三大指标中蕴含诸多元素：隐蔽青年、父母、学校或工作单位、亲属、邻居、父母的朋友或同事、专业服务机构以及价值观。这些元素分别在微环境系统、中环境系统、外环境系统、大环境系统层面产生互动。家庭关系随时序系统变化，在学业困难、家庭变故或者工作不顺等关键点，青年出现隐蔽行为。隐蔽是"亲子一体"做出的理性选择。隐蔽青年的出现呈现了家庭的韧性，但也容易对家庭造成过度负担。

关键词　隐蔽青年　家庭关系　生态系统

* 本文系上海市哲学社会科学规划课题"家庭关系视角下的大城市隐蔽青年研究"（2020BSH13）、国家社会科学基金重点项目"家校社协同视角下城市在校青少年心理健康问题的预防与干预机制建设"（22ASH017）的阶段性成果。感谢上海市阳光社区青少年事务中心的支持。感谢韩晓燕、姚泽麟、朱宇晶、吴同的指导，文责自负。

** 郭娟，华东师范大学社会发展学院社会工作专业硕士教育中心副主任、社会工作专业实习督导，主要研究方向为儿童、青少年与家庭社会工作；赵鑫，华东师范大学社会发展学院讲师，主要研究方向为青少年心理辅导、学校社会工作、家庭治疗与辅导等。

一 研究背景

2023 年 1 月 17 日，国内知名媒体"一条"以《不出门、不上班、不社交，中国最隐蔽的 90 万人》为题报道了中国的隐蔽青年情况，称单就豆瓣和百度以"家里蹲"为关键词的主题群组就有 90 万人，其中有 211 高校研究生、"海归"、二胎父亲以及曾经的"小镇做题家"，他们发帖超千万表达对找到同类以及自救与互救的渴望（陈星，2023）。同年，澎湃也两次刊发关于"隐蔽青年"的深度报道，关注退居家庭和深陷网络的隐蔽青年及其家庭的痛苦，隐蔽青年对自身为何要出生感到深度质疑与无奈（明鹃、何锴，2023；陈媛媛，2023）。隐蔽青年现象于 20 世纪 80 年代在日本出现后，在世界多国及地区引起媒体和学术研究机构的关注。在上海的调查显示，社会工作者当中，69%的人接触过隐蔽青年，且 61.5%的人有成功帮助隐蔽青年走出家门的案例（郭娟等，2021）。Y 机构于 2023 年在上海全市服务的 16~35 周岁的闲散青少年近 12000 人，其中大部分为大专及以上学历，且本科及以上的占比约为 25%，大部分处于失业状态，其中不少是隐蔽青年或潜在的隐蔽青年。日本有 1.2%的人口经历过"隐蔽"，且当中 21.3%的人持续 3~5 年，50%的人持续 7 年以上（Iwakabe，2021）。近年来，日本因隐蔽青年制造"京阿尼纵火案"致 36 人死亡并沉重打击日本动漫产业、隐蔽青年在公共场合杀人、家人因维护社会安全而刺杀隐蔽青年等事件引发广泛的社会讨论（罗天，2019；Ismail，2020）。

隐蔽青年是指年龄一般为 15~44 岁，"排除精神疾病的可能，持续三个月及以上与外在社会系统（学校、社区、工作、朋辈）缺乏联系的行动和意愿，与内在系统（家庭）不联系或只进行有限联系，在社会结构方面受到排斥或者影响，无法融入现实社会而选择栖居在家的青年"（郭娟等，2021）。隐蔽青年退缩到家庭经历了怎样的过程？隐蔽的关键节点如何？研究者认为，可以尝试从代际关系、亲属关系和社会支持三方面（郭娟等，2021）进行探索，呈现隐蔽青年家庭关系在隐蔽前后的状况，回答以上问题。本文的研究可丰富当前有关中国家庭"韧性"的研究（郭娟等，2021），也为应对相关社会问题提供经验支撑与理论基础，兼有学术价值和社会意义。

二　文献回顾与资料收集

（一）文献回顾

1. 隐蔽青年形成及干预中的家庭内外部关系

一项针对上海的社会工作者的焦点小组访谈显示，家庭因素是隐蔽青年产生的最主要的负面因素，亲职形式和亲子关系促进了隐蔽青年的发展（Liu et al.，2021）。日本有同样的发现，且隐蔽青年家庭经常呈现父亲情感隔离，母亲控制型，家庭期待过高，其与同伴及老师关系不好，经历过霸凌等（Iwakabe，2021）。中国城市地区的隐蔽青年更多的是男性，他们很少有线下资本，看精神健康门诊，近半数人有自杀倾向，有更多的风险经历和风险行为，包括从父亲得到的关心更少，家庭关系更加脆弱（Wong et al.，2017）。巴西和日本的研究均发现，中产阶级男士遭遇社会压力以及精神健康问题，伴随家庭沟通不足逐渐隐蔽，父母也支持这一决定（Gondim et al.，2017）。可见，隐蔽青年的形成和维持是显现在家庭内的，代际关系受到重要关注，家庭内部关系影响隐蔽青年在家庭外的关系。

另有研究发现，隐蔽青年反映的不只是家庭的问题。受"孩子的隐蔽是家庭造成的"观点影响，父母遭受来自自己和他人的双重指责。实际上，家庭的行为模式与隐蔽青年"出现"及其"持续"都呈现弱相关（Nonaka et al.，2021）。家庭的对外求助对于隐蔽青年的治疗非常重要，但是隐蔽青年与家人缺乏沟通，家庭的支持以及相关知识有限（Kato et al.，2019），对日本隐蔽青年家庭的技能培训和功能分析的项目在帮助隐蔽青年改变隐蔽状态上显示出有效性，尤其是家访（Nonaka et al.，2021）。也就是说，家庭是隐蔽青年形成与重返社会的重要"中介"。

当前研究更聚焦隐蔽青年代际关系的重要性，而对其中的互动关注较少，对家庭关系中的亲属关系和社会支持的关注也较少，难以呈现完整的隐蔽青年家庭关系图景。家庭模式和家庭互动是隐蔽青年研究的重要方向（Nonaka et al.，2021）。

2. 隐蔽青年作为主体的社会参与

日本隐蔽青年愤恨社会，特别是人们基于教育、财富和社会地位的评价。隐蔽青年反映了影响日本年轻人及其家庭生活的社会问题，心理学家倡导社会变革，改变让年轻人遭受大量拒绝与失败的社会结构（Iwakabe，2021）。对意大利隐蔽青年经历的研究显示，隐蔽是重新激活过去的消极情绪体验与创伤，拒绝社会参与，对友谊、工作和社会腐败的过度担忧（Caputo，2021）。

隐蔽青年因无法满足主流社会期待而"失能"，干预的目标不是让年轻人重新融入主流社会，而是倡导增权，释放被抑制的力量，培育自我爱好，以满足隐蔽青年发展的需要（Chan，2020）。入户家访发现"支持隐蔽青年找到自己参与社会的方式"被确定为帮助其改变隐蔽状态的核心（Funakoshi et al.，2022）。在巴西，经过家庭支持，隐蔽青年在社交、工作甚至恋爱上均有根本改变（Roza et al.，2020）。社会或国家应认识到家庭和社会对隐蔽青年的照顾责任，以及当局或政策制定者的角色功能。个体嵌套在生态社会系统中，同伴和家庭的参与是干预的基础，可以通过家庭这个有效的看门人来加强病例发现，优先考虑服务计划（Wong et. al，2019）。

人们对精神疾病的标签化导致心理和医疗系统错失帮助他们的机会（Iwakabe，2021），并且在精神健康诊断和社会学观察中都缺乏与隐蔽青年的直接互动、对话和来自该群体的声音。隐蔽不是不合群行为或者非社会性倾向的结果，而是隐蔽青年在对境况感到无力改变且看不到出路的情况下，一种没有目的的异常反应。由于需求和自主权减少而产生冲突，受访者经历了停滞不前的状态，而"隐藏"或"回避"则加剧了这种行为。引入轻松可控的社会环境可以消除隐蔽青年无望的感觉和关系的疲劳，增强其自主权，让环境变得可控。多学科合作的治疗中不能忽视隐蔽青年本身的实际经验及对此赋予的意义（Yong & Kaneko，2016）。

3. 生态系统理论视角下的隐蔽青年家庭关系

生态系统理论认为，个人与环境系统之间是互动的，环境系统每一个层面都和其他层面相结合对个人的发展产生影响，个体选择、修正和创造其生活环境也会引起生活变化，对个人及其问题的理解需在环境中进行。个体生活的日常场所及以外的场所在生态系统中由内到外依次可划分为微环境系统、中环境系统、外环境系统、大环境系统，再加上时序系统五个层面。微环境系统由个体在直接生活的环境（家庭、学校等）中的各种活动和互动模式构成，关系都是双向的，如父母与孩子的身心特点互相影响彼此的发展，"微环境系统中的任何其他人也会影响任何二人关系的质量"（伯克，2024）。中环境系统指个体相关的微环境系统间的联系与互动，如父母与学校，孩子的学习既取决于课堂，也与父母对学校生活的参与相关，是否做好父母与单位的人际关系互相影响。外环境系统是"个体不直接参与但会对微系统产生一定作用的外围系统"（伯克，2024），包括正式和非正式两种，如父母的工作单位或父母的朋友和大家庭成员等社交网络提供的建议、陪伴和经济援助等。外环境系统失灵会产生负面影响。大环境系统指整体社会环境，如价值观念等。时序系统是动力性的、随时间不断变化的系统。人的角色变化或者新生活的开始，均会导致其微环境系统的变化，这种生态变迁是发展的重要转折点，如入学、参加工作、结婚生子、家庭成员死亡、离婚和退休等（伯克，2024；卓彩琴，2013）。打破个体与环境的对立，将微观个人系统作为生态系统的一部分，注重个体对环境变化的反应，可将个体能动性纳入（师海玲、范燕宁，2005）。莫拉莱斯认为家庭是生态系统的重要子系统，主要指独特的家庭生活方式以及内部互动的特定文化方式，"如家庭关系、经济支持、情感表达方式等"（参见卓彩琴，2013）。

本研究将隐蔽青年的生态系统划分为五个层面：微环境系统（隐蔽青年与父母、隐蔽青年与学校或工作单位的互动）、中环境系统（父母与隐蔽青年的学校或工作单位的互动）、外环境系统（亲属、专业服务机构、父母的朋友或同事、邻居等与诸系统的互动）、大环境系统（价值观与诸系统的互动），并以隐蔽的关键点为主要线索，剖析时序系统。如此将隐蔽青年家庭关系中的代际关系、亲属关系和社会支持三个层面（郭娟等，2021）纳入生态系统模型，关注其中的互动，解析隐蔽青年选择退缩到家庭的过程。

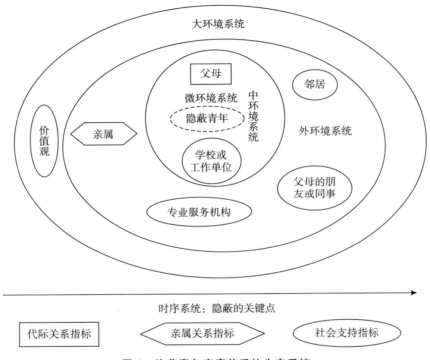

图 1 隐蔽青年家庭关系的生态系统

（二）资料收集

以往研究均为在线观察，或者对相关家属及社会工作者的采访，缺少与隐蔽青年面对面的直接对话（Yong & Kaneko，2016）。本研究将尝试直接获取隐蔽青年及其重要他人的主体性表达资料，采用质性研究方法，涉及隐蔽青年 7 位（其中双胞胎 1 对），出生年份在 1992～2007 年，隐蔽时长为 1～3 年，研究者面对面访谈到的隐蔽青年为 4 位，隐蔽青年父或母 6 人（均为 60 后和 70 后），社会工作者 6 人，记者 1 人。研究者通过参与式观察（家访 7 次、室内外座谈 6 次）、结构式访谈（7 个）、小组座谈（社工，3场）、线上交流（微信和腾讯会议）等方式收集资料。研究者通过不同情境的观察，围绕隐蔽青年在隐蔽前后的家庭关系与相关的家庭成员和社会工作者展开深入对话，以期多角度、多情境了解、验证隐蔽过程中的关键事件、家庭关系及不同情境下的文化和价值解读，洞察受访者的言外之意、现象的"本质"以及现实社会生活和制度安排里的"盲点"和悖论（杨善华，2009），找寻不被宏观力量改变，而长时间持续的、稳定的"恒长"现象（杨善华，2021），以期展现隐蔽的过程，探索隐蔽的形成机制。

三　研究发现

（一）代际关系

1. "别人家的孩子"

隐蔽前，父母培养出"别人家的孩子"。莘莘从小成绩优秀，尤其是数学竞赛多次获奖。威和晨这对双胞胎也是从小很优秀，威考上了市重点高中（晨因保护房子不变卖而长期居于房中不外出，未参加中考）。威和晨的父亲认为孩子智商很高，对孩子优秀的学业表现毫不意外。羽不仅成绩好，还有多项特长，其中乒乓球方面的特长尤为明显，作为尖子生，她每天放学后要参加专门的训练，备战市级比赛。景的母亲说孩子从小不仅成绩好，还有足球、音乐等方面的爱好和特长，从小学到初中，都是周围人眼中的"别人家的孩子"。

父母在养育子女上高投入。两辈人都认为，父母为孩子花钱是很自然的事情。莘莘父母都是本地人，他在上大学前都是上国际学校，大学是国际联合培养专业，出国读研时在当地购置房产，父亲认为这些花费是应该的。莘莘也从来没有对此表达过感谢，认为这是父亲应该做的。景的父亲以居家陪伴为主，给孩子做饭，接送孩子上下学和培训班。景上初二时，父亲因病去世，之后爷爷成为他的生活照顾者，但不幸的是，不久之后爷爷也去世了。多次的打击加上在学校因老师反对他课下踢球而发生矛盾，景慢慢地开始逃离学校并且居家不出，之后主要是母亲照顾他，不仅支出大，照护景的时间成本也相当高。

学业上高要求。莘莘的父母对孩子的学业有近乎完美的要求，母亲和莘莘都表示，在莘莘考 99 分的时候经常更关注失去的 1 分，唠叨如何做到 100 分。莘莘从小就没有听到过父亲的任何表扬，印象最深刻的是，小时候和父母出去玩，自己买了个东西拿给父亲看，父亲的第一反应认为莘莘太笨，买得太贵，不懂还价。曲的父亲认为自己对孩子要求不高，但从小学到初高中，家里给曲选择的都是"顶流"学校。"孩子不满足，自卑，高学历家庭容易这样，孩子面临学习困难，并且由于成绩的原因，在学校朋友也不多。"（曲父）后来，父母认识到孩子生活在这样的家庭压力大，还是对孩子要求太严格了（曲父转述曲母所说）。景的母亲现在回想起来，认为自己对儿子还是要求太高了，从小儿子就是别人眼中的好孩子，成绩好，兴趣广泛，有很多特长。

在"打"与"爱"之间循环。威的父亲表示前妻很爱孩子，但没有方法。有钱的时候请保姆给孩子做饭，没钱的时候让孩子叫外卖，甚至付不起订外卖的钱，任由孩子"自生自灭"。母亲多次创业，欠下巨额债款，甚至没钱买菜，也没有时间管孩子。威和晨若犯了严重错误，父亲会打，但刚打完，母亲就请孩子出去吃好吃的，安抚孩子，让孩子挨了打也没受到教育。母亲在孩子面前没有威信，威和晨会打骂母亲，比如在母亲无法提供其生活所需的时候。离婚之后，两个孩子被判给母亲，但是孩子们下午放学后到父亲家吃晚饭，后来，父亲重组家庭的女儿出生，小儿子就不去了，大儿子继续去了一段时间。

2. 怕与担心

隐蔽青年家庭代际存在冲突与情感隔离，隐蔽后权力由父辈向子辈转移。莘莘的父亲从来没有出席过家长会。高考前，他父母间矛盾激化，经常吵架打架。父亲对孩子的表现从不关注，不表扬，却多贬低。这些让他与父亲之间产生了巨大的隔阂，平时没话说。母亲承包家务，极少表扬莘莘，母子没有共同语言。莘莘一家三口每人一个房间，吃饭的时候才从房间出来，一整天都没话说，家里整天静悄悄的（社工隽）。父母希望他能"正常"地找个工作，有普通的生活就好。现在父母不敢多说他，说了也没什么效果（莘母）。

曲父说自己现在"怕"儿子，他很容易暴怒，没有规律可循。父亲还害怕年老后儿子继续"剥削"他，多次谈到"毫无办法"。

> 他今天叫我去看（翻译游戏里的英语），明天可能就对我大喊大叫的。……我反正现在看到他是怕的，我怕和他起冲突，他要发火了，我马上就逃出去。……我现在最担心的是将来……就算到我 75 岁了，他还要剥削我，我都不知道怎么办……主要是跟妈妈说话比较好一些……但有时候也会对妈妈发脾气，大吼大叫都有的，没有规律可循。（曲父）

（二）亲属关系

1. "应该的"照顾

隐蔽前，隐蔽青年家庭依靠父辈与亲属保持紧密关系。威和晨的父母结婚前后，父亲的弟弟和他们住在一起，弟弟不用出房租，哥哥认为照顾弟弟是应该的。这对双胞胎的奶奶从小照顾他们，据父亲说，奶奶很会教育孩子，孩子们和奶奶感情也很好。莘莘和母亲都认为，舅舅和自己家的关系好。舅舅和母亲每周错开时间去探望独居的外婆，过年等重要节日聚在一起。莘莘的两个姑姑各育有一子，表兄弟们小时候经常一起玩，父亲在过年的时候会请大家庭吃饭。驻驻的直系长辈现在就剩一个外婆了，平时父母会去看望她，但是驻驻不参与。

2. 矛盾、破裂

隐蔽过程中，亲属关系出现矛盾甚至破裂。莘莘的祖父母去世后，三个子女因遗产分割的矛盾不再来往，很多手续没法办理，迄今为止，遗产仍处于无法分割的状态。父母认为这是小姑姑意图占有更多财产导致的，莘莘也特意打电话去骂。这些大多是莘莘和母亲说的。在问及其父亲关于家里的亲戚关系问题时，莘莘的父亲没有多言，只是讲了一则笑话，说亲戚见面都是清明节在墓地里见（莘父）。这可能正是当前这个家庭以及周边不少家庭亲属关系的真实写照。

晨和威的奶奶在病重和离世过程当中，父母的矛盾激化。婚后父亲把钱都交给妻子来管，就想好好过日子。妻子的其他错误父亲都可以宽容，在孩子们的奶奶病重的时候，她背地里让奶奶离开上海回老家养病，违背了孝顺的原则。父亲愤怒地打了她，家庭矛盾爆发。奶奶的离开也让双胞胎兄弟在精神和日常生活的照顾上失去了依靠，再加上父母离婚，家庭经历巨大动荡。

羽的外婆与父亲的矛盾是隐蔽的"直接导火索"。

> 我妈一来拿着她的拐杖就像要把我老公打走一样……女儿当时给我打电话声音就有点不对劲了，有点害怕的感觉，说姥姥拿拐杖打爸爸，就是从那时候开始紧张的。从那个时候开始我妈妈在家就是有一点不如意了，碗一摔就碎了，东西往墙上一扔就洒了，跟人不讲道理的，跟"泼妇"一样（持续一年）……有次她摔东西我抱着她，她就使劲儿挣扎然后晕倒了，我们就送她去医院，我老公就把我女儿带到医院去了，羽看到就害怕了，然后第二天就又没起来（羽母）。

3. 父辈亲，子辈远

威和晨居家不出后，叔叔经常表达关心，他们小时候很喜欢和叔叔聊天，现在没什么话说了。叔叔给他们花了一两万元办篮球馆的卡，想带他们出去玩，兄弟俩不信任身边任何人，也同样拒绝和叔叔相处。

曲的父亲是本地人，逢年过节会跟亲戚走动，但是平时也没有什么来往，孩子的事情，父母不愿意让亲戚知道，也谈不上什么支持。

> 他早就有隐蔽的前兆出现……他不回别人消息，所以和表哥表姐的关系也不紧密，甚至人家到家里来，他也关着门不出来，以前不这样的……甚至有一次，他表姐来家里，时间待得久了一点，他

就发火了，因为只要有人在家里，他就在房间里不出来，因为他觉得他没有洗澡，没有弄头发……一般家里来人，会先跟他说好，请求他同意，同意就来，不同意就不来，来的话，待的时间不能太久……他会自己在房间里关着门不出来……（吃饭的时候如果他）不下来我们就端上去给他吃。（曲父）

羽家的亲戚都在老家，过年有时候会回去，但是平时没什么交往，亲戚也不知道孩子的情况，更谈不上帮忙。驻驻家和亲戚往来不多，他不认为自己需要亲戚的帮助，父母也没有为孩子隐蔽而过多焦虑。每年会有一两次家庭聚会，过年过节或者生日结婚之类，一开始亲戚们会谈论驻驻的工作问题，但他自己从不发声，时间长了亲戚们也就不太提及了。景的父亲和爷爷相继去世，母亲是外地嫁到上海的，他与母亲这边的亲属不熟悉，父亲这边的亲属也很难再有人能够提供支持。因工作和居住的分散，相处时间少，亲属关系松散（石金群，2015）。

（三）社会支持

1."出门有危险"

驻驻有洁癖，对于自身和居住环境要求十分清洁，主观意愿上拒绝与外界接触。驻驻介意外界的污染风险，外人用过的东西会残留痕迹，外人待过的环境会残留气味，外人交谈时会有口水或气息喷出，他认为并不是自命清高。莘莘从小就很关注负面新闻，比如空难、地震、天气灾害等，很"惜命"，如果新闻上发生灾难，他就说："你看，我说的没错吧，出门有危险。"有一次他和研究者约好见面，但是天气预报说有大雨，他表示下大雨从来不出门。

2. 好心人

隐蔽前，老师们关注孩子及其家庭，社会上也有人表达善意。社工隽提到，晨和威的老师不仅因为孩子出现逃学现象时请家长到学校过，还进行了家访。但其父母在离婚时，把孩子作为筹码，希望老师影响孩子去偏向父或母，老师无法处理家庭矛盾，便不再插手。羽的老师在学习和资源链接上都提供帮助。老师通过家访、课堂鼓励等方法帮助孩子。羽的班级里学医的家长也主动提供帮助。后来羽的状态不好，羽的母亲还邀请他们到家里来过一次，但羽很不高兴，母亲以后便不再带生人回家。

社会上的人表达善意，但无法持续。莘莘在国外勤工俭学期间，自己虽不擅长社交，但也遇到过不少友好的人鼓励他，比如，邮局负责人看到他状态不好，经常言语鼓励他。但这种偶然而非长期的关系不能发挥太大作用。昕采访的另外一位隐蔽青年对此进行了解读，他表示自己在社会上受到很多好心人的帮助，甚至是老板的鼓励与支持，但是家庭的关系交往模式会长期地烙在自己身上并在社会关系中复制。家里人之间没有交流，导致他非常不自信，而且害怕与人交往，在上班一段时间之后，还是退缩到隐蔽状态。

3. 没面子与要专业

害怕跟熟人提起隐蔽青年。莘莘隐蔽后，父母不再出去见朋友，说出去"没面子，等好了再去和朋友见面"（莘母）。家里生意因市场不好，2010 年开始不做，和生意朋友也都断了关系。那时，家里人一起出去旅游，跟外界的交往不多了，后来感觉旅游没多大意思，把车子和车牌都卖了。驻驻的母亲还在工作，有单位的关系，父亲退休后自己玩乐，与他人没什么交集，都不主动向外人提起孩子。羽和景的母亲尝试邀请孩子的朋友来家里，但是孩子不高兴导致她们不敢再邀请。隐蔽青年家庭对居委会等家门口的正式组织有戒心，害怕熟人知晓家里的情况。

隐蔽青年家庭信任心理咨询和社会工作。社工通过排查本地区未就业青年找到莘莘家，初次交谈之后，其母亲对社工有一定程度的信赖，后来主动到社工站求助，同时保持微信和电话联系，欢迎社工整合大学生志愿者等专业资源，让孩子再次"幸福起来"（莘母）。此前，她也带儿子去医院精神科就诊，不过没有效果。景的妈妈经朋友介绍认识社工之后，很快安排了社工家访并一同制订工作计划，她之前也带孩子看过医院的精神科，做过心理咨询，希望借助专业力量解决孩子当前隐蔽的问题，但是孩子拒绝见咨询师，认为药物和心理治疗对他作用不大。曲的父亲表示之前带孩子去医院精神科看过。为了给儿子换个环境，还和妻子同时申请出国访学，那段时间孩子确实是情况比较稳定，但是回来之后又不行了。多年来，亲友和同事都不知道孩子的隐蔽，未来他也不会对亲友袒露孩子的情况，而是继续带孩子看心理医生。"最重要的就是去看医生，精神科的医生和心理科的医生。这两个同步进行。"（曲父）驻驻与青少年社工的接触让他感到放松，同时他也自学心理学知识缓解不适感。

（四） 青年走向隐蔽的关键点

本研究调查的隐蔽青年均在家有独立居室，父母通过实物或者金钱保证其饮食起居。隐蔽过程中，存在关键事件，如学业困难、家庭变故和工作不顺等，甚至叠加发生。

1. 学业困难

曲经过多次转学直到"撑不下去"而退学隐蔽在家。曲的父母是大学教授，家庭条件优越。他高二的时候突然不读书，这令父亲非常震惊。他除了从初中开始莫名发火而有些"难弄"，其他没有特别异常之处。曲从小一路在"顶流"学校之间周转，高二时明显不适应学校，从一个好的高中转到另外一个压力小些的寄宿学校，压力状态却一下子严重了，开始隐蔽在家。曲"尽管苦苦支撑但读不下去了，他的作息时间跟人家不一样"（曲父）。他对出门这件事感到焦虑，有压力，在家大部分时间是在打游戏，由父母提供住房并负责生活起居。

羽的学习和师生关系都出现困难，家庭也闹矛盾。羽的家在上海中心城区，父亲是一名建造师。母亲从事外贸工作，比父亲大十多岁，工资比父亲高，房子是母亲买的，家里的开支由母亲负责。羽课后需要进行乒乓球特长训练，非常劳累，出现了嗜睡的情况，遭到老师批评之后，被同学嘲笑了，在学校和同学关系不好，初二下学期开始居家不出。在家的时候，羽主要由外婆照顾生活起居。在隐蔽前，父亲和外婆发生争吵，父亲长期借工作出差之名住在外地。她隐蔽之后，父亲经常回来陪她。除了在家吃住，母亲现在每个月给羽两三千块钱用于日常开销和网购。

2. 家庭变故

威和晨这对双胞胎在父母闹离婚和分割财产的时候开始隐蔽。父母大学毕业后来上海打拼，他们和许多明星住同一高房价小区。离婚时，孩子判给了母亲，父亲每月提供抚养费。孩子们居家的生活开支由母亲提供。母亲因创业收入不稳定，甚至没钱吃饭，多次到父亲公司闹着要钱，受此影响，父亲不得不辞去大企业的高管工作。之后，父母决定卖掉共同的房子。房子对威和晨有重要意义，他们从出生到十多岁和奶奶及父母同住在房子里，房子里充满了美好的回忆，卖房的时候奶奶已经去世，"卖掉房子等于这些回忆也没有了"（社工隽）。父亲表示卖房是重要的事，要让孩子知道，但是他先告诉了小儿子晨，而没有告诉大儿子（不想影响大儿子学习，但没有考虑小儿子这一点）。晨决定从高中退学待在家里不出门以此"保护家园"，不久后，威也知晓并加入，兄弟两人开始了上网打游戏，吃饭叫外卖的生活。

景是父亲和爷爷相继去世后慢慢隐蔽的。他的父亲是上海人，母亲从外地来上海工作，一直在外打拼，孩子从小由父亲照顾。初二的时候，景的父亲不幸去世，爷爷接替来照顾，但是不久后也去世了。后来，景又在学校和老师发生矛盾（孩子成绩下降，老师表示成绩不好就不可以在学校踢球，而踢球是孩子的兴趣），母亲当时没有"接住"孩子的情绪，景便不再上学，整天待在家里。

3. 工作不顺

莘莘从学生向社会人转变的过程中隐蔽。莘莘在国内本科毕业后，到国外完成商科硕士学位的学习，入学前，在商业上把握了好时机的父亲在当地购置了房产，他家在本市也有多套房产且地理位置很好。他毕业后回上海一趟，被父亲传染了肺结核，到了国外才发现，在当地住院康复之后就一直没有去找工作。两年后，母亲将其接回上海，他继续居家不出。

驻驻工作后决定隐蔽。他的父亲退休后有养老金，母亲尚在职且工作稳定。驻驻大专毕业后，做过几份工作，但"觉得工作会压榨掉很多自己的时间，没有办法充分地做自己喜欢的事，既不快乐，也做不好工作。两边都不得好，不如在家待着轻松自在"（驻驻），父母给予的压力与工作压力相比不值一提。

可见，隐蔽伴随升学、家庭变故和职业发展等个人生命周期当中的重要社会事件，甚至是多个事件叠加，青年人在这些关键点受到直接冲击，逐渐疏离社会并走向隐蔽，最终由家庭接盘。

四　结论和讨论

（一）隐蔽青年家庭关系之生态系统

微环境系统：隐蔽青年与父母及学校的关系显著变化。隐蔽前，父母对隐蔽青年的学业抱有高期待、高要求和高投入，然而，当隐蔽青年退居家庭后，大部分父母对孩子感到害怕和担心。在学校方面，隐蔽前，这些青年大多是优秀学生，但在隐蔽过程中，由于与老师和同学的关系冲突，或无法承受学习压力，逐步退出学校。

隐蔽青年退出工作单位的原因有两类：一是在家庭中受到不被尊重的内心伤害，导致长期自我贬低，无法继续工作；二是工作占据太多精力，他们不想继续浪费时间。这两类人都无法在工作中找到意义。

中环境系统：父母与学校的复杂双向关系。一方面，父母通过学业要求、课外培训和择校等进行学业支持，但也增加了学习压力；另一方面，当家庭面临矛盾并出现隐蔽青年时，父母试图借助老师来影响学生，但这超出老师的工作范围，且老师不具备家庭矛盾处理方面的专业能力。学校与家庭的互动逐渐减少。父母与隐蔽青年的工作单位无直接互动。

外环境系统：隐蔽前联系紧密，隐蔽后隐瞒近况。尽管知情的亲属尝试提供支持，但不被隐蔽青年接受。隐蔽前后，亲属关系由父辈维系并相互支持，但对子辈的影响有限。当家庭亲属关系出现矛盾时，隐蔽青年家庭"亲子一体"从中脱嵌。隐蔽青年家庭对邻居、朋友和同事亦隐瞒家庭近况。他们更倾向于向心理咨询师和社会工作者等专业力量寻求帮助，这成为"解决问题"，甚至是实现幸福（莘母）的希望所在。实际上，"大多数人接受心理治疗的原因，要么是父母太严苛，要么是子女太叛逆，他们的目的都不在于发现内在自我，而是寻求更和谐的家庭代际关系"（阎云翔，2024）。

大环境系统：成功与面子成为隐蔽前后家庭的主要价值。家长在奋斗事业成功的同时，也看重学业成功。因顾及熟人之间的面子，"亲子一体"向心理咨询师和社会工作者等专业力量寻求帮助。

时序系统：各层面的互动随着时间的推移而发生变化，学业困难、家庭变故和工作不顺，甚至多重因素叠加，成为青年退居家庭的重要时刻。

（二）隐蔽青年家庭生态系统各层面间的互动

微环境系统与隐蔽青年关系最为紧密，甚至在与其他系统互动时呈现"亲子一体"的特点。隐蔽青年从学校和工作中退回家庭，是一种主体选择的行为，而与亲属、邻居、父母的朋友和同事的脱离既有本人的主动选择，又有父母的明确支持。在应对社会风险的过程中，"亲子一体"成为"理性选择"（吴小英，2016）。在复杂社会中的人，成年期比较晚，"亲子一体"是社会力量造成的（费孝通，1998）。

外环境系统的传统功能向专业服务转变。亲属关系的扩展与实际生活的情境相关，特别是居住距离（费孝通，1998）。与大龄单身流动人口相似（王欧，2022），人口流动带来亲属关系变化，依靠父辈维系亲属关系，子辈没有"礼尚往来"，难以生产新的亲属关系（如夫妻的直系亲属），也不会主动嵌入已有的亲属关系。更强烈的"断亲"现象则是"亲情伦理驱使下的道德行为"，年轻人看重"无论怎样都对你好"的父母亲情的"实"，而不注重亲属关系的"名"，是自保和珍惜亲情（阎云翔，2024）。邻居、父母的朋友和同事则更处于不知情的状态。而具备专业技术，又不囿于"解决个人问题"的社会工作是帮助隐蔽青年及其家庭的首要选择。但是，大多数情况下，由于不同服务机构的服务对象存在年龄等方面的限制，在学校和家庭之间也没有专门的协调机制，这种制度上的限制阻碍了社会工作者为隐蔽青年提供服务（Liu et al.，2021）。

大环境系统中的隐蔽根源。成功是隐蔽前的家庭对子女养育中的主要价值观，而面子是隐蔽后家庭选择与外环境系统隔离这一行为的价值来源。"对财富无休止的追求，与市场竞争、政策变化、国家主导的个体化等带来的社会风险及其感知紧密联系在一起。"国家主导的个体化将更多责任放在个体身上。个体遇到外部危机时，父母如拥有可供依靠的资源，依靠父母成为唯一的选择（阎云翔，2024）。

（三）讨论：隐蔽青年家庭的负担、韧性与展望

在当前社会普遍对成功（孩子学业和家庭经济）的极度渴望中，家庭遭遇风险事件，而家庭的生态系统不足以提供足够支持，在面子的驱使下，隐蔽青年及其父母"亲子一体"选择和维持隐蔽行为。

在从传统到现代的变迁过程中，中国家庭以其极强的韧性和适应性展现出自身的特点。这种变动的、模糊的"家"，以其弹性和韧性对现代化中的个体主义产生迟滞性的影响，也抵御和消解转型期的风险（吴小英，2017）。但是，"家庭制度和政策的缺位与矛盾使得中国家庭仍不得不依靠传统的诸多惯性而承担大量的溢出责任"（彭希哲、胡湛，2015）。"各级政府出于现实功利主义原则，将社会福利负担打包给家庭、将国家－个人关系间的种种压力/矛盾转移给家庭的方式"不仅在复制，甚至有新发挥，这种结构的延续性和功利主义的经验值得警惕（陈映芳，2010）。

诚然，虽笔者尽力呈现隐蔽青年自身或者家庭成员的经历及其主体解读，在现有的隐蔽青年研究当中是少有做到的，但大城市部分案例的代表性有待提升，而县乡的隐蔽青年（陈星，2023）亦值得关注。隐蔽青年家庭夫妻关系与代际关系的互构互动未能呈现。以隐蔽青年的家庭关系为切口，未来当从宏观结构和文化角度探究社会变迁中的家庭，以深入厘清发展机制，丰富中国家庭研究。

参考文献

陈星，2023，《不出门、不上班、不社交，中国最隐蔽的 90 万人》，https：//baijiahao. b-aidu. com/s？ id＝1755258690290971501&wfr＝spider&for＝pc。

陈映芳，2010，《国家与家庭、个人——城市中国的家庭制度（1940—1979）》，《交大法学》第 1 期。

陈媛媛，2023，《"家里蹲"三年，一个 26 岁青年的困惑：我这样无用的人为什么会出生》，https：//weibo. com/ttarticle/p/show？ id＝2309404942593845756035。

费孝通，1998，《乡土中国　生育制度》，北京：北京大学出版社。

郭娟、赵鑫、韩晓燕，2021，《家庭关系的视角：隐蔽青年研究的可能路径》，《都市社会工作研究》第 1 期。

劳拉・E. 伯克，2024，《伯克毕生发展心理学》（第 7 版），陈会昌译，北京：中国人民大学出版社。

罗天，2019，《日本"茧居"人口超过百万 有父亲不堪忍受杀死儿子》，https：//baiji-ahao. baidu. com/s？ id＝1641297567010210101&wfr＝spider&for＝pc。

明鹊、何锴，2023，《从"网瘾少年"到"隐蔽青年"，一个家庭 13 年的网戒困局》，https：//news. cyol. com/gb/articles/2023-05/24/content_ mOpB8JfVvx. html。

彭希哲、胡湛，2015，《当代中国家庭变迁与家庭政策重构》，《中国社会科学》第 12 期。

师海玲、范燕宁，2005，《社会生态系统理论阐释下的人类行为与社会环境》，《首都师范大学学报》（社会科学版）第 4 期。

石金群，2015，《当代西方家庭代际关系研究的理论新转向》，《国外社会科学》第 2 期。

王欧，2022，《家庭化与新生代农民工生活方式转型》，《社会学研究》第 1 期。

吴小英，2017，《流动性：一个理解家庭的新框架》，《探索与争鸣》第 7 期。

吴小英，2016，《"去家庭化"还是"家庭化"：家庭论争背后的"政治正确"》，《河北学刊》第 5 期。

阎云翔，2024，《家庭研究中的新家庭主义视角》，《信睿周报》第 118 期。

杨善华，2009，《感知与洞察：研究实践中的现象学社会学》，《社会》第 1 期。

杨善华，2021，《关注家庭日常生活中的"恒常"——一个家庭制度变迁的视角》，

《中华女子学院学报》第 2 期。

朱安新，2022，《理解日本家庭变迁的范式"家庭的战后体制"——评〈21 世纪的日本家庭：何去何从〉（第 4 版）》，《妇女研究论丛》第 3 期。

卓彩琴，2013，《生态系统理论在社会工作领域的发展脉络及展望》，《江海学刊》第 3 期。

Caputo, A. 2021. "Looking at a Beautiful Moon While Immersed in a Lake of Petroleum: Narratives from Italian Individuals with Hikikomori." *Psihologija* 54 (3): 269–284.

Chan, G. H. 2020. "Application and Effectiveness of Play Therapy Using an Online-Game Intervention for Hidden Youth." *The British Journal of Social Work* 50 (7): 2116–2134.

Funakoshi, A. M., Saito, R., Yong, R., & Suzuki, M. 2022. "Home Visiting Support for People with Hikikomori (Social Withdrawal) Provided by Experienced and Effective Workers." *International Journal of Social Psychiatry* 68 (4): 836–843.

Gondim, F. A. A., Aragão, A. P., Filha, J. H., & Messias, E. L. 2017. "Hikikomori in Brazil: 29 Years of Voluntary Social Withdrawal." *Asian Journal of Psychiatry* 30: 163–164.

Ismail, R. 2020. "New Starts at New Start: Recovery and the Work of Hikikomori." *Transcultural Psychiatry* 57 (5): 698–709.

Iwakabe, S. 2021. "Working with Social Withdrawal, or Hikikomori, in Japan: From Shame to Pride." *Journal of Clinical Psychology* 77 (5): 1205–1218.

Kato, T. A., Kanba, S., & Teo, A. R. 2019. "Hikikomori: Multidimensional Understanding, Assessment, and Future International Perspectives." *Psychiatry and Clinical Neurosciences* 73 (8): 427–440.

Liu, L. L., Li T. M., & Wong, P. W. 2021. "Discovering Socially Withdrawn Youth in Shanghai Through the Eyes of Social Workers: A Mixed-Methods Study." *Journal of Social Work* 21 (3): 435–455.

Nonaka, S., Shimada, H., & Sakai, M. 2021. "Behavioral Repertoire of Families for Coping with Individuals with Hikikomori in Japan." *Japanese Psychological Research* 63 (1): 13.

Roza, T. H., Spritzer, D. T., Lovato, L. M., & Passos, I. C. 2020. "Multimodal Treatment for a Brazilian Case of Hikikomori." *Revista Brasileira de Psiquiatria* 42 (4): 455–456.

Wong, J. C. M., Wan, M. J. S., Kroneman, L., Kato, T. A., Lo, T. W., Wong, P. W. C., & Chan, G. H. 2019. "Hikikomori Phenomenon in East Asia: Regional Perspectives, Challenges, and Opportunities for Social Health Agencies." *Frontiers in Psychiatry* 10: 512.

Wong, P. W., Liu, L. L., Li, T. M., Kato, T. A., & Teo, A. R. 2017. " Does Hikikomori (Severe Social Withdrawal) Exist among Young People in Urban Areas of China?" *Asian Journal of Psychiatry* 30: 175–176.

Yong, R. & Kaneko Y. 2016. "Hikikomori, a Phenomenon of Social Withdrawal and Isolation in Young Adults Marked by an Anomic Response to Coping Difficulties: A Qualitative Study Exploring Individual Experiences from First-and Second-Person Perspectives. " *Open Journal of Preventive Medicine* 6 (1): 1–20.

嵌入理论视角下的高校心理危机干预体系研究*

朱　艳　丁敬耘**

摘　要　心理危机干预是高校心理健康教育的重要组成部分，既是工作重点，也是难点，更是维护学生心理健康的底线与防线。近年来，众多高校致力于构建和完善心理危机干预体系，以保障学生心理健康发展。本研究选取了上海市 13 所高校作为样本，对其心理危机干预体系进行了文本分析，并对其中 7 所高校的心理教师进行了深入访谈。研究结果表明，上海高校心理危机干预体系重视学生的主体地位，关注心理危机的应对，促进了多部门的协作，但在制度建构上，主体参与性尚显不足，行动指导性有待加强；在结构协调上，心理危机干预体系的组织结构运行模式单一，缺乏系统性，主体间的渗透性较弱；在关系协同上，各参与主体之间资源共享尚不够充分，区域性、个体化较为明显。基于此，嵌入理论关于社会结构与个体行动相互作用的观点为高校心理危机干预体系的有效运行提供了理

---

* 本文为 2021 年度上海市教育科学研究项目"'生命至上'理念下大学生心理危机干预体系的优化研究"（C2021166）的阶段性成果。
** 朱艳，上海大学心理辅导中心讲师，博士，主要研究方向为青少年与家庭社会工作、学校社会工作等；丁敬耘（通讯作者），复旦大学心理健康教育中心副教授，博士，主要研究方向为健康社会工作，大学生心理健康教育等。

论支持。本研究从制度嵌入、结构嵌入、关系嵌入三个方面提出了具体的嵌入路径，旨在提升高校心理危机干预体系的运行效力。

关键词　心理危机　干预体系　制度嵌入　结构嵌入　关系嵌入

一　问题的提出

心理危机干预作为高校心理健康工作的核心环节，既是难点也是重点，它深刻体现了心理育人的核心价值，是促进大学生健康成长与成才不可或缺的一环。近年来，各大高校高度重视并致力于构建和完善心理危机干预体系，以提升心理健康教育工作效能，强化危机干预网络的建设。本研究围绕"高校心理危机干预体系"这一主题，通过在中国期刊网对核心期刊的深入检索，发现该领域的研究焦点主要涵盖体系构建、预防策略及转介机制等方面（伍新春等，2010；杨稣、武成莉，2011；卢勤，2010）。经过多年的实践与探索，各高校在心理危机干预体系的建设上已取得显著进展，体系在实践中不断得到优化与强化。值得注意的是，2021 年，中国心理学会临床心理学注册工作委员会在其官方公众号上正式发布了全国高校心理咨询中心的标准化文件集，其中，"高校心理危机干预工作指南"作为重要组成部分，为高校心理危机干预体系的标准化与规范化提供了明确指导，进一步推动了该体系架构的完善与内容的深化。

本研究在前期广泛的文献回顾与现场调研基础上，了解到很多高校在构建心理危机干预体系方面呈现一定的共通性。具体而言，以上海市高校为例，多数学校已着手构建并实施了心理危机干预体系，明确界定了工作目标与工作主体，构建了相应的组织架构，有的还制定了详细的干预流程。然而，面对心理危机干预的复杂任务，多部门之间如何有效协作以及工作文件如何指导干预实践等成为本研究深入探索的核心议题。

因此，本研究通过文本分析法和访谈法，剖析高校心理危机干预体系制度文本的特点，并借助对工作实践的深度访谈，反思当前体系运行的特点与存在的不足，进而为优化心理危机干预策略、提升干预效果提供切实可行的对策建议。

二　理论基础

心理危机干预体系是一个多层次、全方位的系统，需要多部门、多领域的协同合作。高校心理危机干预体系的运作基于特定的组织架构，不同参与主体如何协同、资源如何整合等受到参与主体自身特点、主体之间的关系以及心理危机干预的特定情境的影响，即不同参与主体在嵌入心理危机干预的过程中受到各种制度及关系网络的影响。为了便于分析及讨论，本研究引入嵌入理论的相关内容作为理论依据。

嵌入理论最初由卡尔·波兰尼提出，强调经济与社会制度之间的关系（Polanyi，1992）。马可·格兰诺维特将嵌入理论引入社会现象领域，认为嵌入的方式使得嵌入主体与客体之间建立某种联系，从而获得了整体性效益。在此基础上，他进一步提出了关系嵌入和结构嵌入的分析框架（Granovertter，1985）。之后不断有学者对嵌入理论进行补充与发展，历经几十年的应用与理论迁移，其内涵在辩证讨论中逐渐得到了完善和细化（张慧，2022）。如 Zukin 和 DiMaggio（1990）认为社会网络中包含着各种社会关系，将嵌入性区分为认知嵌入、文化嵌入、结构嵌入和政治嵌入；Abolafia 在分析组织与制度环境的关系时，提出了制度嵌入等（参见赵浩华，2024）。嵌入理论的这些新发展为其在研究中的适用性奠定了基础。

在工作实践中笔者发现，高校心理危机干预体系的有效运行需要家校社（医、警）等多元主体的参与，形成相互协作、相互支持的嵌入型工作联盟，这与嵌入理论所强调的社会结构和个体行动之间相互作用的核心观点密切相关。基于此，本研究以嵌入理论为基础，将干预主体嵌入高校心理危机干预过程中，分析干预主体如何基于制度保障形成工作合力，提炼提升高校心理危机干预体系运行效力的嵌入路径。

三 研究方法

（一） 文本分析法

文本分析法（content analysis） 是一种对传播所显示出来的内容进行客观的、系统的、定量的描述的研究方法 （风笑天，2009）。在进行文本分析时，本研究采用目的性抽样的方法，收集了 13 所上海高校心理危机干预体系的制度文本作为分析对象。这 13 所高校涵盖了部属、市属和民办高校，它们在心理工作方面具有一定的特色和优势。具体分析时，本研究借助 ROST CM 6.0 软件进行自动分词，按照词汇出现的频率由高到低选取与研究主题有关的 30 个高频词作为词频分析和语义网络分析的数据资料。

（二） 访谈法

在对高校心理危机干预体系制度文本进行深入分析的基础上，本研究深入心理危机干预工作实践，探究心理危机干预体系运行过程中的具体工作流程。遵循信息饱和原则，本研究选取了 13 所高校中的 7 所，对其心理中心教师进行了访谈，依次编号为 G1 至 G7，以了解各高校心理危机干预体系的具体运作机制。所选高校包括部属、市属及民办高校，以实现样本的全面性。访谈采用线上与线下相结合的方式，旨在补充文本分析中未能涉及的心理危机干预实际操作问题，并收集心理危机干预体系运行中参与主体的经验与不足。借鉴嵌入理论分析框架，本研究试图归纳现有工作模式，并提出相应的优化对策。

四 制度嵌入：主体多元性不高、行动操作化不明晰

制度嵌入是指制度环境对个体或团体社会行为的影响，制度的制定、

执行都嵌入更大的制度、经济、社会结构乃至文化因素当中（姚俊，2013）。制度嵌入直接影响着参与主体的行动化。在高校危机干预体系中，制度嵌入意味着针对学生心理危机这一特定情境所制定的一系列规章和政策，旨在为心理危机干预提供方向指引与制度支持。本研究通过对 13 所上海高校心理危机干预体系的制度文本进行词频分析和语义网络分析，揭示当前制度嵌入在高校心理危机干预体系中的特点和局限性。

（一）主体多元性不高

本研究借助词频分析的方法对高校心理危机干预体系制度文本进行了高频词的统计分析。词频分析（frequency analysis），主要用于统计文本材料中词语出现的次数，发现隐藏在文本内容中的核心信息（孙晓东、倪荣鑫，2018）。按照词语频数从高到低重点对排名前 30 位的高频词进行归纳和整理后，本研究发现这些制度文本中高频核心词有三个，即"学生""心理""危机"，这提示了心理危机干预体系中所涵盖的工作对象以及特定的工作内容。此外，制度文本中出现频率较高的还有"干预""学院""中心""学校"，这反映了心理危机干预体系的主要功能和核心的组织架构。从词频分析结果来看，高校心理危机干预体系制度文本将"学生"作为服务对象，聚焦心理危机干预，注重学校、中心、学院等校内多部门的协作。然而，校外主体的参与度尚显不足，家校、医校之间的协同合作尚未得到充分体现，"家长""医院"等关键词出现频率显著低于"学院""中心""学校"，校警、校社等更多系统的协作在制度文本中未涉及。

（二）行动操作化不明晰

在词频分析的基础上，本研究借助语义网络分析的方法揭示高校心理危机干预体系制度文本的知识特征，呈现语词之间的联系。语义网络分析（sematic network analysis）以词频分析为基础，关注词与词之间的关系模式，对文本内容句法与概念之间的语义路径进行解构，从而识别出文本词汇的关联和意义（邹勇文、田逢军，2017）。从心理危机干预体系制度文本语义网络图（见图 1）可以看到，高频词的周围形成了多层子群，呈现雷达图式。具体而言，各层级子群呈现"核心-边缘"的特点：核心层由"学生""危机""心理""干预"组成，这些要素凸显了工作主题；次核心层，由"学院""中心""学校""辅导员"组成，关联于组织架构；过渡层包括"健康""教育""事件""评估""咨询"等，涉及引发心理危机的可能、发现途径和干预目标；边缘层包括"及时""小组""领导""人员""部门""处理""开展"等词，涉及了心理危机干预的架构和操作。因此，"核心层-次核心层-过渡层-边缘层"的四层结构呈现了高校心理危机干预体系制度文本的特点，即有鲜明主题、有组织架构、有行动操作。

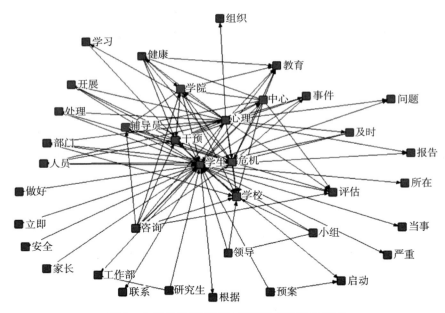

图 1　心理危机干预体系制度文本语义网络图

同时，从图 1 中也可发现，心理危机干预体系制度文本着重梳理了干预体系的组织架构和工作流程。在组织架构中部门（学校、中心、学院）、人员（辅导员）成为重要的构成部分，这表明在心理危机干预中它们发挥着重要作用，网络图中的线条也揭示了这些部门（人员）有着密切的联系。此外，结合工作实践，网络图也呈现心理危机干预体系组织架构中有些资源未被充分利用，如"家长"被边缘化了，只与"学生"共同出现，与其他词语没有连接。从网络图中看到边缘层相互间线条的连接断断续续，学校中的领导、部门、小组、人员参与开展心理危机干预工作的相关内容在制度文本中直接表述呈现得很少，也就是说，危机干预文本中对组织架构（尤其是学校层面）还不够细化，工作内容的清晰度和具体可操作性还有待于提高。

各高校的制度文本为心理危机干预工作实践提供了制度保障和政策支持，确保在具体工作方案中有行动指南、有工作方向、有责任分配。但是面对日益复杂的工作要求，制度文本还有待于积极发掘参与主体的能动性和资源，进一步细化行动内容和操作流程，明确各环节的具体操作步骤和责任主体，确保心理危机干预工作能够更加精准而高效地执行。

五　结构嵌入：主体互动模式单一，协同参与深度不够

结构嵌入是指"行为主体多维度嵌入由关系、行为、功能构成的社会网络总体结构"（侯仕军，2011）。制度文本分析结果显示各高校已经建立了心理危机干预体系的组织架构，为危机干预实践提供了工作思路，明确了参与主体的责任分工。本研究通过文本分析发现，针对"学生""心理""危机""干预"这一核心主题，不同高校构建了以"学院""中心""学校"为架构的干预次核心层。在具体的心理危机干预实践中，多个部门之间的协同机制、牵头单位以及协调者的角色定位成为关键问题。心理危机干预体系的组织架构如何运行？由谁来牵头？由谁来协调呢？本研究通过深入访谈部分高校心理中心的教师，发现目前心理危机干预体系的结构嵌入主要包括自下而上、自上而下和专业介入三种方式。

（一）自下而上：相关学院组织协调

"谁家孩子谁家抱。"作为学生管理单位，学院在心理危机干预体系中承担协调功能是必然的选择。访谈中，G7 教师明确指出："危机干预工作的主体在学院，可能涉及家庭的、教学的问题，甚至其他方面的，

都由它（学院）来张罗。"（来自 ZQ 的访谈记录）G5 教师也认为，"在危机干预中主要由学院负责处理和协调，（心理）中心有位老师会参与，主要是协助学院处理"（来自 MH 的访谈记录）。G3 教师坦言："虽然学院处理危机为主要的一个抓手，但不同学院的风格不一样，有的比较有经验，处理起来就比较顺利；有的可能没有太多经验，有时候需要学校层面给予更多的支持和指导。"（来自 WS 的访谈记录）

在心理危机干预体系中，自下而上的结构模式使得学院扮演着关键角色，同时也面临诸多挑战。学院不仅需要自身拥有一定的心理危机干预处理的经验，还需要与校内其他部门形成联动机制，协同家长、医院等外部资源，以确保能够有效应对学生的心理危机。

（二）自上而下：学工部门组织协调

学工部门作为学校层面的整体协调者，在心理危机干预中发挥着不可替代的作用。G1 教师提到，"我们学工有专门的老师负责危机干预中的联络，比如中心上报的危机学生需要联络学院或者学院上报的（危机学生）要联络中心或者其他部门等，这些都由学工来联络"（来自 ZJ 的访谈记录）。G4 教师所在的学校则进一步强化了学工部门在心理危机干预中的桥梁作用，"一般是由学工部门召集组建心理危机干预工作组，召开联络会议，学院、心理中心、教务处、保卫处等相关协同部门参与，共同出谋划策降低学生的风险"（来自 DS 的访谈记录）。G6 教师也提到这一工作主要是由学校层面的力量来推动的："协同由学工部来，由学校的行政推动，各个部门齐心协力，发动更多的力量。"（来自 HQ 的访谈记录）在心理危机干预体系中，学工部门在校级管理层面上具备迅速响应的能力，能够在不同部门之间强化沟通与协作，更有效地链接相关资源，共同构建起一个高效且协同的心理危机干预体系。但是，在这个过程中自上而下的工作结构容易带来过度行政化和工作简单化，从而忽视了对学生的人文关怀。

（三）专业介入：心理中心组织协调

高校心理中心作为专业机构，在心理危机干预中占据举足轻重的地位，特别是在提供专业咨询与心理评估服务方面。在有的高校，心理中心作为心理危机干预的主导者，凭借其深厚的专业功底赢得各参与方的信赖，也成为组织中的核心，有效地整合各方资源旨在降低学生风险，制定并实施科学合理的应对策略。这一模式在 G2 教师所在的学校最为凸显，"以（危机）学生为中心，他的危机由哪里触发，我们就优先解决哪里（的问题），比如我们会直接联系家长、联系教务、联系导师，只要能降低学生的风险，我们就去做，当然这些都事先获得学生的同意"（来自 TD 的访谈记录）。心理中心能如此顺畅地协同各部门，在于其在体系中树立起的专业形象，G2 教师补充道："心理中心主动出击联系各个资源，我们会很通畅地表达专业建议，告诉它（相关部门）怎么做，通过问题的解决来降低风险。当然，它们很信任中心的意见，这一切都是我们干出来的。"（来自 TD 的访谈记录）心理中心的积极作为，从单纯的咨询评估者转变为全方位的干预网络构建者，确保在关键时刻能够迅速响应，使心理危机干预工作更加高效，这同时也对心理中心这一队伍提出了更高的专业要求，考验着不同参与主体之间的信任感和配合度。

结构嵌入关注参与主体在工作网络结构中的位置以及相互之间的互动关系。在心理危机干预实践中，组织架构中学校的权力资源、学院的主体资源、心理中心的专业资源如何协同，谁作为信息处理枢纽，这直接决定了心理危机干预体系的运行模式和效果。自上而下、自下而上、专业介入等方式是目前高校心理危机干预体系的主要结构模式，这些模式在工作实践中提供了有效的干预，但是也存在一定的局限。自上而下的模式可能导致心理危机干预过度行政化，自下而上的方式可能会缺乏指导性和协调力，专业介入要求相关人员具备较高的专业素养，对不同参与主体相互信任和支持也提出了很高的要求。因此，在心理危机干预体系中，单一的模式往往很难应对复杂多变的心理危机情况，需要建立多层次、系统化的组织架构，自上而下与自下而上相互补位，积极引入专业视角，构建一个优势的干预体系能够更加灵活地应对心理危机的不同情况，从而达到高效精准的效果。

六 关系嵌入：协作不充分，区域性个体性明显

嵌入性理论强调"个体的经济行为既具有自主性，又嵌入其所处的社会关系中"（Granovertter，1985）。关系嵌入是指个体或者组织在行为嵌入过程中与对方构成的关系纽带（Granovetter，1973）。本研究在对制度文本分析时发现高校心理危机干预体系中"家长""医院"的词频较低，家校、医校等参与主体之间的协作体现不充分，在访谈中，高校心理中心教师普遍反映，家-校-医-警之间的联动尚需进一步加强。

（一）家校协同：家庭资源的参与推进

在心理危机干预中，家校协同的重要性不容忽视。作为心理危机学生的法定监护人，家长承担着一定的法律责任。虽然在心理危机干预体系制度中，很多高校注重与家长的沟通与合作，以确保在危机发生时能够获得家长的理解与支持，然而在实际操作中，家校合作往往并不那么顺利。G1 教师表示："中心直接跟家长的工作还挺少的，家长一般还是让学院那边自己沟通。不同学院处理能力不同，有时会请中心的老师帮它们出主意，确实有些家长还挺不配合，如果学生的危机情况是由家庭引发，那就更难处理了。"（来自 ZJ 的访谈记录）G3 教师在工作中也有类似感受，"很多家长（对心理危机）认识还不够，容易带着一种怀疑的态度，沟通什么的还是有点吃力的，因此挺需要策略的，可能相关知识的科普这方面还有一段距离"（来自 WS 的访谈记录）。在干预中，获取家长支持、鼓励其积极参与并提升对心理危机的认识是关键所在。对于高校心理危机干预体系而言，不仅要提高家长对心理危机的认识水平，还需探索更为有效的沟通策略，以实现家校之间的深入合作。

（二）医校协同：专业力量的指导协作

在心理危机干预的过程中，医疗机构与高校之间的协作发挥着极其重要的功能。医院作为专业资源的提供者，能够为学生提供必要的医疗支持。访谈发现，在实际操作过程中，不同高校与医院在合作实践中存在显著差异。G3 教师所在的学校与其附属医院合作，"危机学生可以直接走绿色通道，临时加个号，挺通畅的，有时也可以直接获得医生的专业建议，很有效地获得支持"（来自 WS 的访谈记录）。G4 教师也表示："在学校的努力下，我们与一所医院签署了医校合作协议，在危机干预中，医院可以为学生提供及时的治疗，大大降低了风险。"（来自 DS 的访谈记录）然而，G7 教师所在的学校地处郊区，周边医疗资源较为匮乏，医校间的协作机制尚不完善，"我们虽然也签了医校合作的医院，但是离得太远，（危机）学生可能急需医疗评估或者用药干预，我们很难及时获得专业帮助，压力会比较大，有时我们就自己联系认识的医生"（来自 ZQ 的访谈记录）。在危机干预过程中，医校协同仍面临诸多挑战，受地域性、资源有限等因素的影响，在形式和落实之间还存在现实困难，双方需要持续探索和创新合作模式，以确保学生在出现心理危机时能得到必要的帮助。

（三）校警协同：法律援助的支撑保障

随着技术发展以及多媒体的兴起，各种网络社交媒体成为学生情绪宣泄的重要领域，警方往往成为心理危机发现的重要途径，因此校警协作同样具有重要意义。在访谈中，G5 教师提到，"我们学校有驻校的警察，在危机干预的环节当中，符合法律规定的强制送医往往就会由他们做。有时，对于一些不配合的家长，甚至甩手不管的，这个时候驻校警察会出面把家长请回来进行沟通"（来自 MH 的访谈记录）。G4 教师也提到，在危机干预中，"学校保卫处有一位老师负责与警方的合作，提供（危机识别）信息，有时也会参与对家长的劝导工作"（来自 DS 的访谈记录）。可见，校警合作在心理危机干预中发挥着桥梁作用，不仅能够提高应对危机的效率，还能在家长沟通、法律支持等方面提供有力保障。然而，从各高校实践工作来看，尚未形成较为成熟和具有可推广性的合作模式，校警合作还存在诸多待加强的空间，如何优化合作机制，提升工作实效性，依然是高校心理危机干预工作中需要不断探索的课题。

在高校心理危机干预体系中，良好的关系嵌入体现为参与各方之间的相互信任，以及积极的资源交换和通力合作。然而，目前校内外干预主体的工作协同尚存在不顺畅之处，实践中协作面临诸多困难。家校之间的协助沟通亦不够充分，家长对于心理危机的意识和应对能力亟须加强。鉴于医疗资源的有限性，医校之间的合作尚未完全实现，部分合作仅限于书面文件，具体实施过程中存在一定的个体化倾向。心理危机干预中的校警协作模式仍在探索阶段，具有明显的区域性，尚未形成可供广泛推广的经验。

七　心理危机干预体系的嵌入路径

积极提升高校心理危机干预体系的有效性，既是新时代学校心理健康教育工作的重点，也是健康中国建设不可或缺的一环。心理危机干预体系中各参与主体不是孤立的，而是嵌入一定的关系网络中并发挥作用。探索与优化心理危机干预体系参与主体的嵌入路径，有助于实现各主体功能的最大化发挥。本研究在综合文本分析及深入访谈数据的基础上，以嵌入理论为分析框架，从制度嵌入、结构嵌入、关系嵌入三个维度出发，对心理危机干预体系的运作模式进行了讨论。结果发现，高校心理危机干预体系制度文本中校外主体的参与度尚显不足，家校、医校、校警等方面的协同未充分涉及，制度层面的行动指导还有待加强；心理危机干预体系的组织结构运行模式单一，缺乏系统性，主体间的参与渗透性较弱；各参与主体之间的关系协作与资源共享尚不够充分，区域性、个体性较为明显。基于以上研究结果，本研究提出心理危机干预体系的嵌入路径，见图 2。

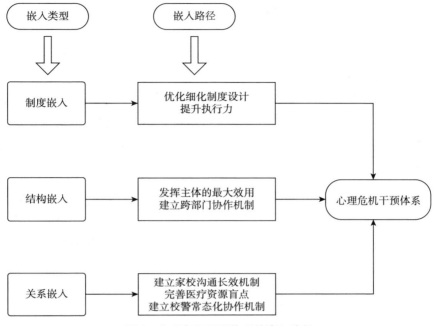

图 2 心理危机干预体系的嵌入路径

（一）制度嵌入：顶层规划与制度建设

制度嵌入强调制度保障与政策支持在特定社会结构、政治环境或文化背景中的扎根与融合过程（李韬、宁佳，2024）。在教育部等十七部门印发的《全面加强和改进新时代学生心理健康工作专项行动计划（2023—2025 年）》中将"完善心理预警干预"列为学生心理健康八项重点工作之一。从文本分析和深入访谈中可以发现，目前多数高校形成了心理危机干预的相关制度，但如何将制度与工作实践紧密结合，确保心理危机干预工作能够真正落到实处，依然是高校面临的一大挑战。因此，高校应高度重视心理危机干预的顶层设计，不断完善更新相关规章制度，加强校内外多方主体的参与和联动，尽可能明晰各参与主体的干预职责与行动内容，注重资源整合，不断优化和细化制度设计，将心理危机干预体系织密织牢以应对新情况的挑战，提升执行力。

（二）结构嵌入：深度参与和系统合作

为确保高校心理危机干预体系的有效运作，各高校要深化参与主体的自主意识、强化执行力。充分发挥学院、心理中心、学工部门等核心主体的最大效用边界，促进信息流通与资源共享，建立更加紧密和高效的跨部门协作机制。学院作为与学生接触最密切的单位，应被赋予更多主动权，加强相关人员的专业培训，提升识别潜在心理危机并进行处置的能力。心理中心则需发挥专业优势，提供科学的心理评估与干预指导，并与学院紧密配合，链接专业资源，确保干预措施的有效实施。同时，学校系统应扮演协调者的角色，加强与其他部门的沟通，确保心理危机干预工作的顺利推进，最终形成多元主体深度参与、多系统合作的干预体系。

（三）关系嵌入：信任构建与多方结盟

关系嵌入强调通过社会关系的建立与维护，强化各主体间的信任与合作。除校内资源的参与外，高校还应积极引入社会力量，加强家-校-医-警等多系统的合作。首先，加强家校联动，建立家校沟通的长效机制，加深家长对心理危机的认识和理解，增强其参与危机干预的意愿和能力。其次，深化医校合作，完善医疗资源盲点，促进绿色通道真正通畅，确保学生在需要时能够及时获得专业的医疗评估和治疗。最后，加强校警协作，建立常态化的协作机制，提高警方对心理危机干预工作的参与度，协助高校进行危机评估、强制送医等工作，确保危机得到及时、有效的处理。为家长和学校提供法律咨询和援助，确保学生的生命安全和合法权益得到保护。

综上所述，心理危机干预体系的多主体嵌入路径需要从制度嵌入、结构嵌入、关系嵌入等多个方面入手，确保各主体能够协同作用、共同应对心理危机挑战。通过不断完善顶层设计、强化参与主体的自主意识与执行力、构建良好的家-校-医-警协作方式，形成全方位、多层次、立体化的干预网络，不断提升心理危机干预的实效性和精准度，为学生的健康成长保驾护航。

参考文献

风笑天，2009，《社会性研究方法》，北京：中国人民大学出版社。

李韬、宁佳，2024，《双重嵌入与制度激活：文化特派员推动乡村文化建设的逻辑理路——以浙江省 S 村为例》，《西华师范大学学报》（哲学社会科学版）第 11 期。

卢勤，2010，《大学生心理危机预防与干预体系的构建》，《中国青年研究》第 9 期。

侯仕军，2011，《社会嵌入概念与结构的整合性解析》，《江苏社会科学》第 2 期。

孙晓东、倪荣鑫，2018，《中国邮轮游客的产品认知、情感表达与品牌形象感知——基于在线点评的内容分析》，《地理研究》第 6 期。

伍新春、林崇德、臧伟伟、付芳，2010，《试论学校心理危机干预体系的构建》，《北京师范大学学报》（社会科学版）第 1 期。

杨稣、武成莉，2011，《大学生心理危机干预体系构建》，《宁夏大学学报》（人文社会科学版）第 1 期。

姚俊，2013，《新型农村社会养老保险的制度困境分析：嵌入性的视角》，《学海》第 5 期。

张慧，2022，《嵌入性理论：发展脉络、理论迁移与研究路径》，《社会科学动态》第 7 期。

赵浩华，2024，《嵌入性理论视角下农村互助养老发展困境与破解》，《当代经济研究》第 2 期。

邹勇文、田逢军，2017，《网络虚拟社区中的南昌市旅游空间意象图景》，《资源科学》第 2 期。

Granovertter, M. S. 1985. "Economic Action and Social Structure: The Problem of Embeddedness." *American Journal of Sociology* 3.

Granovetter, M. S. 1973. "The Strength of Weak Ties." *American Journal of Sociology* 6.

Polanyi, K. 1992. "The Economy as Nstituted Process A." In Mark Granovetter and Richard Swedberg (eds.), *The Sociology of Economical Life*. Boulder, Colo: Westview Press.

Zukin, S. & P. DiMaggio. 1990. "Introdution." In Zukin, S. & P. DiMaggio (eds.), *Structures of Capitai: The Social Organization of the Economy*. Cambridge: Cambridge University Press.

Table of Contents & Abstracts

The Historical Evolution of Social Work in China from the Lens of Modernization: An Investigation Through the Prism of Publicity

Tong Min, Zhou Yi / 1

Abstract: With the advancement of China's modernization road in a Chinese-style manner and the deepening of grassroots governance, the construction of diverse and distinct community lives has become an urgent issue to be addressed in grassroots governance innovation. However, this problem is rarely discussed in social work. Therefore, it is necessary to examine the evolution of publicity from a modernization perspective in order to establish a historical and social foundation for the professional development of social work in grassroots governance in China. By reviewing the Western trajectory of publicity's connotation, it becomes evident that as individual subjective rationality transforms into inter-subjective critical rationality, the concept of publicity has also shifted from group-oriented emphasis on public-private antagonism to individual-oriented emphasis on multiple coordination. This change is also reflected in grassroots community governance practices in China, indicating that Chinese grassroots governance is progressing towards promoting diversity and coordination through individual-focused publicity. Consequently, Chinese social work needs to embrace this transformation by establishing a "Chinese clique" based on individ-ualization and centered around publicity while facilitating the development of China's unique path towards modernization.

Keywords: Publicity; Grass-roots Governance; Social Work; Chinese Modernization

Temporal Experience, Causes and Social Work Intervention of Youth Community Correction Inmates

Wang Haiqing, Zhang Yu / 25

Abstract: The perception of time for individuals is experiential and emotional, and the temporal experiences of young community correction inmates reflect their emotions and attitudes. Based on interviews with young community correction inmates at various stages of correction and differing durations, it was found that these individuals experience overlapping time, cyclical time, accelerated time, and disembedded time, which reflect their difficulties in adapting to the time order within community correction. When dealing with the change of time order, young community correction inmates adopt three strategies: passive coping, passive adaptation and active adjustment. Habitus lag, self-seclusion and emotional emergence are significant factors contributing to the deve-lopment of negative narrative of time among young community correction inmates. Social workers can assist inmates in enhancing their sense of control over time and promoting social integration and reintegration into society by adjusting cognitive distortions and restructuring temporal frameworks, increasing social support and relationship time, and guiding life planning and the re-embedding of social clocks.

Keywords: Young Community Correction Inmates; Temporal Experience; Community Correction Social Work

A Study on the Generation Process of Juvenile Justice Social Work: Based on the Practice of Juvenile Iustice Social Work in Shanghai

Wang Qionglei, Fei Meiping / 46

Abstract: Juvenile justice social work emerges and develops through the cooperative interaction among multiple practical entities, such as government departments (including judicial organs), social work institutions, social workers, social work universities, and other social forces. How can the cooperative interaction among these multiple practical entities contribute to the generation of Juvenile justice social work? This study integrates the "structure-action" perspective and the theoretical dimension of "organization", taking the practice of Juvenile justice social work in Shanghai as an example. It discovers that the generation process of Juvenile justice social work lies in the following: Firstly, "structural impetus", where the government (including judicial organs) promotes policies through legislative support, policy and system guarantees, the establishment of a work system for preventing and reducing juvenile delinquency, and the government's purchase of service systems. Secondly, "organizational innovation", Regulated functioning and organizational incentives of social work agencies create an "organizational innovation". Thirdly, "action response", where practical entities like juvenile social workers and social work universities undertake "school-community" colla-borative actions based on social work service practice and knowledge production. The study further finds that the generation mechanism of Juvenile justice social work, namely the "Leading-Enabling-Linkaging" mechanism, possesses characteristics and connotations such as guidance, autonomy, coordination, and symbiosis.

Keywords: Juvenile Justice Social Work; Structure-Action; Leading-Enabling-Linkaging

The Practice Exploration of "New Localization" in Expressive Arts Therapies Within Anti-Drug Social Work: A Case Study of the "Six Movements" Application Model in the Z Anti-Drug Social Organization of S City

Zhang Xintong, Fan Minglin / 68

Abstract: This study focuses on the "New Localization" application of Expressive Arts Therapies within the field of anti-drug social work in China. It aims to explore how to integrate Western-originated arts therapy methods with China's specific cultural, institutional, and anti-drug social needs under the context of Chinese-style modernization. Based on a practical research project conducted by the Z anti-drug social organization in S City, this paper employs interviews and participant observation to deeply analyze the experiences, motivations, challenges, and innovations of anti-drug social workers in applying arts therapies. The study finds that, although Expressive Art Therapies is highly flexible and adaptable, there are potential conflicts between its western cultural background and China's traditional values and social systems, requiring a process of localization and innovation. Ultimately, the research team proposes the "Six Movements" application model, which consists of six stages—interaction, touching, moving, inspiring, action, and transformation—to construct a practical pathway that aligns with China's social culture and needs. This study not only provides important guidance for social work practice in the anti-drug field, but also offers theoretical and practical insights for the "New Localization" development in other areas of social work.

Keywords: Expressive Arts Therapies; New Localization; Anti-Drug Social Work

A Study on Group Interventions to the Sense of Anxiety of People Living with HIV/AIDS——Based on Dancing Project of Friendly Organization in Shanghai

Cai Yi, Chen Beili, Xue Lan, Bu Jiaqing, Chen Jun / 93

Abstract: Social support is an important strategy for HIV prevention and treatment. From the perspective of social support, the article explores the role of art therapy groups of intervening to anxiety among people living with HIV/AIDS. The proportion of people living with HIV/AIDS suffering from depression and anxiety is relatively high. This study used intervention study and conducted group study to intervene through dance projects. The study found that art therapy groups could reduce anxiety of people living with HIV/AIDS and social workers played a more significant impact, comparing to the form of art therapy groups.

Keywords: Art Therapy; Group Work; People Living with HIV/AIDS; Intervention Study

Visual Action: A Practical Logic to Change the Dilemma

Xu Jiaqi, Lian Tingting, Fang Xiangting / 110

Abstract: How to help clients to improve the way of coping with life difficulties and achieve positive changes is an important issue to enhance the effectiveness of professional services. Taking "Visualization" as the conceptual framework, this study discusses the service principle and service path in the process of social work assisting service objects to change from ineffective coping state to effective solving state from three dimensions of "Visibility", "Possibility" and "Feasibility", and presents the service process and ideas of visual actions through specific cases. In this research, It can be found that the process of visual action contains three content elements (individuals with existence meaning, the relationship of spatial meaning, and the process of time meaning) and one action element (see-perceive-transform). Therefore, the practice model of visual action of social work service is constructed to promote the positive change of individuals and improve the effectiveness of professional services.

Keyword: Coping Style; See-Perceive-Transform; Visual Action; Practice Model

Difficult Service Contexts and Professional Actions: A Reflective Practice Study of Social Work Casework Services for Children with Multiple Difficulties

Xu Xuanguo, Lou Yiping / 131

Abstract: In recent years, the status and challenges faced by children in distress have garnered significant attention from both the government and society. Among these challenges, children experiencing multiple difficulties are of utmost importance in the realm of professional social work services. This paper focuses on social work interventions aimed at assisting children with multiple difficulties, using a complex case personally encountered by the author as the primary research subject. It integrates the social perspective of social work to analyze the process of establishing professional relationships, accurate dynamic prediction, opening resource channels, implementing accurate assistance, providing precise services, promoting home-school co-education, and exerting preventive functions to promote growth and development. Despite these professional actions, the service contexts remains challengings, such as the vulnerable child being unable to overcome his predicaments, the persistent chaotic family structure, and the near-broken bloodline. An in-depth study revealed the tensile force in reconciling the service contexts and the professional actions, leading to the case service predicaments. This is manifested in the child facing multiple structural constraints within his family, a diminishing external family support network, situational ethical dilemmas, and the tension of service practice encountered by the social worker. These challenges have shaped professional social work practice in a pattern of being weak but powerless, helpful but ineffective, professional but unable to make a difference, and taking actions but feeling helpless.

Keywords: Service Contexts; Children with Multiple Difficulties; Social Perspective of Social Work; Casework Service

In the Perspective of Service Learning Concept, University Social Work Majors Innovation Research of Practical Teaching Mode

Zhang Jiao, Song Li / 153

Abstract: Practical teaching is the key to expanding students' practical skills and cultivating application-oriented talents. Various domestic universities in China conduct positive explorations around the practical teaching model of social work. As a innovative concept and teaching method, service learning emphasizes the importance of reflection practice in practical teaching and the importance of practical platforms such as communities. It can provide certain guidelines at the level of practical teaching goals, systems and guarantee mechanisms. By drawing on service learning concepts, in view of the characteristics of the training of social work professional application-oriented talents, this study summarizes three operation paths: "reflection teaching concept", "collaborative learning method" and "scenario-type growth experience". In order to achieve the goal of the training of social work application type talents, colleges and universities should build a social work practice teaching system based on the characteristics of students 'growth, integrating effective resources and rich practical results based on the characteristics of students' growth, integrating effective resources and rich practical results. The effectiveness of the whole sportsman of practice.

Keywords: Service Learning; Practical Teaching; Social Work

Between Intervention and Laissez-faire: A Study of the Psychological Dilemmas of Family Caregivers for Older Diabetic Patients from an Existential Perspective

Abudusalamu Abulihaiti, Fu Fang / 170

Abstract: This study employed qualitative research methods to explore the predicaments faced by family caregivers of elderly diabetic patients during the care process, and analyzed the causes and support strategies of their psychological and emotional predicaments from an existential perspective. The results indicated that the predicaments of family caregivers were manifested in four aspects: choice predicament, moral predicament, relationship predicament, and emotional predicament, specifically reflected in the caregivers' decision-making anxiety, self-blame, lack of understanding, and experience of meaninglessness. Through an existential perspective analysis, it was found that these predicaments were rooted in the internal contradiction between individual freedom and responsibility, the complexity of moral judgment under the theories of subject freedom and role identity, the alienation experience and the absurdity of reality in the state of "existing for others", and other factors. In response to the above predicaments, this study proposed support strategies from the perspective of existential social work, including overcoming disillusionment, stimulating creativity, achieving transcendence of suffering, and establishing commitment through dialogue at the individual level, aiming to help family caregivers find the meaning of care work, enhance psychological resilience, and promote positive interaction with the environment.

Keywords: Existentialism; Family Caregivers; Elderly Diabetes; Mental Health; Social Work

An Analysis of Family Relationships of Hikikomori from the Perspective of Ecological Systems Theory

Guo Juan, Zhao Xin ／ 191

Abstract: Through interviews with Hikikomori, their family members, and social workers in Shanghai, as well as multi-context observations, this study analyzes the family relationships of Hikikomori from the perspective of ecological systems theory. The findings reveal that three major indicators—intergenerational relationships, kinship networks, and social support—contain numerous elements: Hikikomori, parents, schools (or workplaces), relatives, neighbors, parents' friends and colleagues, professional service institutions, and values. These elements interact at the levels of the microsystem, mesosystem, exosystem, and macrosystem. Furthermore, the Chronosystem influences family relationships, as hidden behaviors often emerge at critical junctures, such as academic failure, work setbacks, or family crises. Hikikomori is a rational choice made jointly by parents and children. It reflects family resilience but can also place excessive burdens on the family.

Keywords: Hikikomori; Family Relationships; Ecological Systems

Research on the Psychological Crisis Intervention System in Universities from the Perspective of Embedd Edness Theory

Zhu Yan, Ding Jingyun ／ 211

Abstract: This study conducted content analysis of the psychological crisis intervention systems in 13 universities in Shanghai and conducted in-depth interviews with psychological teachers from 7 of these universities. The study found that the psychological crisis intervention system emphasizes the primary position of students, focuses on the response to psychological crises, and promotes collaboration among multiple departments. However, in terms of system construction, there is still a lack of subject participation and the guidance for action needs to be strengthened. In terms of organizational structure, the operation mode is singular, lacking systematicity, and the permeability between subjects is relatively weak. In terms of relational coordination, the sharing of resources among various participating subjects is not yet sufficient. Based on the findings, this study proposes specific embedding pathways from the aspects of institutional embedding, structural embedding, and relational embedding to enhance the operational efficiency of the psychological crisis intervention system in universities.

Keywords: Psychological Crisis; Intervention System; Institutional Embedding; Structural Embedding; Relational Embedding

《都市社会工作研究》 稿约

为推进都市社会工作研究和实务的发展，加强高校、实务机构和相关政府部门的专业合作，上海大学社会学院社会工作系与出版机构决定合作出版《都市社会工作研究》集刊，特此向全国相关的专业界人士征集稿件。

一　出版宗旨

1. 促进都市社会工作研究的发展。社会工作系希望通过本集刊的交流和探讨，介绍与阐释国外都市社会工作理论、方法和最新研究成果，深入分析国内社会工作各个领域里的问题和现象，探索中国社会工作发展的基本路径，繁荣社会工作领域内的学术氛围，推动社会工作的进一步发展。

2. 加强与国内社会工作教育界的交流。社会工作系希望通过出版集刊，强化与国内社会工作教育界交流网络的建立，共同探讨都市社会工作领域的各类问题，共同推动中国社会工作教育和专业人才培养的深入开展。

3. 推动与相关政府部门的合作。社会工作系希望通过出版集刊之契机，携手相关政府部门共同研究新现象、新问题、新经验，并期冀合作研究成果对完善政策和制定新政策有所裨益。

4. 强化与实务部门的紧密联系。社会工作系希望通过出版集刊，进一步加强与医院、学校、工会、妇联、共青团、社区管理部门、司法部门、老龄与青少年工作部门，以及各类社会组织的密切联系与合作，通过共同探讨和研究，深入推动中国社会工作实务的开展。

5. 积累和传播本土社会工作知识。社会工作系希望通过出版集刊，能够更好地总结中国社会工作理论与实务的经验，提炼本土的社会工作专业服务模式，从而推动社会工作专业的健康发展。

二 来稿要求

1. 稿件范围。本集刊设有医务与精神健康社会工作、老年社会工作、儿童与青少年社会工作、城市社区社会工作、城市家庭和妇女社会工作、学校社会工作、社区矫正、社区康复、社会组织发展、社会政策分析及国外都市社会工作研究前沿等栏目，凡涉及上述领域的专题讨论、学者论坛、理论和实务研究、社会调查、研究报告、案例分析、研究述评、学术动态综述等，均欢迎不吝赐稿。

2. 具体事项规定。来稿均为原创，凡已经公开发表的文章不予受理。篇幅一般以 8000～10000 字为宜，重要的可达 20000 字。稿件发表，一律不收取任何费用。来稿以质选稿，择优录用。来稿请发电子邮箱或邮寄纸质的文本。来稿一般不予退稿，请作者自留稿件副本。

3. 本集刊权利。本集刊有修改删节文章的权利，凡投本集刊者被视为认同这一规则。不同意删改者，请务必在文中声明。文章一经发表，著作权属于作者本人，版权即为本集刊所有，欢迎以各种形式转载、译介和引用，但必须遵照《中华人民共和国著作权法》及有关国际法规。

4. 来稿文献引证规范。来稿论述（叙述）符合专业规范，行文遵循国际公认的学术规范。引用他人成说均采用夹注加以注明，即引文后加括号说明作者、出版年份及页码。引文详细出处作为参考文献列于文尾，格式为：作者、出版年份、书名（或文章名）、译者、出版地、出版社（或期刊名或报纸名）。参考文献按作者姓氏的第一个拼音字母依 A—Z 顺序分中、英文两部分排列。英文书名（或期刊名或报纸名）用斜体。

作者本人的注释均采用当页脚注，用①②③④⑤……标明。稿件正文标题下分别是作者、摘要、关键词。作者应将标题、作者名和关键词译成英文，同时提供 150 词左右的英文摘要。文稿正文层次最多为 5 级，其序号可采用一、（一）、1、（1）、1），不宜用①。来稿需在文末标注作者的工作单位全称、详细通信地址、联系电话、邮政编码，并对作者简要介绍，包括姓名、职称、学位、研究方向等。

图书在版编目（CIP）数据

都市社会工作研究．第 17 辑／范明林，杨铿，陈佳
主编．--北京：社会科学文献出版社，2025.6.
ISBN 978-7-5228-5541

I . D632

中国国家　　　　　数据核字第 2025DU4066 号

都市社会工作研究 第 17 辑

主　　编／范明林　杨　铿　陈　佳

出 版 人／冀祥德
责任编辑／杨桂凤
文稿编辑／张真真
责任印制／岳　阳

出　　版／社会科学文献出版社·群学分社（010）59367002
　　　　　地址：北京市北三环中路甲 29 号院华龙大厦　邮编：100029
　　　　　网址：www.ssap.com.cn
发　　行／社会科学文献出版社（010）59367028
印　　装／唐山玺诚印务有限公司

规　　格／开　本：787mm×1092mm　1/16
　　　　　印　张：15.25　字　数：225 千字
版　　次／2025 年 6 月第 1 版　2025 年 6 月第 1 次印刷
书　　号／ISBN 978-7-5228-5541-7
定　　价／118.00 元

读者服务电话：4008918866